GENERAL EMILIO MOLA VIDAL

"EL DIRECTOR" DEL GOLPE DE ESTADO QUE DIO LUGAR A LA GUERRA CIVIL ESPAÑOLA DE 1936-1939

EL PASADO, AZAÑA Y EL PORVENIR

LAS TRAGEDIAS DE NUESTRAS INSTITUCIONES MILITARES

Publicado por
JUAN BAUTISTA BERGUA

El cuarto libro de sus memorias, publicado en 1934 por la LIBRERÍA EDITORIAL BERGUA. Se publicaron anteriormente en 1933, *LO QUE YO SUPE* (1932), *TEMPESTAD, CALMA, INTRIGA Y CRISIS* (1932), y *EL DERRUMBAMIENTO DE LA MONARQUIA* (1933), juntos forman *MEMORIAS DE MI PASO POR LA DIRECCIÓN GENERAL DE SEGURIDAD*, también incluido en la Colección La Crítica Literaria.

Colección La Crítica Literaria
www.LaCriticaLiteraria.com

Copyright del texto: ©2011 Ediciones Ibéricas
Ediciones Ibéricas - Clásicos Bergua - Librería Editorial Bergua
Madrid (España)

Copyright de esta edición: ©2011 LaCriticaLiteraria.com
Colección La Crítica Literaria
www.LaCriticaLiteraria.com
ISBN: 978-84-7083-953-5

Imagen de la portada: La bandera de la Segunda República Española (1931-1939) con Manuel Azaña (izquierda) y General Emilio Mola (derecha)

Ediciones Ibéricas - LaCriticaLiteraria.com
Calle Ferraz, 26
28008 Madrid
www.EdicionesIbericas.es
www.LaCriticaLiteraria.com

Impreso por LSI (Internacional) y SAFEKAT S.L. (España)

Todos los derechos reservados. Esta publicación no puede ser reproducida, ni en su totalidad ni en parte, ni ser registrada en, o transmitida por, un sistema de recuperación de información, en ninguna forma ni por ningún medio, sea mecánico, fotoquímico, electrónico, magnético, electroóptico, por fotocopia, o cualquier otro, sin el permiso previo por escrito de la editorial.

Cualquier forma de reproducción, distribución, comunicación pública o transformación de esta obra sólo puede ser realizada con la autorización de sus titulares, salvo excepción prevista por la ley. Diríjase a CEDRO (Centro Español de Derechos Reprográficos - www.cedro.org) para más información.

All rights reserved. No part of this book may be reproduced or transmitted in any form, by any means (digital, electronic, recording, photocopying or otherwise) without the prior permission of the publisher.

ÍNDICE

LA CARRERA DE GENERAL MOLA 5

EL PASADO, AZAÑA Y EL PORVENIR 7

PRÓLOGO 9

PRIMERA PARTE 11

CAPÍTULO PRIMERO: La milicia, víctima de las oligarquías gobernantes 11
CAPÍTULO II: La hostilidad del elemento civil hacia las instituciones militares 19
CAPÍTULO III: Conspiraciones y pronunciamientos 29
CAPÍTULO IV: Vicios de nuestra organización militar 39
CAPÍTULO V: Más vicios de nuestra organización militar 49
CAPÍTULO VI: Las virtudes de los elementos militares 59
CAPÍTULO VII: Cómo y por qué nacieron las Juntas de Defensa militares 67
CAPÍTULO VIII: Cómo y por qué murieron las Juntas de Defensa militares 79
CAPÍTULO IX: Las Instituciones militares bajo la Dictadura 89

SEGUNDA PARTE 99

CAPÍTULO PRIMERO: El Ejército y la Marina durante el período revolucionario 99
CAPÍTULO II: El carácter de las reformas militares del señor Azaña .. 107
CAPÍTULO III: La trituración 117
CAPITULO IV: Sobre la reorganización del Cuerpo de oficiales 129
CAPÍTULO V: Sobre la reorganización de las clases de tropa y Cuerpos político-militares 137
CAPÍTULO VI: Sobre las actuales dotaciones de personal, ganado y material 149
CAPÍTULO VII: Industria militar 163
CAPÍTULO VIII: Marruecos 171
CAPÍTULO IX: Algunos comentarios sobre lo que se llamó reorganización de la Marina de guerra 181

TERCERA PARTE 191

CAPÍTULO PRIMERO: Peligros de guerra *191*
CAPÍTULO II: España neutral y España beligerante *197*
*CAPÍTULO III: Sobre una posible reorganización racional de
nuestro Ejército* *207*
CAPÍTULO IV: Conclusión *221*

EL CRÍTICO Y EDITOR - JUAN BAUTISTA BERGUA 227

LA CRÍTICA LITERARIA - WWW.LACRITICALITERARIA.COM 229

LA CARRERA DE GENERAL MOLA

Emilio Mola Vidal (Placetas, Cuba,1887 – Burgos, España, 1937) fue un militar español destacado en la historia de España por ser el instigador del golpe de Estado que dio lugar a la Guerra Civil española de 1936-1939.

De una familia militar, inició su carrera militar con 17 años, y salió en 1907 de la Academia Militar de Toledo con el grado de teniente de infantería. Tras una valerosa actuación en el frente de Marruecos, en donde fue herido, Mola fue ascendido a general en el año 1927.

En 1930, después de la caída del dictador Primo de Rivera, el gobierno del general Berenguer le nombró Mola el Director General de Seguridad, donde sus ideas conservadoras y su reorganización de la Policía Gubernativa le hicieron muy impopular entre la oposición socialista y republicana. Formó dos cuerpos del la policía bajo su mando: el Cuerpo de Vigilancia y el Cuerpo de Seguridad (germen de la Guardia de Asalto).

El 12 de diciembre de 1930 hubo un pronunciamiento militar contra el gobierno del general Berenguer conocido como La Sublevación de Jaca. Mola se dirigió a su compañero Fermín Galán con ánimo de disuadirle de su propósito golpista. Fue sofocada. Aunque los capitanes Galán y Hernández acabaron fusilados y los principales dirigentes republicanos acabaron en la cárcel, sus efectos fueron fructuosos cuatro meses después.

Tras la proclamación de la Segunda República en 1931, Mola fue separado del ejército como sospechoso de connivencia con el fallido golpe de Estado del general Sanjurjo. La actividad policial contra la intentona republicana bajo la dirección directa de Mola le dejó marcado ante los movimientos republicanos y estudiantes de oposición a la monarquía.

En este momento Mola se refugió durante casi tres meses en la casa de su amigo y editor Juan Bautista Bergua en Madrid. Como además tenía dificultades económicas, Bergua le sugiere que escriba sus memorias, que luego publicó la Librería Editorial Bergua: *LO QUE YO SUPE* (febrero 1932), *TEMPESTAD, CALMA, INTRIGA Y CRISIS* (abril 1932), y *EL DERRUMBAMIENTO DE LA MONARQUIA* (marzo 1933), juntas forman *MEMORIAS DE MI PASO POR LA DIRECCIÓN GENERAL DE SEGURIDAD*. En 1934 Bergua publicó su cuarta memoria *EL PASADO, AZAÑA Y EL PORVENIR: LAS TRAGEDIAS DE NUESTRAS INSTITUCIONES MILITARES*.

Mola fue encarcelado, pero un posterior gobierno de la derecha dictada por Alejandro Lerroux y Gil Robles, le amnistió en 1934 y le permitió volver al Ejército nacionalista donde fue jefe del Ejército de África en 1935.

El triunfo del Frente Popular en las elecciones de febrero de 1936 provoca que se le destine a Pamplona a cargo de la 12ª Brigada de Infantería. En esta ciudad establecerá contactos con los carlistas y comenzará a conspirar con los generales y militares más reaccionarios y dispuestos a dar un golpe contra el régimen democrático, como Franco, Sanjurjo, Goded, Kindelán, Saliquet, Fanjul, Ponte, Orgaz y Varela.

Mola, conocido como "El Director" por su papel organizativo en la sublevación, fue el líder del golpe de estado del 18 de julio de 1936. Pero el golpe fracasó ante la resistencia de las organizaciones republicanas en buena parte del país y tras constatarse la imposibilidad de tomar Madrid.

Comenzó la Guerra civil española. Mola destacó en la dirección de las operaciones militares al mando del Ejército del Norte, dedicando todos sus esfuerzos a la toma del País Vasco y el norte de España.

El 3 de junio de 1937, Emilio Mola murió inesperadamente en un "accidente" de aviación al estrellarse contra una colina en Alcocero, Burgos, durante un temporal mientras regresaba a Vitoria. No existen pruebas de que hubiera sabotaje, aunque la muerte favorecía claramente a Franco al eliminar al "Director" como rival. Las muertes accidentales en circunstancias parecidas de general Mola y general Sanjurjo dejaron a general Franco como el único líder indiscutible de los militares golpistas.

Mola fue enterrado en el cementerio de Pamplona en 1937. Una vez acabada la guerra, Franco no se olvidó de Mola y durante el tiempo de la dictadura se levantaron un gran número de monumentos en su honor. Se renombraron un gran número de calles, avenidas y otros lugares públicos en referencia al general Mola, aunque con la llegada de la democracia muchos de ellos recuperaron sus nombres originales. Posteriormente, en 1961, sus restos fueron trasladados al monumento a los Caídos de Pamplona. En Alcocero se levantó un monumento conmemorativo en su memoria y en 1948 se le concedió el título de Duque de Mola con Grandeza de España.

Aparte de estos honores, fue uno de los treinta y cinco altos cargos del franquismo imputados por la Audiencia Nacional en el sumario instruido por el juez Baltasar Garzón, como presuntos autores de los delitos de detención ilegal y crímenes contra la humanidad cometidos durante la Guerra civil española y en los primeros años del régimen, y que no fueron procesados al comprobarse su fallecimiento.

EMILIO MOLA

EL PASADO, AZAÑA Y EL PORVENIR

LAS TRAGEDIAS DE NUESTRAS INSTITUCIONES MILITARES

PRÓLOGO

Si al curioso lector en cuyas manos caiga este libro le interesa de veras el porvenir de España, debe leerlo de cabo a rabo y luego meditar serenamente sobre lo que en él se dice, que haciendo lo uno y lo otro quizá se vea en la precisión de rectificar juicios erróneos o convicciones arraigadas y, puesto en el camino de la verdad, contribuya con su esfuerzo personal, siempre valioso, a que las cosas cambien. Si, por el contrario, no le preocupa el mañana y estima que su misión en este pícaro mundo no es otra que la de dejar pasar los años que le resten de vida sin detenerse a pensar en la suerte que pueda estarle reservada a los que vengan detrás y aun a él mismo, le aconsejo no se tome tan siquiera el trabajo de requerir la plegadera y cortar las hojas. Es una advertencia leal.

"Éste es el momento más favorable para tratar de milicia y de guerra, puesto que el mundo entero, y no sólo España, se encuentra en estado combatiente. Es la hora de esgrimir las plumas, que nunca como hoy se han semejado tanto a las espadas", ha dicho un ilustre escritor español no hace muchos meses en el prólogo de un libro. Es verdad. Las cuestiones militares, aunque jamás han perdido importancia, vuelven a ser hoy de palpitante actualidad. Hay síntomas alarmantes: la Sociedad de las Naciones agoniza; la exaltación nacionalista cada día se nos muestra más pujante; los pueblos, siempre recelosos, comienzan a mirarse con hostilidad; y, sobre todo, la diplomacia internacional muéstrase en extremo cortés, incluso con aquéllos que por haber sido vencidos fueron hasta hace poco tratados como de peor condición. Esto último es extremo grave y debe poner en cuidado a los perspicaces si entienden, como un prestigioso musulmán muerto ya hace algunos años, que "la diplomacia es arte delicado que tiene por principios tres proverbios árabes: lame la mano que no puedas morder; acaricia la cabeza que desees cortar, y sonríe a tu víctima para no errar el golpe al corazón

Existen en la actualidad otras razones que aconsejan tratar del problema militar. Figura en primer término el deseo vehemente que la opinión pública muestra de que cambie el rumbo de la política nacional que hasta aquí se ha seguido, procediéndose a la reconstrucción de España; reconstrucción que ha de abarcar a todas las actividades y a todos los organismos del Estado, entre los que no pueden faltar las instituciones militares que, desde muy lejanas fechas y cada vez más acentuado, vienen padeciendo el desvío, cuando no el desprecio, de gobernantes y gobernados. A la desesperación que hace unos meses nos invadía ha sucedido una discreta quietud en los espíritus, ávidos de optimismo. ¿Qué ha sucedido...? Ha bastado que el Gobierno de la nación haya caído en manos de unos hombres que el pueblo cree libres de los prejuicios sectarios de quienes les precedieron para que tenga por cierto se destaca en el horizonte español un tenue rayo verde de esperanza. Felicitémonos de ello y quiera Dios que éste, semejante al de la despedida del sol en el Atlántico las tardes serenas, sea también signo de bonanza.

No es éste un libro técnico, sino de divulgación. Es un libro en que después de señalar el abandono en que se ha tenido a los organismos castrenses, los vicios que los minan, las virtudes que los enaltecen, sus graves errores, el lamentable estado de indefensión en que nos encontramos y dar la voz de alarma, se apuntan posibles remedios. Lamenta el autor que los hechos le obliguen en ocasiones a ser severo en sus juicios, mas un deber de conciencia le obliga a proceder así, porque estima que poniendo de manifiesto los males es únicamente como pueden corregirse; y lamenta más todavía que ser severo con lo que estima, serlo con lo que repudia; que la crítica, cuando al lector se le antoja envuelta en ropaje de pasión, aunque lo sea de sinceridad, pierde eficacia.

El autor quisiera llevar al ánimo del lector las preocupaciones que a él le invaden y quisiera también se operase el milagro de que los habitantes de este pueblo, glorioso en una época, diesen de lado a sus discordias intestinas, y, unidos, sin recelos, emprendiesen la magna obra de reconstruir a España y de paso ponerla a cubierto de posibles peligros exteriores, no para que vuelva a ser lo que fue, que juzga imposible ya, sino para que se le guarde el respeto y consideración que merece por su situación geográfica, por el número de sus habitantes y por su Historia. El empeño es difícil, no lo pone en duda, pero está dentro de lo posible.

Si todos los españoles no envenenados por la política —que son muchos— iniciaran en la medida de sus fuerzas una labor de paz y de concordia, algo habría de conseguirse. El autor de este libro aporta su grano de arena a la obra; lo que es de desear es que sean muchos los que le imiten.

EMILIO MOLA
1933

PRIMERA PARTE

CAPÍTULO PRIMERO

La milicia, víctima de las oligarquías gobernantes

Es creencia muy generalizada entre los españoles que el Ejército ha sido el niño mimado en todos los tiempos y situaciones, y que ha venido disfrutando del privilegio de la holgura, aun en aquellas épocas —harto frecuentes por desgracia— en que la necesidad, cuando no la miseria, han dominado al país. Esta creencia, si disculpable es la sustenten quienes no han podido o no han querido entretener sus ocios en estudios históricos de carácter militar, no lo es cuando tal afirmación la hacen individuos con título indiscutible de eruditos o que a sí mismos se otorgan —a veces con osada inmodestia— el dictado de "intelectuales"; pues éstos, ya que no a don Diego Hurtado de Mendoza y otros eximios literatos, han debido por lo menos sorberse de cabo a rabo la obra maestra del inmortal Cervantes, en la cual fácil es encontrar, puesto en boca del ingenioso hidalgo, al ensalzar el noble ejercicio de las armas, el siguiente comentario: "... y a veces suele ser su desnudez tanta —la del soldado—, que un coleto acuchillado le sirve de gala y de camisa, y en mitad del invierno se suele reparar de las inclemencias del cielo, estando en la campaña rasa, con sólo el aliento de su boca; que como sale de lugar vacío, tengo por averiguado que debe de salir frío contra toda naturaleza"; lo cual quiere decir que en aquellos tiempos de esplendor y preponderancia militar ya andaba desatendido el Ejército. Pero si tomado el vocablo "soldado" en su acepción puramente gramatical y no como símbolo de la institución, se me arguye que lo desatendidas eran las "picas" y no la "hueste" o "armada", dado que no quiero entrar en discusión, saltaré a los comienzos de la Edad contemporánea, que es, en fin de cuentas, la que interesa. Y como es noble, para no pecar de injustos o por lo menos de ligeros, darse a la tarea de averiguar en qué fecha sustituyó la abundancia a la escasez, la largueza a la mezquindad, la protección al desamparo, les invito a realizarlo en la seguridad de que no habrán de hallarla, de lo que se convencerán si tienen la paciencia de seguirme leyendo.

Iníciase para nosotros los españoles la Edad contemporánea de la Historia europea con la guerra de 1793[1]. En ésta, el general don Antonio Ricardos, "al frente de un ejército de 20.000 hombres mal pertrechado y peor atendido por el Gobierno —son palabras de Martín Arrúe—, hizo una campaña tanto más notable, cuanto que la efectuó con escasez o falta absoluta de los recursos más indispensables", al punto de que llegó a apoderarse de todo el Rosellón sin lograr, no ya que le enviasen dinero, sino ni tan siquiera los hombres indispensables para cubrir las bajas; eso que el pueblo acogió la guerra con entusiasmo y no regateó medios de todas clases, los cuales debió emplear Godoy en otros menesteres más productivos, por lo menos para él. Al año siguiente el bravo militar murió en Madrid, tengo entendido que de asco.

Grande fue el desamparo en que Carlos IV y el favorito de María Luisa dejaron a las tropas del general Ricardos, mas el abandono en que tuvieron al ejército de la Península fue aún mayor, lo que se puso de manifiesto algunos años después con motivo de la invasión napoleónica, como podrá comprobar quienquiera tenga la curiosidad de leer algo de lo mucho que se ha escrito sobre período tan interesante de la vida de nuestra nación y muy especialmente por Gómez de Arteche, a cuya detallada *Historia de la guerra de la Independencia,* remito a los que duden de mis afirmaciones, y así se enterarán con pelos y señales de los esfuerzos que tuvieron que hacer, el heroísmo que derrocharon y la competencia de que dieron muestras para defender a España casi todos los generales de aquel tiempo, obligados a enfrentarse con el ejército mejor instruido, dotado y más poderoso de Europa, sin otros elementos de guerra que un pueblo hambriento, aunque patriota y digno, y una milicia casi desnuda, mal armada, peor municionada y pésimamente instruida.

Los descalabros sufridos durante la invasión francesa nada enseñaron a Fernando VII y sus ministros, pues siguieron sin preocuparse de organizar el Ejército, ni tan siquiera de atenderlo en lo más preciso, no obstante la crítica situación de Europa y la rebeldía de nuestras colonias americanas. Así pasaron años y más años hasta que con motivo de haber subido al trono Isabel II estalló la guerra civil, durante la cual se dio el vergonzoso

---

[1] La Edad contemporánea en la Historia particular de España tiene su comienzo el 2 de mayo de 1808, en que la nación, en masa, secundando el grito de rebeldía dado en Madrid y ahogado en sangre por Murat, se alzó en armas contra el invasor; en la general de Europa, los historiadores fijan el comienzo de la Edad contemporánea el 5 de marzo de 1789, en que se abrieron en Versalles los Estados generales, comenzando el proceso político de la Revolución francesa.

caso de que los carlistas estuviesen mejor armados que los isabelinos. Y vino "el abrazo de Vergara"; tras él un período ininterrumpido de agitación en que las preocupaciones políticas lo absorbían todo, y, como es lógico, siguió aumentando el desbarajuste militar. Poco antes de la guerra de África se inició una corriente de simpatía hacia las instituciones armadas, lo que nos permitió salir con bien —dentro de lo que era posible— de la aventura ideada por don Leopoldo O'Donnell "para impresionar las imaginaciones de los españoles y distraerles de las cosas de la política interior y de las intestinas discordias que íbanles agotando".

La atención a las cuestiones militares duró relativamente poco: hasta el asesinato del general Prim. Después, cada vez más acentuada —salvo el año y pico que fue ministro de la Guerra don Manuel Cassola—, los Gobiernos dieron la sensación de no preocuparse poco ni mucho de los organismos castrenses; y aun cuando durante la segunda guerra civil existió organización, espíritu y elementos, en Cuba se puso de manifiesto nuestra incapacidad militar, llegando a extremos vergonzosos en todos los órdenes y muy especialmente en el relativo a servicios de mantenimiento: el de Sanidad, por ejemplo, era tan deficiente que el terrible vómito diezmaba los batallones expedicionarios; el de Intendencia no existía, lo que obligaba a las tropas a vivir sobre el país. Para colmo, se suspendió el pago de los haberes: cómoda medida que adoptaron los usufructuarios del Poder para nivelar la Hacienda, que por lo que duró llegó a temerse se hiciera crónica, pues, hasta bastante después del "pacto del Zanjón", no terminó la vergüenza. Todo esto y mucho más soportó con resignación el Ejército.

Pasando por alto la guerra del 93 en Melilla, que, por su escasa duración y los reducidos contingentes que en ella tomaron parte, no merece ser citada, llegamos a las insurrecciones de Cuba y Filipinas. ¡Qué no podría decirse de la forma como fueron organizadas aquellas expediciones a Ultramar: rebaños de hombres sin el menor ideal, sin la más mínima cohesión, sin armamento y equipos adecuados! ¡Qué responsabilidades no habría cabido exigir a los políticos de aquella época, los cuales, con su imprevisión y negligencia, dieron lugar a que se iniciaran y prosiguieran las operaciones sin proveer a las más elementales necesidades de las tropas! Pero lo peor fue que, cuando el agotamiento de los ejércitos de Cuba y Filipinas llegó a su límite, se les hizo enfrentar con la nación más poderosa del mundo, y, para que el desastre fuera mayor, se le ofrendó la colección de barcos inútiles a los que pomposamente designábamos con el nombre de *Escuadra española*. De nada sirvieron las indicaciones, súplicas y gritos de angustia de quienes vieron desde el primer momento lo que iba a ocurrir[2]. El Gobierno, amparándose en el extravío de la opinión pública, apoyado por las informaciones tendenciosas de una Prensa mal informada y cubriendo su responsabilidad con la resolución de cierta Junta de generales que tuvo lugar en el Ministerio de Marina, ordenó el sacrificio, y, lo que es más reprobable, lo ordenó con dolo[3]. Sucedió lo que tenía que suceder.

Mas, pasados los primeros momentos de estupor y aun de regocijo —esto último por estimar vendría como inmediata consecuencia de la derrota la repatriación de los que allí luchaban y la suspensión de los sorteos—, el pueblo español apreció la magnitud del desastre y pronto se rebeló contra el infortunio, dándose a la busca de los responsables de la catástrofe. ¿Qué ocurrió entonces? Pues ocurrió que los políticos, ante el temor de que la opinión pública, saliéndose de su habitual inconsciencia, cayese en la

---

[2] El almirante Cervera, jefe de la escuadra, dijo al ministro de Marina en carta fecha 22 de abril de 1898: "La sorpresa y estupor que ha causado a todos estos comandantes la orden de marchar a Puerto Rico, es imposible de pintar, y en verdad tienen razón, porque de esta expedición no se puede esperar más que la destrucción total de la Escuadra, o su vuelta atropellada y desmoralizada, cuando aquí, en España, podría ser la salvaguardia de la Patria"; posteriormente insistió cursando este telegrama: "Suplico a V. E. que me permita insistir en lo desastroso que conceptúo las consecuencias de nuestro viaje a América, para el porvenir de la Patria". También el comandante de la escuadrilla de torpederos, señor Villaamil, amigo particular de Sagasta, se creyó en el caso de decirle: "Ante trascendencia que tendrá para la Patria el destino dado a esta escuadra, creo conveniente conozca usted por el amigo que no teme las cen suras, que si bien como militares están dispuestos a morir honrosamente cumpliendo sus deberes, creo indubitable que el sacrificio de este núcleo de fuerzas navales será tan seguro como estéril y contraproducente para el término de la guerra, si no se toman en consideración las repetidas observaciones hechas por el almirante al ministro de Marina".

Antes de salir de Cabo Verde para Puerto Rico, Cervera hizo constar que "iba al sacrificio, sin explicarse el voto unánime de los generales de Marina, alguno de los cuales debía haber ido a Cabo Verde a encargarse del mando de la Escuadra, quedando él, como había propuesto, de segundo jefe de la misma".

[3] Blánquez Fraile, en su *Historia de España*, dice: "Salió, pues, la armada de Cabo Verde, sin elementos de guerra y sin el carbón necesario para el viaje, ni encontrar el repuesto necesario en los puntos donde el Gobierno había dicho tenerlo." A continuación añade: "De haber tenido carbón suficiente, la escuadra hubiera podido llegar a la Habana, donde hubiera podido situarse al abrigo de los cañones de la plaza."

cuenta de que eran ellos, ¡únicamente ellos!, los culpables, se apresuraron a señalar dos reos: el Ejército y la Marina vencidos. Y sobre éstos descargó toda la indignación nacional, exacerbándose la animosidad que, a partir de la revolución de septiembre, mejor dicho, de la proclamación de la República, se había iniciado en el elemento civil contra el militar. Mediante tan hábil maniobra fue posible que el peso de la ley sólo cayese sobre unos cuantos desventurados generales, a quienes los acontecimientos sorprendieron en puestos de responsabilidad que por reglamentaria sucesión de mandos se habían visto obligados a asumir. Ninguna sanción hubo para los gobernantes y sus genízaros; ningún cargo se hizo a los que, con juicios inoportunos, discursos estúpidos y resoluciones arbitrarias —cuando no criminales—, impidieron toda concordia con la población indígena de las colonias, dificultaron soluciones viables y nos lanzaron a la guerra con los Estados Unidos, en la que no podía caber a España otro papel que el de víctima.

Tras un período de paz de once años, en que cada vez fue acentuándose más el divorcio entre el pueblo y las instituciones militares, divorcio que alentaron —salvo contadas y honrosas excepciones— los políticos de todos matices, surgió la guerra de Marruecos; una guerra que, no obstante haberse visto venir desde principios de siglo, cogió a la nación sin haber adoptado la más elemental medida previsora. Y al teatro de operaciones —ridículo escenario en los comienzos de la campaña para un ejército de cualquier Estado europeo— fueron enviadas unidades integradas en su mayor parte por reservistas que habían olvidado la instrucción, en pésimo estado de ánimo a causa de los espectáculos presenciados en los puntos de embarque y durante su transporte a través del territorio nacional y, por último, sin los servicios de asistencia indispensables para su desplazamiento y entrada en acción. ¡Todo hubo que improvisarlo frente al enemigo! Las consecuencias fueron dolorosas y se tocaron bien pronto.

La necesidad obligó, empero, a crear el organismo adecuado, aunque no con la rapidez, perfección y lujo de medios que las circunstancias demandaban, no obstante lo cual se hubieran podido obtener resultados satisfactorios en corto espacio de tiempo; mas subordinada a los vaivenes de la política nacional la iniciativa del alto mando militar, no pocas veces se vio cohibido en sus decisiones, dejando pasar momentos favorables sin explotarlos debidamente. Pero, mal que bien, se mantuvo el honor de las armas —que era el de España— hasta los tristes sucesos del año 21 en la zona de Melilla, cuyas causas no entra en mis propósitos detallar en esta ocasión, aunque sí diré que allí, producido el episodio, faltó serenidad en el mando, disciplina en la tropa y abnegación en todos.

Justo es reconocer que el espíritu público no se amilanó ante la magnitud del revés y, como nunca lo hiciera, reaccionó con patriotismo y energía, convirtiéndose en el más poderoso acicate que impulsó al Gobierno a no regatear sacrificio para reivindicar el prestigio nacional y vengar a los que habían perecido; pero el espíritu público, en esta ocasión, como en tantas otras, desconocía la realidad, y la realidad era que carecíamos en España del organismo eficiente para imponer con rapidez el castigo al adversario: la tropa y los cuadros de mando, efecto de la forma como se constituyeron las unidades expedicionarias, se desconocían mutuamente; los soldados apenas si habían realizado el tiro de instrucción —del de combate, ni hablar—; los fusiles, en su mayoría, estaban descalibrados; las ametralladoras Colt se encasquillaban a los primeros disparos; a las pistolas Campo-Giro les ocurría otro tanto; no se contaba con reservas de municiones, ni con capacidad de fabricación suficiente; el ganado de carga no tenía doma, ni sus improvisados conductores experiencia; el menaje de los cuerpos no era apropiado para la guerra de montaña... A pesar de todo, debido a la capacidad y entusiasmo de un núcleo de generales, jefes y oficiales —en su mayor parte hoy separados del Ejército— y al buen espíritu de la tropa, se iniciaron las operaciones y se recuperó gran parte del terreno perdido.

Pasados los primeros momento de zozobra, el pueblo, con justo enojo, reclamó de los Poderes públicos la sanción debida para los responsables del descalabro, y entonces los políticos, siguiendo análoga conducta que cuando ocurrió el desastre del 98, se apresuraron a cobijarse en la impunidad. Ninguna medida se tomó contra los Gobiernos que mantuvieron desatendido al Ejército, ni siquiera contra los ministros de la Guerra que negaron lo más indispensable al alto mando de Marruecos; sólo se procesó a militares, y entre ellos al que actuaba de general en jefe [4]. No quiero decir con esto que fueran injustamente encausados quienes lo fueron, máxime no prejuzgando el procesamiento la culpabilidad; lo que sí afirmo es que no debieron ser los únicos, con lo cual quizás se hubiesen esclarecido las verdaderas causas de la rota de Annual...

Pasaron los días tristes de adversidad y los muy duros de la reconquista. Cuando ya se iba a recoger el fruto del esfuerzo realizado y del castigo infligido al enemigo, por conveniencias del partido que usufructuaba el Poder en aquel entonces, se suspendieron las operaciones y se obligó o permitió —para el caso es lo mismo— al comisario superior a pactar con el Raisuni, uno de los jefes de la rebelión que con mayor

---

[4] He de decir, porque es de justicia consignarlo, que antes del desastre de Annual, fueron los ministros civiles, señores La Cierva y vizconde Eza, unos de los que más se preocuparon del ejército de Marruecos.

encono nos había combatido: tal sucedía, para mayor desdoro nuestro, cuando estaba a punto de entregarse. Esto, con ser una humillación, un latigazo en pleno rostro, el Ejército —eterno conejo de Indias en la política española— lo soportó con abnegada resignación[5].

Tal estado de cosas, agravado por el desconocimiento que del problema tenían los dos comisarios superiores que sucedieron inmediatamente al general Berenguer, especialmente el señor Silvela, cuyos méritos no eran otros que poseer un apellido ilustre; agravado por la ineptitud de los mandos que poco a poco fueron cayendo en manos de los "junteros", ávidos de paz y "cincuenta por ciento"; agravado por las limitaciones impuestas a los servicios como consecuencia de las economías llevadas a cabo en los presupuestos; agravado por la desmoralización e indisciplina que cundió entre la tropa después de la claudicación del Gobierno García Prieto con motivo de la sublevación de Málaga; agravado, en fin, por la reducción de efectivos de reserva en la metrópoli, nos llevaron a las sangrientas jornadas del año 24.

Menos mal que en tal época regía los destinos de España el marqués de Estella que, entre otras buenas cualidades, tenía la de no ser terco —la terquedad es característica de los políticos arrivistas y de los gobernantes incultos—, y, rectificando su primitivo criterio, dio cuanto fue necesario, dentro de la austeridad que imponía la situación económica del país, para

---

[5] A título de curiosidad ahí van unos comentarios que figuran en un libro mío titulado *Dar-Accoba*, escrito en el año 1924, que algún día tendré la humorada de publicar. Dicen así:

"El Raisuni, cercado y vencido, volvió a regir los destinos de Yebala, merced a un pacto fatal y vergonzoso... Pero no fue esto lo peor, sino que altas personalidades, conocedoras a fondo del problema y colaboradores del sistema anterior, no tuvieron escrúpulo en serlo del implantado por el nuevo comisario superior.

"Consecuencia inmediata del nuevo estado de cosas fue el dominio absoluto del Cherif, que se aprovechó en satisfacer sus sentimientos de venganza para con los indígenas que nos habían ayudado anteriormente y para con nosotros mismos. La mayor parte de los caídes fueron sustituidos, perseguidos y algunos encarcelados; sus amigos, los jefes de las partidas de bandidos que a diario cometieron crímenes repugnantes y fueron el alma de todas las agresiones a nuestras tropas, pasaron a regir los destinos de las cabilas sometidas; sólo quedaron, por rara excepción, alguno de los jefes antiguos, a quienes se impuso la humillación de ir a doblar el espinazo ante el Señor de Tazarut, y hasta se llegó al extremo, más adelante, de que los oficiales españoles necesitaron su *place*t para ocupar determinados destinos. ¡Un bandolero no había podido llegar a más, ni una nación europea a menos!"

que acabase la acción militar, iniciándose una campaña dirigida por el teniente general don José Sanjurjo Sacanell, que en menos de dos años acabó con la pesadilla de Marruecos; campaña que fue la admiración de nuestros vecinos los franceses, maestros en esta clase de empresas. Al terminar la guerra contábamos en nuestro Ejército con una selección de cuadros de mando y con unas tropas en África que nada tenían que envidiar a las mejores del mundo.

Hoy, de aquellos cuadros y de estas tropas, no queda apenas nada. A los que allí actuaron con éxito indiscutible se les ha perseguido con saña y con rencor. Y ya que no se les ha podido achacar desastres para recrearse viéndoles sentados en el banquillo de los acusados, se les arrebata violentamente, por quienes jamás expusieron su vida por la Patria, lo que lograron a fuerza de saber, valor, sangre y dejarse la salud hecha jirones entre la "gaba", y, lo que es más doloroso: el heroico caudillo ha visto pasar días y más días tras las rejas de un presidio, mezclado con la más distinguida representación de la criminalidad nacional.

Los políticos de hoy siguen despreciando a las instituciones militares como los de ayer. El pueblo, en su inconsciencia, aplaude... ¡Quiera el Destino que algún día no tengan todos que arrepentirse y que este arrepentimiento sea tardío!

CAPÍTULO II

La hostilidad del elemento civil hacia las instituciones militares

Data de muy antiguo el desafecto de las clases humildes de nuestra sociedad hacia los organismos armados. Este desafecto tiene, hasta cierto punto, una justificación, pues siempre fueron ellas las que en mayor escala contribuyeron a satisfacer el tributo de sangre durante las continuas y no pocas veces disparatadas guerras; las que más directamente sufrieron los estragos de los desmanes de la soldadesca en marcha o estacionamiento; las primeras en tocar las consecuencias dolorosas de las derrotas, sin que en ningún caso les alcanzase los beneficios de las victorias. Mas, a pesar de todo, justo es reconocer fueron siempre las clases humildes las que demostraron mayor indignación cuando fue ultrajado el pabellón de España; las que en primer término alentaron a las tropas en los momentos difíciles para la Patria; las que, unidas a éstas, más entusiasmo y exaltación pusieron en la defensa del territorio nacional cuando fue hollado por el invasor. Dígalo, si no, la guerra de la Independencia, nacida de la indignación que a los elementos populares produjo el atropello y la crueldad; elementos populares que, en afirmación de su fervoroso patriotismo, legaron a la Historia, como símbolo de su alma colectiva, entre otros muchos, el nombre de aquel cavador de viñas, "hombre galán y simpático, de estatura regular, cenceño y desenvuelto, de anchas espaldas, forzudo y de pelo abundante y cerdoso en el pecho" que se llamó Juan Martín Díaz, *el Empecinado*.

Pero el desafecto que las clases humildes sintieron en otro tiempo hacia las instituciones militares no era como el que hoy se manifiesta en forma ostensible por parte del elemento civil. Aquél no llegaba, tan siquiera, a los linderos de la malquerencia; este último, por el contrario, los transpone morando en ciénaga de odios: tal ha sido la consecuencia lógica de una ininterrumpida propaganda de menosprecio y difamación, favorecida por algunos errores lamentables de la colectividad castrense. Es la hostilidad actual un sentimiento nuevo, importado del extranjero como ciertas costumbres modernas, como ciertas modas atrevidas, como ciertas ideas extravagantes; un sentimiento exótico asimilado por la sociedad española a favor de la irreflexión impulsiva del temperamento pasional e inconsciente de sus individuos; un sentimiento que ha arraigado en el alma de un pueblo sencillo y desgobernado, con la misma fecundidad que la mala hierba en los campos sin escardillar, que las víboras en los terrenos baldíos; un sentimiento que, con el apoyo de la moderna intelectualidad, lo han embutido a presión en el alma nacional quienes, convencidos de su andar descarriado, ven en la fuerza armada el único posible dique capaz de obligarles algún día a ir por los buenos cauces. Este sentimiento es específicamente antimilitarista.

El "antimilitarismo" es, como si dijéramos, el contrapeso del "militarismo"; mejor aún: el antídoto. La existencia del militarismo ocasiona el desarrollo del antimilitarismo: esto obedece a una ley fatal de la Naturaleza. Lo que no se concibe es que germine el segundo donde no existe el primero. Pero en la vida de los pueblos se ofrecen extrañas paradojas, y España no puede ser una excepción.

Militarismo es preponderancia o predominio de la clase militar. Hombre tan poco sospechoso como Nicolás Estévanez afirma que en España la clase militar no ha predominado nunca, sino que en ocasiones ha sido la víctima de la ambición, de la audacia y de la indisciplina de algunos[6]. En este punto estamos de perfecto acuerdo; en lo que no podemos estarlo es en atribuir exclusivamente a los generales esa ambición, y esa audacia, y esa indisciplina, olvidándose a sabiendas de los hombres políticos que en su época, como en todas, no dejaron un solo día de enredar dificultando la normal gobernación del Estado. Los generales españoles han sido ambiciosos dentro de su profesión; audaces en la guerra cuando se les han dado medios para poderlo ser; indisciplinados, raras veces. El hecho de que tal o cual general haya tenido ambiciones políticas no es lo suficiente para afirmar que todos han soñado con asaltar el Poder.

Nicolás Estévanez escribe siempre con la amargura de quien apenas pudo darse cuenta de que fue ministro. Al hablar del *generalismo* de nuestro Ejército olvida sus inquietudes políticas y las complacencias hacia quienes le apoyaron para lograr el nombramiento con que fue favorecido por el Gobierno de la República el 11 de junio de 1873.

Un deber de conciencia me obliga a insistir sobre los conceptos ambición, audacia e indisciplina atribuidos por Nicolás Estévanez a nuestros generales.

Abrid cualquier texto de ética militar y al punto veréis ensalzar como virtud la ambición: la honrada ambición. Es ésta acicate que impulsa a excederse en el cumplimiento del deber; noble fuego sagrado que alimenta el espíritu del Cuerpo de oficiales; sentimiento en el que se forjan los héroes y los caudillos. Al Cuerpo de oficiales pertenecen desde el general de más alta graduación hasta el último alférez: no hay excepciones. El

---

[6] *Diccionario militar.*—Garnier Hermanos, editores. París, 1897.

valor moral del Cuerpo de oficiales es función de la excelsitud de sus virtudes militares, entre las que figura, en primer término, la honrada ambición, o sea el anhelo de sobresalir de los demás. Nuestros generales de prestigio poseyeron esa virtud en grado superlativo; los que carecieron de ella no pasaron jamás de la categoría de pobres diablos. De pobres diablos no esperéis el más mínimo sacrificio por la Patria; cuando más, os dirán que entre la dignidad y el cocido es preferible optar por el cocido, como afirman ha sentenciado no hace mucho el jefe de una brigada de Infantería. El consejo es vergonzoso y pone de manifiesto lo que cabe esperar de quien lo da y de quienes lo toman por bueno.

Así como la honrada ambición ha de ser virtud común a todos los elementos que integran el Cuerpo de oficiales, la audacia es cualidad inherente al jefe, porque éste, al desempeñar la función más trascendental del mando —la decisión—, ha de hacerlo valiéndose de tres grupos de elementos, de los cuales sólo uno, el primero, conoce en todo su valor; estos grupos son: certidumbres, probabilidades e hipótesis[7]. Para armonizar estos elementos, adoptando una decisión acertada, hacen falta dos factores indispensables: audacia y fortuna. La audacia se crea, se fomenta; la fortuna no depende de la volición del individuo: está por encima de él. Un general sabio y prudente al que no acompañe la fortuna y carezca de audacia será siempre un desdichado que no cosechará más que desastres. La Historia militar —algo más digna de estudio de lo que la moderna intelectualidad cree— nos suministra buen número de ejemplos de una y otra clase. Pero la audacia a que se refiere el ex ministro republicano no es ésta, sino la que usan los escalatorres de la política; una audacia que los generales no necesitan para nada. Lo ocurrido es que los políticos inquietos han buscado siempre para medrar la fuerza del prestigio de los jefes militares, sin perjuicio de concitar la hostilidad pública contra ellos tan pronto logrado su encumbramiento. Sin remontarnos a lejanas fechas, citaré tres casos: La disolución del Parlamento por el general Pavía a principios del 74; el pronunciamiento de Sagunto meses después, y el

---

[7] Los elementos que integran cada uno de los grupos son los siguientes:
Certidumbres.—1° Moral de las tropas; 2° Misión; 3° Intereses y necesidades de la unidad superior y de la propia; 4° Terreno; 5° Elementos de que se dispone (hombres, armamento, municiones, material y víveres); 6° Conocimiento de la situación política del país propio (en las grandes concepciones).
Probabilidades—1ª Tiempo y espacio disponible para la operación proyectada; 2ª Informaciones sobre el enemigo (situación, moral, medios, etc.).
Hipótesis.—1ª Designios y plan del enemigo; 2ª Reacciones probables de éste al poner en ejecución "la decisión"; 3ª Consecuencias de la operación.

golpe de Estado del 13 de septiembre. Respecto al primero, nadie ignora ya que fue el propio don Emilio Castelar quien, teniendo por descontada su derrota en la sesión parlamentaria del 3 de enero y tras de dar lectura a un documento por el cual pretendía cubrir el expediente de legalidad, dejó que Pavía actuase. Martínez Campos, en Sagunto, no hizo más que secundar los planes de Cánovas del Castillo, aunque éste no fuera en realidad partidario de que la Restauración naciera de un movimiento militar; algo de su inteligencia con Cánovas del Castillo dejó entrever a raíz de aquella Junta de generales celebrada en Abarzuza la noche antes del día en que perdió la vida el general Concha frente a las casas de Muro, camino de Estella. En cuanto al golpe de Estado del 13 de septiembre, es todavía pronto para decir de él algo que aún la nación ignora; pero sí he de manifestar que ni la iniciativa fue del marqués de Estella, ni tal vez fuera él quien fijara la fecha del movimiento.

Y ahora hablemos de la indisciplina de los generales. El espíritu de obediencia alentó a éstos siempre que los elementos revolucionarios no envenenaron el ambiente español, y está fielmente reflejado en dos párrafos de la célebre alocución con que el general Franco despidió a los cadetes cuando fue disuelta la Academia General Militar. Esos párrafos dicen así:

"¡Disciplina!... nunca bien comprendida y defendida. ¡Disciplina!... que no encierra mérito cuando la condición del mando nos es grata y llevadera. ¡Disciplina!, que reviste su verdadero valor cuando el pensamiento aconseja lo contrario de lo que se nos manda, cuando el corazón pugna por levantarse en íntima rebeldía, o cuando la arbitrariedad o el error van unidos a la acción del mando. Esta es la disciplina que os inculcamos. Este es el ejemplo que os ofrecemos.

"Elevar siempre los pensamientos hacia la Patria y a ella sacrificarlo todo, que si cabe opción y libre albedrío al sencillo ciudadano, no la tienen quienes reciben en sagrado depósito las armas de la nación y a su servicio han de sacrificar todos sus actos."

Pero no debe confundirse la disciplina con la carencia de dignidad. La indisciplina está justificada cuando los abusos del Poder constituyen vejación y oprobio o llevan la nación a la ruina. La mansedumbre, en el primer caso, es vileza; en el segundo, traición. Afortunadamente, en estos instantes no estamos en ninguna de esas situaciones.

Hechas estas aclaraciones, que he juzgado pertinentes, vuelvo al punto inicial: el militarismo. El militarismo, donde existe, constituye en sí una sociedad que desarrolla una civilización, es decir, una moral. Esta moral tiene por finalidad el engrandecimiento de la Patria por un sistema simple: la guerra. Este sistema podrá no ser de recta justicia y aún no estar de acuerdo con las teorías filosóficas contemporáneas; pero lo que no cabe la menor duda es que es un sistema de derecho natural: el derecho de la fuerza, puesto en práctica por los hombres desde los remotos tiempos de las tribus hasta los actuales de las naciones y los imperios, en que ya declinan las doctrinas democráticas. Los pueblos que, por considerarse débiles, degeneran hasta carecer de ambiciones, se tragan de buena fe el anzuelo de la democracia y del parlamentarismo; en cambio, las grandes potencias hacen de la democracia y del parlamentarismo pudorosas prendas de un lucido traje de etiqueta bajo las cuales ocultan sus verdaderas ambiciones... El francés más demócrata lleva siempre en su corazón un pedazo del espíritu de Bonaparte; en el de un español que también lo sea sólo hallaréis los residuos sin digerir del último artículo que haya leído en el periódico que le es grato, y así frecuentemente oiréis sentenciar: que Jesucristo predicó el marxismo, que Francisco Ferrer fue un apóstol y que Guillermo II desencadenó la guerra mundial.

Desgraciadamente, España, desde hace más de un siglo, ha ido perdiendo poco a poco ambiciones hasta padecer falta de todas; y paralelamente las instituciones militares, careciendo de misión que justificase, por parte del Poder público, atención preferente, pasaron a segundo plano en la vida nacional, y desde el primer momento los gobernantes, lejos de conservar el espíritu combativo de ellas, como era de su inexcusable deber, fuéronlas convirtiendo en reserva de la policía interior y en comparsas de los festejos populares hasta llegar al lamentable estado en que hoy se encuentran. No existe, pues, ni ha existido desde hace muchísimos años, militarismo en España, o sea que falta la razón que justifique el antimilitarismo.

Pero es el caso que el antimilitarismo es un hecho real y que subsiste en las peores condiciones para combatirlo: sin causa que lo justifique. Lo que sucede es trágico, y resulta más trágico todavía efecto de la idiosincrasia de los españoles, poco dados a reflexionar por cuenta propia.

Del desafecto de nuestro pueblo hacia las instituciones militares en otras épocas ya he hablado al principio de este capítulo; del odio de hoy, procuraré dar una idea sin escamotear la parte de culpa imputable a la colectividad castrense.

A medida que la nación, efecto de su decadencia, fue sustrayéndose a la política internacional y debilitando su poder militar, la mayor parte del Cuerpo de oficiales dejó de amar la guerra —razón principal de su existencia— e insensiblemente llegó al convencimiento de que su misión no era otra que la de vegetar tranquilamente en las guarniciones —cuando no en destinos sedentarios— formando parte de la complicada y abundante burocracia oficial, lo que le hizo perder entusiasmo y acometividad; una minoría, no obstante, conservó íntegras las virtudes militares a través de todas las vicisitudes. Esta división de conductas forzosamente había de traer, al correr de los años, trastornos graves dentro del organismo armado.

En la comunidad militar —como en todas aquellas en que la vida es esencialmente activa— la holganza es fuente de inquietudes, y por tal razón, a falta de más adecuados ideales, se dieron sus componentes a la tarea harto difícil de hacer la felicidad del pueblo, que, dicho sea con todos los respetos para éste, a partir del reinado de Fernando VII, ha venido dando constantes pruebas de veleidad e insensatez, o por lo menos a mí me lo parece, ya que, con inconsecuencia propia de orate, ensalzaba un martes lo que el lunes inmediato había rechazado, y así pudo darse el caso en más de una ocasión de que subiese a la horca hoy el ídolo de ayer.

El deseo de servir al pueblo, y quizá también el de captarse sus simpatías, llevó a no pocos militares a colocarse fuera de la ley apoyando los movimientos políticos —muy especialmente los de significación liberal—, iniciándose la era de los "pronunciamientos", sin que se dieran cuenta, los que así obraban, de que cada conquista en favor de la causa de la Libertad costaba al Ejército la pérdida de alguna de sus prerrogativas, algo más interesantes para su bienestar que las gracias otorgadas a tal o cual jefe sublevado. Y además, como todas las conmociones políticas en nuestra Patria han ido seguidas de persecuciones hacia los vencidos, germinaron odios en los paladines y simpatizantes de unas y otras banderías, odios que alcanzaron, por igual, a gobernantes y militares —a éstos por considerarles elementos decisivos en los resultados de las luchas—; pero llegó una época en que, desaparecidos los personajes representativos de unas y otras tendencias, sólo quedó, por parte de la población civil, inextinto el rencor hacia los individuos que integraban las instituciones castrenses. Para mayor desgracia, otros sucesos y otras predicaciones agudizaron esta situación, especialmente a partir del acto de fuerza realizado por el general Pavía, llevándonos a la situación actual, de la que es necesario salir a todo trance si es que existen verdaderos deseos por parte de la opinión española de que los organismos armados recobren el aprecio y la estimación pública que les es indispensable para desempeñar con interior satisfacción, entusiasmo y amor la importante misión que les está confiada de ser el más firme sostén de la paz interior y garantía de la seguridad exterior.

Concretaré hechos. El desbarajuste que empezó a dominar en España a partir del reinado de Fernando VII —el más abyecto de nuestros monarcas—, agravado más tarde por las torpezas y liviandades de su hija Isabel —que ni fue modelo de reinas ni de esposas—, llegó a un estado caótico después de la proclamación de la República (11 de febrero de 1873), durante la cual, la falta de ideales concretos, las discordias y rivalidades entre los jefes de los diversos grupos republicanos, los insensatos halagos a las masas incultas para obtener aplausos con sonidos de cencerros y las predicaciones disolventes de los que no gobernaban para quebrantar a los que usufructuaban el Poder, llevaron la nación a un estado anárquico que contagió al Ejército. Fue ésta la época del bochornoso *"que baile"*, grito alentado, no ya por los exaltados de la revolución, sino también por oficiales sin decoro; pues es la de la indignidad, vergüenza que ha germinado en todos los tiempos y circunstancias. Cierto es que Castelar, al ser nombrado jefe del Gobierno (7 de septiembre), lo primero que hizo fue restablecer la disciplina militar; pero el mal estaba ya hecho: los elementos de orden —que son siempre los más aunque parezcan los menos— guardaron de aquellos desagradables episodios un triste recuerdo, y, lo que es más sensible, con esa expeditiva simpleza con que los sectores de opinión suelen emitir sus fallos, se juzgó a la colectividad por la conducta execrable de algunos de sus individuos. Desde este momento quedó sentado el divorcio entre una gran masa de ciudadanos y el Cuerpo de oficiales; sin embargo, los profesionales de la revuelta —que no eran pocos— continuaron adulando el espíritu revolucionario de los elementos avanzados del Ejército, en espera de una ocasión en que pudieran sacarles las castañas del fuego.

Así la cosas, llegó el 3 de enero de 1874 y luego la Restauración. Los demagogos se revolvieron airados contra las espadas por haber recibido con unánime aplauso la proclamación de Alfonso XII, e iniciaron una labor tenaz de descrédito que se hizo implacable después de los fracasados intentos del sargento Casero y del brigadier Villacampa (1886). A esta labor contribuyeron también los partidarios del carlismo y fue favorecida extraordinariamente por la actitud desdeñosa de los elementos de orden antes mencionados.

Creada la situación expuesta, empezaron a divulgarse por España las ideas antimilitaristas nacidas en Francia como consecuencia del desastre de Sedán; ideas que tomaron gran incremento a raíz de la pérdida de las colonias, por haber tenido los políticos el descaro de presentar al Ejército y la Marina como únicos responsables de la derrota. Fue, en los primeros años de este siglo, tan grande la hostilidad hacia aquéllos que incluso se llegó a recomendar a la oficialidad no se prodigase de uniforme, lo que no evitó se sucedieran con lamentable frecuencia conflictos entre la población civil y los militares, alguno de tanto escándalo como el ocurrido en Barcelona con motivo de unos comentarios de mal gusto publicados en el semanario catalanista *Cu-cut*.

La indefensión en que los gobernantes dejaron al Cuerpo de oficiales favoreció la propaganda antimilitarista, que también alcanzó a organismo de tanto prestigio y arraigo en la nación como la Guardia Civil. ¿Quién no recordará la guerra a muerte de que fue objeto por la represión del anarquismo en Barcelona, por el solo hecho de ser el jefe de Policía, señor Portas, oficial de dicho Instituto? ¿Quién no tendrá todavía presente las protestas por los sucesos de la Universidad de Salamanca, por lo ocurrido en Infiesto, en Alcalá del Valle, etc., etc...?

La guerra de 1909 y la llamada "ley de Jurisdicciones" sirvieron de nuevos pretextos. Además, la falta de una política militar definida y concreta contribuyó a favorecer el ambiente de hostilidad nacional y el disgusto dentro de los Cuerpos armados. Este nos llevó al famoso movimiento del 1° de junio de 1917, que introdujo el sindicalismo en el Ejército con el título de "Juntas de Defensa"; movimiento que si en un principio halló simpatía en los partidos avanzados, bien pronto se tornó en inquina ante la actitud de correcto acatamiento al Gobierno durante la huelga revolucionaria de aquel mismo año. Los ataques de que se hizo objeto a la oficialidad en el Parlamento, coreados por los periódicos avanzados, revistieron caracteres de gran violencia e impresionaron a la opinión pública.

Cuatro años después se produjo el derrumbamiento de la Comandancia general de Melilla, y de nuevo se exacerbó el antimilitarismo que flotaba en el ámbito nacional. Evidentemente, la conducta de aquellas tropas y de sus cuadros de mando —salvo contadas excepciones— dejó mucho que desear; pero no es menos evidente que los que fueron a restablecer la situación no escatimaron sacrificio para lavar las culpas de sus compañeros y dejar bien puesto el honor de las armas. La campaña de difamación de entonces alcanzó a todos.

Cuando la campaña antimilitarista estaba en su apogeo, sobrevino el golpe de Estado de septiembre del 23, que hizo reaccionar algo a la opinión. Mas, al poco tiempo, se inició la ofensiva contra la Dictadura, y rápidamente el vacío se fue haciendo en torno del general Primo de Rivera y del elemento armado, sin duda por considerarlo como su más firme sostén: a eso, sin duda, fue debida la frialdad con que se acogieron las gloriosas campañas de los años 25, 26 y 27, magistralmente dirigidas por el heroico general Sanjurjo, campañas que terminaron con la pesadilla de Marruecos. El pueblo español, expedito para la censura en los contratiempos, no lo es cuando trata de reconocer el valor de las victorias y el valer de los caudillos.

Luego, ya lo sabe el lector: bandera de la revolución fue acabar con el fantasma del militarismo, y por eso, al triunfar el 14 de abril de 1931, los primeros actos del ministro de la Guerra del Gobierno provisional se dirigieron a triturar las instituciones militares, reduciéndolas a la impotencia, y, lo que es peor, a destruir su moral. A esta labor —lamentable es tenerlo que confesar— no han sido ajenos algunos que ciñen España y calzan espuelas.

Creo que, en bien de todos, aún es tiempo de rectificar. No olviden los españoles que "con las armas se defienden las repúblicas, se conservan los reinos, se guardan las ciudades, se aseguran los caminos, se despojan los mares de corsarios" y "que es razón averiguada que aquello que más cuesta, se estima y debe estimar en más"[8].

---

[8] Capítulo XXXVIII de la primera parte del *Ingenioso hidalgo Don Quijote de la Mancha*.

CAPÍTULO III

Conspiraciones y pronunciamientos

No entra en mis propósito de hoy, ni es tampoco objeto de este libro, hacer historia detallada de todos los. movimientos de carácter militar que se han sucedido en España desde que Fernando VII abolió la Constitución de Cádiz hasta nuestros días. Me obliga, empero, a dar una ligera idea del proceso de las conspiraciones y pronunciamientos el deseo de hacer ver a la opinión pública extraviada que unas y otros tuvieron siempre la inspiración y aun la complicidad de elementos políticos, y que, en su mayor parte, se llevaron a cabo merced a los arraigados sentimientos liberales de la oficialidad de nuestro Ejército, sentimientos en pugna con el militarismo que los malintencionados o erróneamente informados le atribuyen.

Imponerme esa obligación es para mí tarea harto enojosa, pues bien quisiera que tales hechos no hubieran ocurrido, en bien de todos; pero es el caso que de ellos, ya que no evitar el daño producido, al menos podrán sacarse provechosas enseñanzas para el porvenir. Y si, además de eso, logro desvanecer conceptos equivocados, el tiempo que yo emplee en escribir y el lector en leer, seguro estoy que no será perdido.

Y va de historia:

Es público y notorio que tan pronto Fernando VII pisó tierras de España, debido, de una parte, a sus simpatías por el absolutismo y, de otra, a los consejos de los reaccionarios, dio al traste con la Constitución del año 12 "en que el liberalismo español —habla Villaurrutia— había puesto todas sus esperanzas y todos sus amores"; y cuando el 13 de mayo de 1814 entró en Madrid, al amparo del pueblo que gritaba *¡Vivan las cadenas!* y *¡Viva el rey absoluto!*, clausuró el palacio de doña María de Aragón, donde se celebraban las sesiones parlamentarias, y se dedicó a cometer todo género de tropelías, entre ellas las de perseguir y encarcelar —por el solo hecho de sustentar ideas liberales— a los mismos que le habían elevado al trono. (Eso de las ideas liberales, por lo visto, ha sido y sigue siendo la pesadilla de muchos gobernantes de estas pícaras tierras.)

Implantado el absolutismo con todas las características de una tiranía cruel, las sociedades secretas y muy especialmente la francmasonería —en las cuales militaban los partidarios del liberalismo— se dieron a la tarea de conquistar el Ejército, aprovechando la repugnancia que la mayor parte del Cuerpo de oficiales sentía por *la camarilla* y sus expeditivos procedimientos. Al poco tiempo, la labor de captación dio sus frutos.

El general Espoz y Mina fue el primero que se alzó en armas contra el absolutismo; mas fracasado en su intento de asaltar la ciudadela de Pamplona, por la cobardía de los comprometidos, tuvo que refugiarse en Francia (diciembre de 1814). Meses después, en Galicia, menos afortunado el general Díaz Porlier pagó en la horca una buena mañana su inteligencia con los liberales, de quienes se vio abandonado —así como de sus tropas— tan pronto las cosas tomaron mal cariz. Igual suerte corrió en Madrid, en 1816, el comisario de guerra don Vicente Richard por tomar parte en la conspiración denominada *El Triángulo,* conspiración que iba encaminada a provocar un movimiento que obligase al rey a jurar la Constitución.

Tales fracasos no desalentaron, sin embargo, a los amantes de la obra de las Cortes de Cádiz, al punto de que, aun vivo el recuerdo de las trágicas muertes de Porlier y Richard, se alzaron en Caldetas los generales Lacy y Miláns del Bosch (5 de abril de 1817), quienes abandonados como siempre por tropas y amigos tuvieron que huir, pudiendo el segundo salvar la frontera, pero no así el primero que fue preso en una "masía", juzgado en Barcelona y pasado por las armas en Mallorca cuando ya parecía que un sentimiento de piedad se había impuesto a los instintos sanguinarios de *el Deseado.* Año y medio después se urdió en Valencia otra conspiración, también contra el absolutismo; mas, sorprendidos los conjurados por Elío en una casa donde se hallaban tomando acuerdos, tras una breve lucha, en la que resultó herido de una estocada el coronel don Joaquín Vidal, jefe del proyectado movimiento, fueron presos los que no lograron huir y sometidos a un proceso que tuvo trágico desenlace el 22 de enero de 1819: el coronel Vidal y catorce más fueron ahorcados, en medio de la indiferencia del pueblo por cuyas libertades se sacrificaban.

Estos primeros pronunciamientos —quizás en los que el altruismo rayó a mayor altura— han sido estimados por la opinión como sucesos de menor cuantía; en cambio, sistemáticamente se ha glorificado el que voy a relatar, no obstante estar comprobado que en él las ideas ocuparon lugar secundario en los móviles de los protagonistas: me refiero a la sublevación de Las Cabezas de San Juan. Los hechos ocurrieron como sigue:

Hallábanse concentradas en Cádiz, a las órdenes del general O'Donnell, conde de la Bisbal, buen número de fuerzas militares dispuestas para ser transportadas a nuestras colonias americanas con objeto de hacer frente al movimiento secesionista en ellas iniciado. Ni la tropa tenía deseos de embarcar, ni la oficialidad tampoco. Esta disposición de ánimo fue explotada por determinados agentes argentinos que hicieron correr el oro a manos llenas, sembrando la indisciplina, a lo que también contribuyeron algunos políticos liberales. El conde de la Bisbal, hombre tenebroso y no ajeno a la conspiración, bien fuera por temor a ser descubierto, bien por otras causas, se apresuró a hacerla abortar; sin embargo, el Gobierno no halló clara su conducta y le quitó el mando. Los conjurados, en vista del proceder de O'Donnell, limitaron su gestión a trabajar los mandos subordinados hasta lograr que el día 1° de enero de 1820 el comandante del segundo batallón de Asturias, don Rafael del Riego, diese el grito de rebeldía en Las Cabezas de San Juan, proclamando la Constitución del 12. El movimiento llevaba camino de correr igual suerte que los anteriores cuando aparecieron nuevos focos sediciosos, capitaneados por militares, en La Coruña, Ferrol y Vigo, a los que siguieron las rebeliones del general marqués de Lazán en Zaragoza, Mina en Navarra y, por último, la del conde de la Bisbal en Ocaña, las que determinaron, junto con la actitud del pueblo de Madrid, que el rey jurase la tan cacareada Constitución.

Así las cosas, alentada por el propio Fernando VII, se inició inmediatamente una corriente absolutista, y aun cuando no faltó alguno que otro militar amigo del rey que trató de hacer armas contra el Gobierno, el espíritu francamente liberal de la oficialidad impidió que la reacción prosperase, hasta que los realistas, en 1823, sumándose a la expedición del duque de Angulema, lograron imponer otra vez el absolutismo[9].

De nuevo volvieron a funcionar las sociedades secretas y de nuevo los elementos políticos exaltados excitaron el liberalismo del Ejército, lo que costó la vida a Juan Martín *el Empecinado,* a los coroneles Manzanares y De Pablo, al general Torrijos y otros muchos que les acompañaron en sus aventuras.

Durante el período absolutista se inició en el Real Palacio —a sabiendas del monarca— una encarnizada lucha entre sus cuñadas doña María Francisca y doña Luisa Carlota, esposas, respectivamente, de los infantes don Carlos y don Francisco. La primera estaba al frente de la camarilla de *los Apostólicos* —realistas puros—; la segunda se inclinaba a los "moderados" y se le atribuían ideas liberales.

De la camarilla de doña María Francisca salieron las rebeliones del brigadier Capapé y de los generales Grimarest y Bessiéres, fracasadas apenas se iniciaron, principalmente por no haber encontrado ambiente la idea reaccionaria entre la oficialidad del Ejército. Como consecuencia de

---

[9] Es curioso consignar que el mismo pueblo de Madrid que en el año 20 hizo besar *el libro de la Constitución* y se desgañitó vitoreando *la Libertad,* el 23 volvio a pedir *cadenas* y *rey absolutamente absoluto,* y, para colmo, Riego, el ídolo de Las Cabezas, fue arrastrado por las calles metido en un serón, ahorcado y descuartizado por las turbas en la plazuela de la Cebada, dando con ello nuevos bríos a los instintos sanguinarios del monarca.

estos sucesos fue pasado por las armas Bessiéres, gran amigo del rey, y si no corrieron igual suerte Capapé y Grimarest fue debido a que el primero presentó una carta comprometedora del infante don Carlos y hubo que echar tierra a la sumaria. Posteriormente se produjo en Cataluña otro alzamiento de realistas puros, que costó la vida a su jefe, José Bussons *(el Jep dels Estanys)*, y al teniente coronel Rafi-Vidal, uno de los contados militares que tomaron parte en él.

Hasta después de la muerte del rey (23 de septiembre de 1833) no se produjeron más rebeliones.

Durante la primera guerra civil hubo centenares de motines y asonadas; pero los principales de carácter militar fueron los siguientes: La sublevación provocada en Madrid por los políticos liberales contra el ministro de la Guerra don Manuel Llauder, que acaudilló el capitán Cardero, la cual, de no haber sido asesinado el general don José Canterac al tratar de reprimirla, pudiera calificarse de sainetesca, ya que, después de algunas incidencias, de acuerdo con el Gobierno, capituló Cardero con los seiscientos hombres del batallón de Aragón que le secundaban, saliendo todos de la Casa Correos —hoy Ministerio de la Gobernación—, donde se habían hecho fuertes, con honores de héroes a incorporarse al ejército del Norte; la insubordinación de la columna del general Latre, enviada a Andalucía por el conde de Toreno para castigar a los revolucionarios; el motín de sargentos en La Granja, los cuales obligaron a la regente a firmar un decreto promulgando interinamente la Constitución de Cádiz, y el de oficiales de la brigada de Van-Halen en Pozuelo de Aravaca, impulsados por los enemigos de Calatrava; la sublevación en Miranda de Ebro del provincial de Segovia que costó la vida a Ceballos de Escalera, y, por último, otra en Pamplona en la que murió el anciano general Sarsfield.

Terminada la guerra civil (junio de 1840), se iniciaron serias divergencias entre el regente Espartero, jefe del partido progresista, y los moderados. Éstos, ayudados por la ex reina regente, organizaron pronunciamientos militares, logrando, al fin, que, durante la noche del 2 de octubre del 41, los generales don Manuel de la Concha y don Diego de León, seguidos de unas compañías del regimiento de la Princesa, intentasen apoderarse de la reina Isabel y de su hermana la infanta Luisa Fernanda; mas la tenaz resistencia de los alabarderos, mandados por el coronel Dulce, impidió la realización del intento. Viendo los asaltantes que las demás fuerzas comprometidas no se les unían y apreciando cada vez más difícil la situación a medida que el tiempo pasaba, decidieron poner término a la sangrienta lucha. Pudo huir De la Concha; don Diego de León, conde de Belascoaín, cayó en poder de un destacamento de Caballería cerca de Madrid, junto con otros sublevados. Implacable,

Espartero mandó cumplir la sentencia que condenaba a muerte a don Diego de León, Boria y algún otro. Repercutió este conato en Zaragoza, donde se alzó Borso di Carminati con unos regimientos de la Guardia Real, al que siguieron Piquero y Montes de Oca en Vitoria, O'Donnell en Pamplona y Oribe en Toro. Borso y Montes de Oca fueron pasados por las armas; los demás pudieron salvar la frontera. Una vez más en estos sucesos los militares resultaron las víctimas de las luchas entre los políticos.

En el año 43, después del bombardeo de Barcelona y Sevilla, se sublevó contra el regente media España. Serrano y Narváez se hicieron eco del anhelo popular poniéndose al frente del movimiento, logrando el segundo en Torrejón de Ardoz, casi sin disparar un tiro, se le unieran la mayor parte de las tropas de Zurbano y Seoane. El regente, al que abandonaron las fuerzas que llevó a Sevilla, salió para Cádiz, se embarcó en Puerto de Santa María en el vapor *Betis*, desde el cual dirigió un manifiesto a la nación, y se trasladó al navío inglés *Malabar* que lo condujo a Inglaterra.

La coalición triunfante no tuvo tampoco un momento de paz. Rota seguidamente la armonía, del seno del partido centrista surgió otro que abogaba por la reforma de la Constitución. Se formó en Cataluña una Junta Central que exigió al Gobierno el cumplimiento de los compromisos contraídos. El Ministerio López-Serrano rechazó las peticiones de esta Junta, y ello dio lugar a rebeldías sostenidas por la Milicia Nacional en Cataluña, Aragón, Galicia, Alicante, Murcia y Cartagena —ésta de carácter puramente militar—. A consecuencia de estos sucesos, el Gobierno, tras algunos fusilamientos, decidió desarmar la Milicia en toda España.

No cesaron, sin embargo, los progresistas de conspirar. Como jefe militar se fijaron en el general Zurbano, amigo y devoto fiel de Espartero. Con grandes promesas y seguridades de valiosas cooperaciones engañaron al valiente riojano; éste se resistía, pero una carta que recibió del extranjero, de un célebre ex ministro, le decidió, y con la seguridad de ir al patíbulo, el 11 de noviembre se reunió con unos cuantos adictos en las cercanías de Haro, a los que se sumaron unos cincuenta hombres del pueblo de Ezcaray, y con ellos se dirigió a Nájera. Internado en la sierra de Cameros, recibió, por conducto de su hijo Feliciano, unos pliegos, entre los que iba una carta de Narváez aconsejándole desistiera de su intento; mas ya era tarde. Viéndose perdido, despidió su gente al llegar a Montenegro, y con sus hijos y algunos más se refugió en las fragosidades de la serranía, hasta que al fin fueron presos y pasados por las armas él, sus hijos Feliciano y Benito, el asistente Arandía y tres o cuatro más. El ex ministro progresista que embarcara al bravo riojano en tan desatinada aventura lamentó desde Francia la desgracia.

Muerto Zurbano, no cesaron los progresistas de conspirar y buscar nuevos apoyos en el Ejército. Todos los movimientos que señalo a continuación, hasta la caída de Narváez, fueron alentados cuando no preparados por ellos.

El 2 de abril del 46 se sublevó en Lugo el jefe de E. M. de la Capitanía general de Galicia a los gritos de *¡Viva la reina libre!* y *¡Abajo Narváez!*; pero el movimiento fue ahogado en sangre por el mariscal de campo don José de la Concha, siendo fusilados los comandantes Solís y Velasco y diez capitanes.

Nuevamente, el 7 de mayo del 48, algunas compañías del regimiento España mandadas por el comandante Buceta —que también había tomado parte en el movimiento anterior— se apoderaron en Madrid de la plaza Mayor y, unidas a numerosos paisanos, sostuvieron ruda pelea, durante la cual halló la muerte el capitán general procedente de "la facción" don José Fulgosio. Vencida la rebelión, hubo varios fusilamientos.

Esta sublevación repercutió en Sevilla. El comandante Del Portal, el capitán Mola y otros oficiales se alzaron con el regimiento Guadalajara y dos escuadrones del Infante. El pueblo, que debía haber ocupado el Alcázar, donde se celebraba una recepción, permaneció quieto, y el provincial de León, que tenía ofrecido su concurso, se puso a las órdenes del capitán general. Después de unas horas de lucha estéril (entre otros resultó herido el capitán Mola) salieron de Sevilla los sublevados seguidos por las fuerzas adictas al Gobierno y, enterados de que en el resto de España nadie les secundaba, se refugiaron en Portugal [10].

El 20 de febrero del 54 se pronunció en Zaragoza el coronel Hose, quien murió a las primeras descargas. El 28 de junio del mismo año, O'Donnell, secundado por los generales Dulce, Ros de Olano y Echagüe, se puso al frente de tres regimientos de Caballería y un batallón del Príncipe, que se encontraron con las tropas ministeriales, mandadas por Blaser, ministro de la Guerra, y Córdoba, capitán general de Castilla la Nueva, en el puente de Vicálvaro, y después de un combate indeciso se retiraron a Aranjuez y Manzanares, donde se publicó el manifiesto del 7 de julio, que tanto renombre dio a su autor el entonces periodista don Antonio Cánovas del Castillo. Mientras esto ocurría, Espartero apareció en

---

[10] El capitán don Joaquín Mola Martínez, abuelo del autor de este libro, no obstante sufrir una herida en la cabeza, pudo salvarse de las iras de Narváez por haber sido llevado por sus soldados hasta Portugal.

Zaragoza, y en Madrid se sublevó el paisanaje acaudillado por el general don Evaristo San Miguel. La revolución triunfó.

En el año 56, siendo presidente del Consejo Espartero y O'Donnell ministro de la Guerra, estalló en Madrid una conmoción impulsada por los propios progresistas. Toda la Milicia Nacional, compuesta de 16 batallones, 200 caballos y unas 20 piezas de artillería, se lanzó a la calle levantando barricadas al mismo tiempo que los diputados del partido se reunían en el Congreso en sesión permanente para pedir a las Cortes, mediante una proposición firmada por Madoz, Calvo Asensio, Salmerón, Sagasta y otros, declarasen que el Gabinete recién constituido no les merecía confianza. Espartero, a quien aclamaban los milicianos, se retiró a su casa, mientras O'Donnell, que desde hacía tiempo veía venir el nublado y estaba dispuesto a recibirlo, hizo frente a la situación con 10.000 hombres de que disponía. Cuarenta y ocho horas duró la lucha, que ocasionó numerosas víctimas. Por fin, los insurrectos, mal dirigidos y faltos de municiones, fueron vencidos. Los generales "vicalvaristas" quedaron dueños de la situación. Espartero se retiró a Logroño, no volviendo ya en lo sucesivo a actuar en política, sin duda convencido de que Dios no le llamaba por ese camino.

Desde el 56 al 60, si bien siguieron las ambiciones de los políticos y de algunos generales, que a fuerza de ser requeridos por aquéllos llegaron a contagiarse de las ansias de gobernar, dominó casi siempre O'Donnell, quien trató de buscar en la guerra de África un derivativo a las pasiones y un medio de unir a todos los españoles.

En abril del 60, en pleno conflicto bélico, hubo un intento carlista con la ayuda del mariscal de campo don Jaime Ortega. Éste, pretextando órdenes reservadas del Gobierno, logró embarcar la mayor parte de las fuerzas de su mando en Palma y Mahón; pero la oficialidad, de convicciones liberales, al darse cuenta de lo que se intentaba le abandonó. Ortega, otro general apellidado Carrión, preso en Valencia, y varios más fueron fusilados.

La guerra de África, a pesar de su inutilidad práctica, tuvo la virtud de apaciguar por breve tiempo las exaltaciones políticas de los españoles; y digo por breve tiempo, porque bien pronto el país se cansó de la tranquilidad, del bienestar y de la prosperidad que le proporcionara la gestión de O'Donnell y su *Unión liberal*, iniciándose las luchas por la posesión del Poder. En este período de nuestra Historia —justo es reconocerlo— nada puede echar en cara el Ejército a los políticos, pues algunos de sus generales —el primero don Juan Prim, que no se resignaba a no ser presidente del Consejo— enredaron de lo lindo. Así, por ejemplo, el pronunciamiento de Prim en Villarejo (2 de enero del 66), aunque tramado por el partido progresista, no tuvo otro objeto que derribar a

O'Donnell para gobernar él. (Hay que dar a Dios lo que es de Dios y al césar lo que es del césar.)

De índole más compleja fue la sublevación del 22 de junio del mismo año (la del cuartel de San Gil), dirigida por Pierrad, Contreras, Hidalgo y el ex diputado Becerra, la cual, tras una lucha de casi dos días, que costó más de ochocientas bajas, fue dominada por O'Donnell. A consecuencia de estos sucesos fueron ejecutados 68 individuos, en su mayoría sargentos y cabos, que aún, por lo visto, a la reina parecieron pocos, al punto de que se atribuye al duque de Tetuán la frase: "¿Pues no ve esa señora que si se fusila a todos los soldados cogidos, tanta sangre llegará hasta su alcoba y se ahogará en ella?"

Muertos ya O'Donnell y Narváez, siendo jefe del Gobierno González Bravo, perseguidos por éste los generales amigos del primero, se unieron a Prim y a sus demócratas y progresistas, logrando organizar un vasto movimiento que, iniciado el 18 de septiembre del 68, en Cádiz, por el comandante de la fragata *Zaragoza*, don Juan Bautista Topete, tuvo un final victorioso diez días más tarde en el Puente de Alcolea.

Desde el destronamiento de Isabel II hasta la disolución del Parlamento por el general Pavía, aun cuando la vida política española fue en extremo agitada, sobre todo desde la proclamación de la República, no se registraron sucesos que puedan incluirse en el nombre específico de "pronunciamientos". En cuanto al golpe del 3 de enero del 74 y a la proclamación de Alfonso XII por Martínez Campos, el 29 de diciembre siguiente, ya ha quedado expuesto en el capítulo anterior lo que uno y otro hechos tuvieron de iniciativa militar.

A partir de la Restauración, fueron los políticos republicanos, especialmente Ruiz Zorrilla, quienes por todos los medios trataron de captarse los elementos del Ejército, logrando, durante el verano de 1881, la sublevación de algunas fuerzas en la provincia de Badajoz, que muy pronto se vieron precisadas a refugiarse en Portugal.

Durante la regencia de doña María Cristina, un comandante apellidado Ferrándiz, un teniente y veintidós individuos de tropa —¡menudo ejército!—, todos ellos pertenecientes a la unidad de reserva de Santa Coloma de Farnés, se levantaron en favor de la República, sin que nadie se les uniera, siendo presos todos y fusilados los dos primeros. También un sargento llamado Casero se sublevó en Cartagena, apoderándose del castillo de San Julián, donde perdió la vida el mariscal don Luis Fajardo. Por último, en Madrid, el brigadier Villacampa, en la noche del 19 de septiembre de 1886, secundado por alguna fuerza y bastantes paisanos, se alzó contra el régimen. La víctima de más relieve durante este episodio fue el coronel de Artillería conde de Mirasol, asesinado por los revolucionarios cuando se dirigía a su cuartel, pues, aun cuando el

Consejo de guerra condenó al brigadier, un teniente y dos sargentos a la última pena, la reina los indultó[11].

De los movimientos de carácter militar posteriores, ya digo en otros capítulos lo que hoy puede decirse; y si de los más recientes guardo respetuoso silencio, es porque aún no es tiempo de que los hechos pasen de las apasionadas columnas de los periódicos a la crítica serena del historiador.

* * *

Si el lector, después de leer este capítulo no abunda en lo expuesto en los dos párrafos que lo encabezan, culpe a torpeza mía no haberle convencido, y medite por su cuenta, descargándose de prejuicios. Tengo la evidencia que él, con su buen criterio, sabrá hacer justicia, lo que servirá de homenaje póstumo a quienes, equivocados o no, sólo en el bien de su Patria pensaron al ponerse fuera de lo que en el momento de delinquir llevaba el marchamo de la legalidad.

---

[11] Al brigadier Villacampa, que ni ganó jamás ninguna guerra ni tenía reputación de héroe, se le conmutó la pena de muerte por la de destierro a Fernando Póo, y murió dos años y pico después de ser condenado (febrero del 89) en la plaza de Melilla, en donde, durante el tiempo que vivio, fue objeto de todo género de consideraciones.

CAPÍTULO IV

Vicios de nuestra organización militar

Para hacer una serena y razonada exposición de los vicios de nuestra organización militar —¡tanto hay que decir!—, preciso sería, no los reducidos límites de un capítulo de este libro, sino un extenso volumen de varios cientos de páginas; pues, por desgracia, ha sido siempre más lo malo que hubiera convenido hacer desaparecer en orden a legislación y métodos que no lo bueno que hubiese interesado conservar. Y es el caso que hoy —como expondré a su debido tiempo— todo ha empeorado, pese a los juicios optimistas de cierto adulador a sueldo, que tiene por lo menos el pudor de ocultar su verdadero nombre con discreto y vulgar seudónimo, el cual no sé por qué se me antoja anduvo los más de sus años rompiendo mangas verdes, oculto en una covachuela, que no lustrando las posaderas de sus calzones en silla de montar.

Hecho este breve comentario, empiezo:

El primer grave error que se viene cometiendo en España desde tiempo inmemorial, que afecta grandemente a la eficacia de los organismos armados, es hacerlos juguete de los vaivenes de la política interior, subordinándolos además al capricho de un hombre —el ministro—, que unas veces acierta y otras no, y siempre tiene por norma hacer lo contrario de su antecesor, con lo cual, ni cabe sentar una unidad de doctrina, ni puede lograrse el total desarrollo de un sistema, ni es posible sea estable una organización. A esto hay que añadir que los ministros —tanto más osados cuanto más incultos— no se han conformado con implantar —a veces atropelladamente— reformas sobre cuestiones que exigen estudio constante y mucha más meditación propia que abundancia de ideas rapsódicas recogidas en el momento o sugeridas por colaboradores de ocasión, sino que, abusando de su poder y convencidos de la irresponsabilidad del cargo, han manejado el personal a su antojo, menos atentos a las conveniencias del servicio que a satisfacer intereses de partido o ruines venganzas, creando el tipo repugnante del adulón y el desventurado del perseguido, con grave quebranto de la interior satisfacción y prestigio del mando. ¿Cuándo terminará tal estado de cosas? No lo sé; pero tiempo es ya de que dejemos de copiar de los ejércitos extranjeros modas ridículas y modos exóticos y asimilemos lo que en ellos es fundamental: que los ministros sólo sean los administradores del presupuesto y todo lo demás corra a cargo de una reunión de técnicos, llámesele Estado Mayor Central, Alto Mando, Junta Superior de Guerra o demonios coronados, que siempre ellos conocerán más de cosas de milicia que quienes no lo sean.

Base esencial de la eficiencia de los organismos armados son también los sistemas de reclutamiento de tropa y cuadros de mando. Tales asuntos en nuestra nación, por consideraciones de índole política, desconocimiento por parte del legislador de la ética militar y otras circunstancias, no se les ha dado la importancia que en realidad tienen. En honor a la brevedad haré sobre ellos unas rápidas consideraciones.

Sabido es que a la injusta ley que permitía la redención a metálico y otorgaba el privilegio de la sustitución a los reclutas nacidos en determinadas provincias siguió la que estableció el servicio militar obligatorio, que hizo más patente la división de clases con la creación de los llamados "soldados de cuota"; y aunque algún Gobierno quiso que pobres y ricos sufrieran por igual los peligros de la guerra, bien pronto los adinerados obtuvieron concesiones que les colocaron a cubierto de las penalidades de la vida de campaña y aun de las molestias de la de guarnición. Ello, sobre aumentar el antagonismo entre humildes y poderosos, sentó el siguiente absurdo: que la obligación de defender la Patria con las armas era mayor en quienes nada tenían que perder que en quienes tenían algo que guardar.

Consecuencia del deplorable sistema de reclutamiento y del poco porvenir que en la milicia se ofrece a la clase de soldado, es la escasa cultura e incompetencia técnica de los cuadros de mando inferiores. Aparte de esto, resulta mayor mérito para merecer ascenso de cabo a sargento y de sargento a suboficial poseer una excelente letra redondilla o disposición para confeccionar papeletas de rancho que conocer al dedillo el funcionamiento de las distintas máquinas de guerra o distinguirse en los ejercicios de combate. En nuestros Cuerpos armados el que no logra meter la cabeza en una oficina, jamás puede aspirar a nada; lo que conduce a que las clases de tropa se hallen divididas en dos castas: la de los "burócratas" y la de los de "filas". Y cuando con motivo de las campañas alguno de los que integraban ésta, a fuerza de sacrificios, valor y buen comportamiento logró obtener un empleo por méritos de guerra, se vio en el acto víctima de la implacable hostilidad del enjambre que constituía aquélla.

Si deficientes han sido siempre las leyes de reclutamiento y reemplazo de soldados y pésimo el sistema de formar los cuadros de clases de tropa, mucho peor ha sido y sigue siendo la recluta de la oficialidad. Sólo el general Primo de Rivera tuvo una visión clara del problema en cuanto a los elementos que pudiéramos llamar técnicos, es decir, a los que en su día habrían de formar el núcleo constitutivo de los mandos superiores. La creación de la Academia General Militar y su plan de enseñanza fue un indiscutible acierto del marqués de Estella; tal vez por eso duró poco.

Salvo ligeras variantes en los planes de estudio, desde antes de la segunda guerra carlista, la oficialidad de nuestro Ejército se ha venido reclutando principalmente por dos procedimientos distintos: mediante el ingreso en las Academias militares y por ascenso de las clases de tropa. Ambos procedimientos hubieran conducido a un sistema en su conjunto aceptable de no haber sido mixtificados en lo más esencial por ciertas imposiciones de los Cuerpos llamados facultativos (Artillería e Ingenieros). Éstos, sobre no admitir en sus escalas a las clases ascendidas, las cuales durante un largo período fueron a engrosar las de las Armas generales (Infantería y Caballería), merced al compromiso de renunciar a los empleos por méritos de guerra y a la existencia del llamado "dualismo", consiguieron gozar de una doble personalidad militar, con notable perjuicio y humillante vejación de los que no disfrutaban de ese privilegio[12].

El general don Manuel Cassola, que si no fue un gran talento demostró por lo menos le sobraba sentido común, dio fin, en 1887, a tal estado de cosas suprimiendo en sus reformas militares dicha anomalía, lo cual a los facultativos supo a cuerno quemado, al punto de que el olímpico desprecio que antes sintieran por infantes y jinetes se convirtió bien pronto en rencorosa antipatía, lo que trató de evitarse con la primera Academia General, fracasada al poco tiempo por determinadas intrigas.

Tras varios intentos de incorporar los oficiales procedentes de la clase de tropa a las escalas generales, que siempre encontraron la oposición tenaz de los salidos de las Academias, propugnadores de la "unidad de procedencia", quedó establecida la separación, formándose dos escalas: la "activa" y la mal llamada de "reserva". Ésta ha venido subsistiendo hasta que el primer ministro de la Guerra de la República tuvo la feliz inspiración de suprimirla, incorporándola a aquélla, resolución que, sobre ser un nuevo botón de muestra de la simpatía que el genial reformador sentía por el personal dependiente de su departamento, ha dado lugar a episodios tan pintorescos como el ocurrido ya hace algún tiempo entre un oficial recién salido de la Academia y otro, ex escala de reserva, destinado a una compañía de ametralladoras, en que el primero parece aconsejó muy seriamente al segundo que, antes de incorporarse a su destino, procurase

---

[12] Por el "dualismo" era posible el absurdo de que un oficial de los Cuerpos facultativos tuviera más autoridad militar que otros jefes del Ejército e incluso tomase el mando de las fuerzas de distintas Armas que concurriesen a un mismo punto. El caso de que un capitán de Artillería o Ingenieros fuera coronel del Ejército, era corriente.

estudiar a fondo, para no hacer mal papel, el *Manual práctico de la ametralladora aneroide Singer* y un folleto titulado *Descripción del telémetro autorreductor fotogramétrico del capitán Ferry-boat*.

No se crea por la anécdota que acabo de referir —contada como me la contaron— soy partidario de la unidad de procedencia. No. He sostenido toda la vida que a las clases de tropa debía abrírseles un amplio porvenir, y que éste no podía ser otro que el de incorporarlas a las escalas generales, mediante la previa aprobación de unos cursillos apropiados, con lo cual a su vez se beneficiaría a los jóvenes oficiales que hubiesen estudiado en las Academias. De lo que he sido enemigo siempre es de que por el hecho de ponerse las primeras estrellas un individuo tenga ya opción, sin más trabajo que ver pasar los años, a ascender a jefe e incluso a general. Esto —y en mi opinión me han acompañado muchos distinguidos compañeros— lo he considerado disparatado, y, sobre disparatado, perjudicial para la eficiencia del Ejército.

La escala de complemento —que es la verdadera de reserva— no ha sido un hecho en nuestro país hasta la implantación del servicio militar obligatorio; mas el sistema de recluta adolece de tantos defectos y el mando militar ha hecho tan poco por remediarlos, que esa oficialidad fabricada en serie, como los automóviles *Ford*—, en un tanto por ciento que casi alcanza a la totalidad, no podría ser utilizada, por falta de instrucción, en caso de guerra. Soy de los convencidos de que en pocos meses puede hacerse de un individuo inteligente y de mediana cultura un oficial subalterno; mas hasta el presente no hemos sido nosotros capaces de realizarlo.

En España —nación alegre y confiada— no ha preocupado nunca a los Gobiernos que pudiera llegar un momento en que fuera preciso efectuar una movilización en gran escala; por eso ni se ha atendido a la formación de las reservas ni a tener dispuestos los cuadros de mando necesarios, no obstante haber contado, hasta hace poco, con una oficialidad excesiva. Los gobernantes españoles han considerado siempre al Ejército como una prolongación de la Policía gubernativa, y a sus elementos como panaderos, conductores y carteros disponibles en casos de huelgas imprevistas. Nada más, ni nada menos. Este falso concepto sobre la misión del organismo armado explica muchas cosas que a un inglés, a un francés, a un italiano y a un alemán parecerían absurdas; explica también el abandono en que prácticamente se ha tenido todo lo referente a organización y material.

He dicho que se ha contado hasta hace poco con una oficialidad excesiva. Es cierto. Debido a las exigencias de las guerras civiles primero, de las campañas coloniales después y, por último, de la intervención en Marruecos, se hicieron oficiales a granel, con grave daño para la economía nacional y poder ofensivo del Ejército, pues, siendo relativamente reducido el número de tropas permanentes, hubo que acoplarlos, terminadas aquéllas, en destinos sedentarios, donde poco a poco fueron perdiendo espíritu y práctica militar. Lo sensible es que desde hace ya más de medio siglo hemos podido tener resuelto, y ahora perfeccionado, ese problema en condiciones bastante más favorables que algunas naciones europeas. En efecto: al terminar en el año 1876 la segunda guerra civil, cupo plantear en buenas condiciones el problema orgánico de dotar al Ejército de una verdadera oficialidad de reserva que, sin pesar sobre el presupuesto en la paz, hubiese permitido completar todos los cuadros necesarios en caso de guerra. En la que entonces cesó habían prestado buenos servicios los llamados "oficiales provinciales"; mas no existía compromiso alguno de admitirlos en el Ejército permanente, ni aquellos servicios eran tales, en general, por su duración y calidad, que así lo exigieran razones de justicia; por tanto, pudo habérseles reconocido solamente el carácter de oficiales de reserva gratuita y haber vuelto al ejercicio de sus antiguas profesiones particulares hasta que de nuevo hubiesen sido necesarios sus servicios. Sin embargo, en vez de obrar así, por dar satisfacción a determinadas exigencias políticas, se les introdujo de golpe y porrazo —¡y eran unos cuantos centenares!— en las escalas permanentes; y además, con el pretexto de atender a la guerra de Cuba, se enviaron con empleos de oficial a buen número de individuos procedentes de los Cuerpos francos y del campo carlista, a los que hubo que añadir los ascendidos de la clase de tropa, que también sumaban un buen pico. Así fue aumentándose el efectivo de la oficialidad al extremo de alcanzar la cifra aproximada de 24.000 al terminar las campañas coloniales, en gran desproporción integrada por personal de los Cuerpos auxiliares o político-militares; pues éstos, debido a nuestra cada vez más complicada administración, fueron también creciendo en forma escandalosa, al punto de absorber una buena porción del presupuesto.

Para terminar con tal estado de cosas se dictaron numerosas disposiciones sobre amortización, pero como los Gobiernos se sucedían cada dos por tres, y todos ellos eran portadores de su flamante ministro de la Guerra, con poder omnipotente e ideas propias, que —¡oh, particularismo español!—, sistemáticamente resultaban contrarias a las de su antecesor, no logró alcanzarse resultado práctico. Además, para no tener ocioso a tanto personal y justificar de cierta manera el percibo de sus haberes, se inventaron multitud de inverosímiles destinos burocráticos, que poco a poco hicieron perder los hábitos militares a los usufructuarios, al punto de convertirles en individuos ineptos para el mando de tropas e inútiles para la guerra. En estas condiciones nos cogió la campaña de Marruecos, durante la cual no fue posible actuar con la acometividad y técnica necesarias hasta crear, seleccionando entre la oficialidad joven no maleada, un núcleo de jefes y oficiales de probada competencia. Estos fueron los que, dirigidos por el glorioso general Sanjurjo, dieron fin a la guerra.

Lo triste del caso es que quienes no lograron destacarse y los encastillados en los destinos burocráticos —que sin exponer nada vieron tanto más próximo el ascenso cuanto más dura fuera la campaña— se declararon abiertamente enemigos de los de probada competencia e iniciaron una ofensiva tenaz contra ellos, ofensiva que si sólo pudo hallar mediano éxito en tiempos de las Juntas de Defensa, porque cuando ellas imperaron aún quedaba el rabo por desollar, lo obtuvo completo bajo la égida del señor Azaña. Y es que es difícil conseguir que el ignorante reconozca mérito al culto, el ocioso virtud al que trabaja, el cobarde valor al héroe y el sectario haga justicia.

Asunto de capital importancia en todo Ejército es la formación del generalato, pues del espíritu, aptitud y energía de éste depende en gran parte la disciplina e instrucción de los cuadros en la paz y la victoria en la guerra.

En España, el generalato ha sido y continúa siendo un juguete de la política. Antes se llegaba a él adulando a los reyes o ayudando las conspiraciones; cuando éstas cesaron, el mérito estribaba en los años de servicio avalorados por la habilidad para crearse amigos y jaleadores; en tiempos de Azaña, en la sumisión a la arbitrariedad. Por excepción, la necesidad impuso en las últimas campañas se atendiera principalmente a la capacidad y cultura militar del individuo. Debido a esa necesidad ciñeron fajín algunos jefes que dieron alto prestigio al mando y constituían una esperanza para el porvenir; pero esto no convenía a los políticos que hacen de la política no arte de buen gobierno del pueblo, sino sistema egoísta para saciar su vanidad y a veces medio de satisfacer intereses bastardos. Para justificar ciertas medidas se ha explotado el espíritu antimilitarista del país. A la cuenta de los gobernantes monárquicos hay que cargar no poco de lo ocurrido, pues ellos fueron quienes durante años y más años utilizaron, a guisa de espantapájaros amparador de sus cobardías y desaciertos, el tópico de la "supremacía del Poder civil".

A los generales españoles se les ha venido pintando por la intelectualidad como prototipos de la incapacidad y de la incultura; la misma oficialidad establecía con fruición cierta afinidad entre la faja y la cincha, sin pensar que lucir aquélla es la suprema aspiración de todo militar profesional.

El falso concepto que la opinión ha formado por las propagandas de unos y las críticas de otros ha perjudicado enormemente a la colectividad castrense. Puesto el asunto en sus verdaderos términos; puede afirmarse que hasta consolidarse la Monarquía nuestros generales no fueron quizá hombres de gran ilustración, aunque sí buenos soldados, e incluso alguno despuntó como excelente político; después, durante algunos años, sin progresar en conocimientos técnicos, fueron perdiendo el hábito de manejar tropas hasta que, con motivo de la campaña de Marruecos y la evolución determinada por la guerra mundial, se creó poco a poco el tipo de general culto y capacitado para el mando. En 1930 poseíamos un núcleo selecto. A raíz de proclamarse la República se cometió el grave error de expulsar y perseguir a casi todos los que lo constituían. Esto ya no puede cargarse a la cuenta de los gobernantes monárquicos, aunque algunos acogieran con simpatía la medida. Si por desgracia estallara ahora una guerra —que puede estallar— ya veríamos qué pasaba. Desde luego auguro que los "llorones de ocasión", los "judaizantes", los "socialpolienchufados" y los energúmenos no les habríamos de ver en la zona de los ejércitos; después es posible que obligasen a sentar en el banquillo, como otras veces, a desgraciados generales.

Si del estudio del personal en sus categorías esenciales —tropa, oficialidad y generalato— se pasa al del aspecto orgánico de las diversas colectividades —Armas, Cuerpos y Servicios—, el juicio que un crítico imparcial puede emitir es mucho menos halagüeño. Y cuanto más se profundiza en el estudio, mayores síntomas se aprecian del particularismo de nuestra raza y aparecen cada vez más acentuadas evidentes manifestaciones del espíritu antimilitar que paulatinamente se ha ido infiltrando en nuestras instituciones armadas; todo ello amparado por una administración compleja y perezosa, hija del predominio de la burocracia.

El particularismo, ayudado por las debilidades y complacencias del mando, ha tomado en nuestro Ejército caracteres alarmantes; las Academias especiales han contribuido no poco a tal estado de cosas. En Segovia, pongo por caso, la labor del profesorado fue siempre orientada a crear una casta: la de los artilleros; en Guadalajara, la de los ingenieros; en Toledo y Valladolid, el ambiente era distinto, pero al ser promovidos los alumnos a oficiales se encontraban en las guarniciones con que cada Arma o Cuerpo hacía rancho aparte. En Logroño, en 1907, existían tres regimientos: uno de Infantería, otro de Artillería y un tercero de Ingenieros. Los oficiales de unos y otros ni tan siquiera se trataban. Los facultativos despreciaban a los que no lo eran y se repudiaban entre sí; los infantes odiaban a los facultativos. Estos, con sus innecesarios cinco años de estudios y con sus títulos más innecesarios aún, se creían pozos de ciencia; los otros se sentían humillados, de peor condición. El general Primo de Rivera tuvo el buen deseo de acabar con esas diferencias y puso en práctica un plan acertado. De todo el sistema anterior lo único que cabe alabar de los Cuerpos facultativos es la selección de su personal mediante el funcionamiento inexorable de los tribunales de honor. Hoy, merced a la supresión de éstos —medida de pura democracia—, tienen que convivir con indeseables de todas clases; en cambio, han sido obligados a pedir el retiro oficiales dignos por el solo hecho de haber sido leales. ¡Es la obra redentora y justa de la revolución!

En lo único que la oficialidad de las Armas y Cuerpos ha estado siempre de acuerdo es en desprestigiar a sus compañeros de Estado Mayor, aun cuando éstos han venido laborando con ahínco para captarse las simpatías de todos. La animosidad hacia el Estado Mayor existe también en los demás ejércitos del mundo; pero que yo sepa, en ninguno reviste los caracteres de agresividad que en el nuestro. No hay que darle vueltas: sistemáticamente las "fajas azules" confunden *pi* con *erre*.

Pese a sus detractores, justo es reconocer que, salvo contadas excepciones, la oficialidad de Estado Mayor posee en técnica militar y aun en cultura general un nivel muy superior a las otras, y ello es en realidad lo que molesta. En el Ejército español nadie tiene derecho a sobresalir del montón innominado donde se mezclan soberbia, envidia y vanidad: es una característica de nuestra idiosincrasia.

El general Primo de Rivera suprimió el Cuerpo y estableció el Servicio a cargo de los "diplomados", como en Francia, como en otros países. Creyó de buena fe que muerto el perro acabaría la rabia, sin reflexionar que en el caso del Estado Mayor la rabia no estaba en el perro, sino en los que lo acosaban, los cuales inmediatamente habrían de revolverse contra los diplomados, nuevos elementos del mando. Respecto a los móviles que impulsaran al señor Azaña a matar el perro por segunda vez, no hay que ser un lince: su obra al frente del Ministerio de la Guerra marca un rumbo bien definido...

El servicio de Aviación, creado hace relativamente pocos años, ha venido a dar una prueba más del particularismo de que vengo hablando. Para no cansar al lector, nada he de decir de la anormalidad de su nacimiento, ni de la forma absurda como en sus primeros tiempos se eligió el personal navegante, ni de las graves equivocaciones cometidas en su organización, ni del desgobierno ocasionado por la falta de jefes, ni de las desgracias que por carecer de un mando enérgico se han sucedido con dolorosa frecuencia, ni del error que ha representado no eliminar del servicio al personal que no se hallaba en la plenitud de sus facultades físicas, ni de las intrigas que se urdieron al amparo de un próximo allegado a don Alfonso para impedir fueran llevados a cabo los sensatos planes del general Echagüe, ni de las debilidades que, ante la indisciplina de la oficialidad, tuvieron casi todos los ministros de la Guerra, ni del desbarajuste que acarreó la dualidad establecida por Kindelán bajo la inspiración del allegado de que antes he hecho mención, ni del vergonzoso caos presente; sólo he de limitarme a manifestar, en afirmación de mi tesis, que, al amparo del servicio de Aviación y fundido con él, se ha dado vida a una enorme máquina burocrática, complicada con el aditamento de destinos, talleres, laboratorios, automovilismo, etc., que hacen sea, dentro de la administración general del Ejército, un organismo casi autónomo, es decir, una especie de nueva Cataluña con estatuto y con *esquerra*.

Puedo aducir aún más pruebas sobre el particularismo. El pugilato entre los Cuerpos por acrecer cada uno su importancia y extender su influencia sobre el conjunto del Ejército ha llegado a extremos anárquicos. Hay laboratorios y centros especiales a tutiplén. ¡Mucha química, mucha mecánica y mucha balística! y, sobre todo, ¡demasiados sabios! Tal plétora de ciencia puede ser nociva, a pesar de ser la ciencia cosa buena en sí misma; como la plétora de sangre causa trastornos a la salud, aun siendo la sangre necesaria para la vida. Mas prescindiendo de esto, establecimientos científicos en tal profusión parecen mejor perfiles de una organización acabada, que no elementos de un organismo endeble y, en muchos conceptos, embrionario.

Si de los laboratorios y centros especiales de orden científico se pasa a cuestiones de técnica puramente militar, el pugilato se hace aún más ostensible, invadiendo unos Cuerpos el terreno de otros, e incluso desempeñando cometidos poco en armonía con sus misiones. Por la posesión de los elementos de transporte, pongo por caso, se han reñido verdaderas batallas. En el fondo no existía más que una cuestión: el automovilismo. El automovilismo ejerce, no por él en sí, sino por la cola que trae, una verdadera atracción. Se lo disputaban Artillería, Ingenieros e Intendencia, y todos consiguieron tener el suyo, incluso Aviación y Sanidad.

El mando de tropas ha sido otro anhelo de los que no tenían por qué mandarlas; y en este punto, más que hacia la anarquía, nos hemos desviado para topar con el ridículo. Vaya un ejemplo: la Sanidad Militar. ¡Sería curioso conocer el juicio que al benéfico Esculapio mereciera ver a los médicos militares españoles convertidos en tenientes, capitanes, comandantes y aun más, sonando espuelas y luciendo forrajera y demás arreos marciales o marchar a caballo, sable en mano, al frente de artolas y furgones, compitiendo en ardor bélico y acaso superando al de otros que tienen todo esto como parte integrante de su cometido!

Todo lo dicho y mucho más que pudiera decirse no es cosa tan infantil como tal vez le parezca al profano, máxime si se tiene en cuenta que tales vanidades científicas, ambiciones por competencias y alardes belicosos encubren siempre fines positivos y ponen de manifiesto una nueva fase moral de nuestra decadencia en cuanto al estado de la eficacia militar concierne, ya que, contra lo que pueda creerse —y esto es lo grave—, ésas y otras muchas cosas que en el Ejército español han ocurrido son precisamente manifestaciones del espíritu antimilitar que en él se ha venido infiltrando. Mientras en todos los países europeos se procura reducir a sus justos límites, en facultades y extensión, los servicios no directa y genuinamente militares y, por razón de gran conveniencia, se enaltece cuanto es posible al personal combatiente, sin dejar de guardar consideración al que no tiene carácter efectivo de tal, en España sucede todo lo contrario, y, para colmo, dentro de los Cuerpos propiamente militares se sobrepone, por lo común, la parte sedentaria a los elementos con mando efectivo de tropas. En pocas palabras: el no combatiente sobre el que lo es; y por encima de todos el que, debiendo serlo, no lo es. Y seguimos y seguiremos así, con muchas probabilidades de empeorar... ¡con lo fácil que es darle la vuelta a la tortilla!

CAPÍTULO V

Más vicios de nuestra organización militar

Bien sabe Dios que, al dar fin al capítulo precedente, creí de buena fe haber dicho cuanto tenía que decir sobre los vicios de nuestros organismos militares; pero, al repasar lo escrito, me di cuenta había dejado en el tintero buen número de ellos, que estimo oportuno no queden en él; y por eso vuelvo al tema, que si, tal vez, algunos lo aprecien de excesivo, a otros presumo habrá de saber a poco, porque es de la humana condición hallar defectos a las obras de los demás y no coincidir con el prójimo en ideas y apreciaciones. Paciencia pido a los primeros para leerme y benevolencia ruego a los segundos si, como espero, han de estimar que aún me quedo corto; y a todos me hagan merced de juzgarme recto de intención al censurar, pues entiendo que poner de manifiesto los defectos con crítica serena y ajustada razón facilita el medio de poderlos corregir, que es, en fin de cuentas, mi objeto.

He dicho ya, e insisto en ello, que en España no se ha considerado, en estos últimos tiempos, al Ejército como el elemento de acción indispensable para mantener la honra y velar por la independencia de la Patria, sino sencillamente como una reserva de las fuerzas policíacas; vamos: una prenda de estar por casa; algo así como un pijama[13]. Aquí eso de la honra, y hasta lo de la independencia, suena a hueco, como sucede en todos los pueblos decadentes y faltos de espiritualidad.

De que la nación española se encuentre en esa desdichada situación de espíritu, la culpa es de los Gobiernos que jamás hicieron nada por disminuir la incultura y por exaltar el patriotismo, fuente de ideales y punto inicial de toda regeneración y de toda fortaleza.

El elemento armado, que sobre ser parte integrante del pueblo convive con él, no cabe posea distinta ética que éste; de ahí, no obstante todos los alardes bélicos de cursos de instrucción, ejercicios de combate y maniobras de conjunto más o menos costosos, sea el primero en afirmar que todas esas prácticas son pamplinas para pasar el rato, que jamás han de tener aplicación en la realidad. Y es malo que tal suceda, pues no hay

---

[13] Perdone el lector que en este momento no se me ocurra un símil más elegante, pero es que, a fuerza de ver lo que vemos, oír lo que oímos y leer lo que leemos, ya vamos perdiendo hasta el buen gusto.

peor cosa para un Ejército que la de llegar al convencimiento de que no ha de servir nunca para nada: de eso vamos camino, si es que no estamos ya en ello. Pero aún hay algo peor, y ese algo es que la debilidad, cada vez más acentuada, de que el Poder público ha venido dando sensación desde hace ya bastante tiempo —quizá porque la conciencia le ha reprochado que su devoción por la arbitrariedad fue siempre mayor que por la justicia— también ha hecho presa en el organismo militar, manifestándose en una dejación de autoridad, que se traduce en inexplicables condescendencias, con evidente perjuicio de la disciplina. Como se dice vulgarmente, el mando no quiere "discos", y por eso la instrucción del soldado es deficiente, la tropa circula por las calles hecha un verdadero asco, la uniformidad es un mito, las faltas en el servicio no se corrigen, el material se inutiliza sin usarlo...: ¡todo anda manga por hombro! Esta crisis de autoridad, que se inició a raíz de la pérdida de las colonias, tuvo un período agudo durante el imperio de las Juntas de Defensa y, hace poco, llegó a extremos vergonzosos debido a que el veneno de la política también invadió los cuarteles. Mas dejemos tan enojoso asunto y vamos a otros que conviene citar.

Hay, además de los expuestos, otros vicios orgánicos de carácter endémico que restan eficiencia al Ejército: tal ocurre con el de los "destinos". En nuestros Cuerpos armados constituyen legión los individuos que no ejercen verdadero oficio de soldado. En todas partes existen, y puede decirse que constituyen un mal necesario; mas, si en otros países se acostumbra a deducir por tal razón y por enfermería un quinto de los efectivos, aquí hay que descontar en tiempo de paz las dos terceras partes, cuando menos. Una compañía de 120 hombres —ya hace tiempo no las hay de esta fuerza— apenas si podía formar para instrucción cuarenta[14]. La causa reside, de una parte, en la reducida plantilla de los Cuerpos; de otra, en los abusos. Un cuerpo y un cuartel son, según los intelectuales modernistas, un colegio, un hotel, un casino, un centro industrial: ¡todo!, todo, menos reunión o alojamiento de hombres dedicados a prepararse para la guerra. Allí se encuentra o se quiere que se encuentre —porque las condiciones de los edificios no siempre se prestan a ello— cuarto de banderas, casinillo y otras dependencias para oficiales; salón de actos y a veces otro de justicia; gabinetes topográfico y de

---

[14] En Marruecos, durante la guerra, las constantes reclamaciones de los jefes y oficiales que se batían obligaba a que dicha proporción se redujera, aunque, por unas u otras causas, puede calcularse en un cuarto del efectivo la fuerza que no tomaba parte directa en las operaciones.

fotografía, si hay algún jefe aficionado a estas especialidades; sala de reunión, comedor y más departamentos para clases de segunda categoría —hoy convertidos en Cuerpo de suboficiales y sargentos—; peluquería de gran lujo para éstos y de lujo para los soldados y cabos; bibliotecas, aunque no tengan libros o sean inútiles; salas de lecturas, duchas y cuartos de baño, que rara vez se utilizan; en ocasiones *waters* impecables —¡como que no se sienta nadie en ellos!—; central eléctrica, talleres, imprenta, huerta y otras muchas cosas que casi siempre contrastan con los carruajes a la intemperie y las ametralladoras arrumbadas en el dormitorio de la compañía correspondiente. Aparte de esto, en ciertos cuarteles se ven por doquiera, en grandes letreros o cartelones fijos, máximas, sentencias o aforismos tan ininteligibles para nuestros rudos reclutas como el de que "cada soldado lleva en su mochila el bastón de mariscal" y otros por el estilo. En la actualidad está muy de moda que esas máximas, sentencias o aforismos hagan alusión a las excelencias del régimen, así como el adornar ciertas dependencias con láminas de colorines y matronas que simbolizan la República: esto lo hacen los jefes ante el temor de que se les tache de "monarquizantes".

Nada quiero decir de otras ridiculeces que he conocido durante mi vida militar; pero desde la compañía de teatro hasta el equipo de fútbol, pasando por la rondalla —con dispensa de servicio e instrucción para asistir a los ensayos y entrenamientos—, toda la gama artística y deportiva ha tenido su representación en el Ejército.

En todo esto hay mucho más de malo que de bueno; casi me atrevo a decir que es puro oropel, debido al espíritu de farsa que lo alienta. Ese espíritu se introdujo hace años y aumenta cada día, pues produce utilidad: algunos coroneles han ascendido, a falta de otros méritos, por haber sobresalido en ésos. Pero cuanto llevo dicho presenta, además, otro aspecto de índole delicada, y es el siguiente:

Dado que nuestro Ejército no ha estado ni puede estar dotado de manera que permita sostener tales lujos, y como, por consiguiente, los reglamentos jamás han autorizado a costearlos, tuvieron que crearse para tales fines los fondos llamados "particulares", que mejor les cuadraría el nombre de "ilícitos", los cuales han venido proporcionando serios disgustos y, no pocas veces, han dejado en entredicho el buen nombre de las unidades[15].

---

[15] El general Primo de Rivera trató de reglamentar esta mala costumbre creando el llamado *Fondo de gastos generales*; pero como su empleo está muy

Para nutrir esos fondos, suprimidos desde el año 18 los "rebajados en su oficio", se han utilizado y utilizan varios procedimientos, siendo el más corriente el de conceder permisos extraordinarios "sin haber" a la tropa, lo que, sobre constituir una inmoralidad y acrecer así la cuantía de los no eficientes —*inefficient,* como en su expresivo idioma dicen los ingleses—, aumenta, a la vez, la ineficacia del conjunto, pues si al reducido número de meses que el soldado permanece en filas —durante los cuales resulta poco menos que imposible completar su instrucción— se le restan dos o tres, se marcha a su casa licenciado en condiciones que pierde pronto las cualidades de tal; y así no es posible cimentar, durante su permanencia en el cuerpo, la disciplina e instrucción necesarias de manera que persistan el largo tiempo que ha de figurar en las reservas, ni la parte permanente del Ejército puede servir de sólido núcleo para un caso de movilización[16].

Y ya que a las barbas de la pluma se ha venido hacer referencia a la movilización y reservas, no está de más dejar sentado que, aun cuando disposiciones teóricas no han faltado nunca, prácticamente nada sobre el particular existe; lo que es nuevo botón de muestra en confirmación de mi tesis de que en España jamás se pensó en serio —ni se piensa— pudiera llegar un momento en que fuere necesario poner el Ejército en pie de guerra. Von Bernhardi, en una obra escrita antes de la guerra mundial, ya dijo que en nuestro país la movilización estaba tan mal preparada que en un mes podrían incorporarse a filas, a lo sumo, de 70 a 80.000 hombres; lo que él debía ignorar es que la tercera parte de ese efectivo hubiese carecido de instrucción y la mitad, de uniformes y equipos. Hoy las cosas no están mejor que entonces, sino posiblemente peor[17].

---

restringido, siguen muchos Cuerpos, además, con el antiguo, del cual se puede disponer libremente.

Hay que hacer constar, en honor a la verdad, que casi siempre el *Fondo particular* ha sido administrado con extremada honradez.

[16] Hoy las cosas no han mejorado. El señor Añaza tal vez no ignore—como no lo ignoro yo—que no hace muchos meses un general que le es muy afecto giró una revista de inspección a una unidad mandada por un jefe que también se honraba con su amistad, y se encontró con la sorpresa de que faltaban alrededor de cincuenta individuos, que estaban con permiso... A ese jefe, de republicanismo probado y otras cosas no menos probadas, no se le impuso un correctivo; pero, en cambio, se le dio un magnífico destino, se le anticiparon las dietas y viáticos reglamentarios y, sobre ellos, 5.000 pesetas más.

Los comentarios que los haga el lector.

[17] La obra citada se titula *Alemania y la próxima guerra.* Fue traducida al español por el capitán de Artillería don Francisco A. de Cienfuegos.

En cuanto a la organización de las reservas, todo ha estado siempre en el papel y desordenado, y sigue en igual forma. De servicios de mantenimiento, indispensables para la vida de cualquier ejército, ni hablar. No hay nada de nada.

España, dada su población, debe poder poner sobre las armas por encima de dos millones de hombres; sólo para poner un millón se tardaría más de un año. Es conveniente que el lector medite sobre lo que esto representaría en caso de guerra.

El convencimiento que los oficiales adquieren, tan pronto salen de las Academias, de nuestra impotencia militar y del abandono en que los Poderes públicos tienen al Ejército, influye de una manera decisiva en su moral, cercenando el entusiasmo de una gran masa, a lo que también contribuye, y no poco, la rutinaria vida de guarnición, en la cual lo más interesante consiste en hacer guardias y presenciar las comidas de la tropa. La instrucción, en todos sus aspectos, unas veces por debilidades de los jefes y otras por carecer de campos de maniobras y polígonos de tiro adecuados, es siempre deficiente, y aun cuando los centros directivos no andan remisos en solicitar informes y memorias —que a veces ni siquiera leen—, lo cierto es que nada práctico se consigue, pues en unos y otros suele danzar la fantasía de los encargados de redactarlos; y, lo que es más sensible, como no existe verdadera inspección, se llevan las felicitaciones y los premios, cuando los hay, los Cuerpos que mejor saben mentir. Es frecuente el caso de que, durante los ejercicios de tiro, ni siquiera se tome nota de los impactos: ¡ya se encarga de "inventarlos" el intelectual que los regimientos disponen para tales menesteres! Todo esto ocurría antes y sigue ocurriendo hoy.

No es extraño en un ambiente de esa naturaleza que el entusiasmo de los que no sienten una verdadera vocación por la carrera se derrumbe; y si a lo dicho se añade que los jefes y oficiales de filas son los peor retribuidos, menos ha de sorprender que la mayor parte gestionen, por todos los medios a su alcance, salirse de ellas y acoplarse en un destino sedentario con su poquito de gratificación y amplitud de movimientos, convirtiéndose desde ese momento en acérrimos defensores de los ascensos por riguroso turno de antigüedad, que es el peor de todos los sistemas, no obstante ser dado a injusticias los de elección en sus distintas formas. Pero además, la poltronería —que no otro nombre merece esa afición a los destinos sedentarios—, no contenta con existir, aspira a justificarse, para lo cual utiliza todos los recursos y se cubre con la máscara de las causas legítimas. No faltan argumentos que esgrimir y hasta se invoca el amor a la ciencia y el nombre del progreso para demostrar la necesidad de la creación o sostenimiento de organismos o puestos que, si bien pueden reportar cierta utilidad, frecuentemente no son más que nidos donde se alberga la vida muelle y regalada.

Los vicios apuntados y otros que aun cabría añadir son consecuencia de nuestros procedimientos habituales de organización y de régimen de vida militar, y también de haber dado libre entrada en ella a las ideas y prácticas de la sociedad civil contemporánea, con todo su positivismo, su despreocupación y falta de ideales.

Duro es decir todo esto. Mas el mal no está en que se diga, sino en que pueda decirse y, sobre todo, en que sea preciso decirlo para que se enteren quienes parecen no estarlo y no debieran necesitar llamadas de atención sobre la importancia de tales hechos. Y aun cuando los citados sean suficientes para que se juzgue de la urgencia en atender seriamente a sostener y vigorizar el espíritu militar, no son los únicos en su género que podrían citarse, ni de la misma naturaleza son todos los que ponen de manifiesto el decaimiento de aquel espíritu en medio del barullo político que, desde hace años, está destrozando a España.

Nada quiero decir, sin embargo, por ser asuntos de sobra tratados en libros, revistas y artículos periodísticos, de la contabilidad arcaica y complicada de nuestros organismos castrenses, que tiene por base la desconfianza, como si la imaginación de los desaprensivos no fuera siempre superior a la previsión del legislador; ni del absurdo sistema de administración y provisión del vestuario y equipo para la tropa, de la que puede decirse es la peor calzada de Europa, no obstante ser la que más gasta en calzado; ni de la deplorable situación económica de la oficialidad, entregada por completo a la explotación de sastres, zapateros y constructores de efectos militares; ni de los sistemas de ascensos y recompensas, tanto en tiempo de paz como en guerra; ni de la falta de compañerismo, hoy agudizada por los rencores nacidos al calor de las persecuciones políticas, tan injustas como innecesarias; ni de otras muchas cosas que me bullen en la cabeza y pugnan por salir de ella... Haré, en cambio, unos comentarios, pocos, sobre organización.

Seguramente no habrá otro país donde se pronuncie con tanta frecuencia como en España el nombre "organización". Difícilmente habrá alguno en que se desconozca en igual grado su alcance y verdadera significación. Por organización militar suele entenderse aquí la organización de la carrera militar, parte muy interesante de aquélla, pero que dista mucho de constituir su único objeto. Bajo el mismo título se encuentra en la *Colección legislativa del Ejército* multitud de disposiciones determinando el curso que ha de darse a las instancias de cierta índole y otras pamplinas por el estilo, sin que apenas ninguna trate realmente de la constitución de los elementos de fuerza. Con el pomposo título de reorganización militar se lanzan uno tras otro a la publicidad decretos y órdenes de todas clases, en los cuales, después de hacer gala casi siempre de erudición barata sobre tal materia, en sendos preámbulos altisonantes, se viene a parar, por lo común, en variar el número de zonas de reclutamiento, a costa de aumentar en ellas la confusión, o en armar una contradanza de cuerpos para que el regimiento A quede acoplado con el B, o el batallón de montaña C guarnezca tal o cual población que no tenga montañas en veinte leguas a la redonda o que teniéndolas, por hallarse sembradas, en explotación minera u otras causas, la fuerza se vea precisada a realizar sus ejercicios en las calles de la ciudad[18].

No siempre, sin embargo, se reducen las reformas a ese afán casi inocente de cambiar el número de determinados centros, ni de armar una contradanza o poner un batallón donde no debe haberlo; porque en alguna se encierran intenciones más o menos aviesas e interesadas contra una parte del Ejército en favor, siquiera no sea más que aparente, de la otra, bien por captarse las simpatías de ésta y adquirir popularidad, o para satisfacer con el mismo objeto exigencias de corrientes momentáneas de opinión o solamente para satisfacer sentimientos personales. Si el país nada suele ir ganando con todo esto, ni se fortalecen por ello las instituciones militares, en cambio pueden así obtenerse resultados positivos para alguien e incluso ganar el que tal hace el título de "gran estadista".

Hállase, pues, de hecho el Ejército en un perpetuo estado constructivo, que urge hacer cesar, porque tiempo es ya de que se edifique en serio en vez de destruir lo construido; pero eso no se conseguirá hasta que el pueblo se convenza de la necesidad de ello y los ministros de la Guerra se resignen, como ya he dicho en otro capítulo, a ser meros administradores y no señores de horca y cuchillo como lo han sido hasta el presente. ¿Se harán estos milagros alguna vez? Lo dudo: para eso sería necesario menos soberbia y mayor patriotismo, y, por lo que voy viendo, sobra mucha de la primera y falta bastante de lo segundo.

* * *

---

[18] Claro es que no me refiero, ni ha pasado por mi imaginación referirme, al batallón de dicha clase que el señor Azaña situó en Bilbao, pues, si bien en la capital de Vizcaya ocurre lo que acabo de indicar en cuanto a no poder practicar sus ejercicios en el campo el batallón de montaña que la guarnece, en cambio el *chirimiri* convierte en resbaladizo el asfalto del pavimento urbano y, con un poco de buena voluntad, se hacen los soldados la ilusión de que marchan sobre los helados bordes de un ventisquero.

No quiero dar por terminado este capítulo sin dedicar algunos párrafos a la Marina de guerra —que también es hija de Dios y bien se los merece—, pues, aparte sufrir como el Ejército los males derivados del modo de ser del país, los hay en ella que revisten caracteres particulares, lo cual hace convenga examinarlos separadamente, siquiera haya de hacerlo con gran parquedad y comedimiento para que no me suceda lo que al zapatero del cuento, que, como es sabido, por meterse a opinar sobre las arrugas del traje de cierto personaje de un cuadro, excediéndose en lo que se le había consultado, hubo de decirle el pintor y autor del mismo: "Zapatero, a tus zapatos."

Ciertos males en la Marina de guerra española son ya antiguos; quizá más que en las fuerzas de tierra. En un escrito de hace ya muchísimo tiempo se lee: "Vicios había en la organización de nuestra Armada, de los cuales se lamentaban los hombres entendidos." El que más ha resaltado siempre ha sido, sin duda, el de la numerosa oficialidad. En unos comentarios, de allá por el año 1901, que la casualidad trajo a mis manos, decía el ilustre general don Francisco Larrea:

"Del estado comparativo que en 1786 se hizo entre la Marina francesa y española, resultaba que la francesa constaba, por lo menos, de un cuarta parte más de buques que la nuestra, mientras que la española excedía a la francesa en más de una cuarta parte de oficiales; de modo que, proporcionalmente, constaba la dotación de la Armada española de doble oficialidad que la francesa, lo cual movía al conde de Aranda a decir, quejándose de ello, con su natural desenfado: "pero nuestra numerosa oficialidad se queda a comer su ración, y cuando la hacen trabajar se sofoca por no estar zurrada". Esto era ya en los tiempos de nuestro apogeo marítimo, cuando España podía presentar sobre los mares hasta 67 navíos de línea y 32 fragatas, con otros muchos buques menores; y aunque conviene recordarlo, con hacerlo aquí no se exhuman, ciertamente, misteriosas noticias de algún incunable, pues que en la *Historia de España* por don Modesto Lafuente consta impreso lo anterior.

"Tenía entonces reputación científica nuestra Marina, en cuyos cuadros figuraban hombres de gran saber; mas en cuanto a práctica marinera y perfección en el material, era ya inferior a la inglesa, su eterna enemiga. Las tripulaciones estaban también bastante por debajo de las de ésta, en punto a su composición e instrucción. En Trafalgar mismo, después de iniciada nuestra decadencia naval, la escuadra franco-española reunió todavía fuerzas superiores a la de aquélla; y sin embargo, el triunfo de los ingleses en un combate general no era dudoso de antemano para los hombres entendidos y menos sospechosos de falta de alientos, como

Alcalá Galiano entre otros, que así lo manifestó con entereza en el Consejo de Guerra celebrado antes de zarpar de la bahía de Cádiz."

El exceso de personal ha dado lugar, como en el Ejército, a la creación de numerosos destinos burocráticos, no ya en los puertos de mar, sino tierra adentro, e incluso en una época a la llamada "Escala de Tierra" —marinos de secano—, que si bien es verdad a su iniciador guió el buen propósito de tener una oficialidad entrenada en la navegación, no lo es menos que tal invento constituyó una inmoralidad profesional, de la que no hay precedentes en los anales del Ejército[19].

Hay que decir, no obstante, en abono de la oficialidad de la Armada, que también ella ha sido juguete de la política y de la omnipotencia de sus ministros, así como que a partir de la ley promulgada el 12 de enero de 1887 —ley de la Escuadra—, únicamente en dos ocasiones —Gobiernos Maura (1907-1909) y Primo de Rivera (1923-1930)— se trató en serio de dotar a nuestra Marina de guerra de barcos que respondiesen por sus características a una finalidad técnica dentro, claro está, de las posibilidades económicas de la nación.

Cuenta la Armada con un personal de clases más instruido que el análogo del Ejército; pero efecto de causas de orden moral que no he podido desentrañar bien, su disciplina, especialmente en estos últimos tiempos, ha dejado bastante que desear. Hay que advertir, además, que el mando cada vez se ejerce en forma más débil, lo cual, si mala cosa es en las gentes de tierra, peor resulta en las de mar, y ello explica muchos incidentes desagradables ocurridos, sobre todo desde el cambio de régimen, en que esa debilidad ha llegado a extremos que debieran preocupar seriamente, si es que se estimaran en más el prestigio del mando y los intereses nacionales que no el disfrute de los destinos y la política. Buena prueba de lo que acabo de decir es la siguiente: Cierto comandante de buque, cuyo nombre no hace al caso, ante el temor de perder el mando por ser tachado de duro o "monarquizante", cada vez que un marinero de la tripulación comete una fechoría le llama a la cámara y, lejos de imponerle un correctivo, muy cariñosamente le dice: "Eso no se hace, ¡caray!, porque ¿tú no sabes? Estás boicoteando la República..."

El Cuerpo general de la Armada —que así se llama a la oficialidad que ejerce el mando militar en los barcos— no ha tenido el conflicto de las

---

[19] La Escala de Tierra fue suprimida por la Dictadura en 23 de agosto de 1924 y vuelta a implantar por el señor Casares Quiroga, con el nombre de "Escala de Servicios de Tierra", en 27 de septiembre de 1931; así es que ahora volvemos a disponer de "marinos de secano".

distintas procedencias como el Ejército, y eso constituye una gran ventaja sobre éste. Debido a la cohesión que por tal causa en él existe, ha tratado siempre de ejercer una preponderancia absorbente y absoluta sobre los demás Cuerpos que prestan servicio en la Marina, lo que ha dado lugar a una continua tirantez de relaciones entre éstos y aquél, hoy agravada por ciertas resoluciones muy propias de los momentos que vivimos. He leído bastante sobre ese pleito interno y he escuchado diversas opiniones, y, a decir verdad, estimo que el Cuerpo general tiene toda o casi toda la razón; pues entiendo que la mayor autoridad ha de corresponder a quienes tienen la mayor responsabilidad, sin que ello demuestre, como ha dicho un ilustre escritor, "lo anacrónico de dicha organización —la de la Armada— en lo que constituye la razón y fundamento de ella". Más conforme estoy cuando escribe: "Otra de las manifestaciones del mismo espíritu y modo de existencia de ésta —se refiere a la oficialidad del Cuerpo general—, es la repugnancia visible con que se ha sometido a la dependencia de las autoridades militares y de los generales del Ejército, cuando ha debido obrar en combinación con fuerzas de tierra. La circunstancia de ser estas últimas las preponderantes, ha hecho que en los jefes de ella recayera de ordinario el mando superior, sin que por eso hubiese preterición ni desconocimiento de la igualdad de derechos y aun de títulos para su ejercicio por parte de los generales y jefes de la Armada, que en algunos casos han tenido, efectivamente, a sus órdenes tropas del Ejército. Mas, no obstante esto, la recíproca ha sido pocas veces admitida de buen grado. Tal es la verdadera causa o, por lo menos, una de las principales en la, al parecer, incomprensible falta de eficacia suficiente por parte de la Marina en ciertos servicios combinados, para los que en algunos casos ha sido preciso prescindir de su concurso."

Ese espíritu de independencia ha dificultado también, hasta el momento presente, una estrecha cooperación entre las fuerzas aéreas afectas directamente al Ejército y Marina, viniendo con ello a aumentar la confusión que existe en orden a la Aviación de guerra.

A pesar de lo arraigados que en nuestros organismos castrenses están los vicios expuestos, no creo sería difícil extirparlos; para ello sólo haría falta —ese "sólo" es todo un poema— que el Ejército y la Marina no se sintieran divorciados de la opinión pública, que se viesen amparados por un Gobierno en que imperase la sensatez y estuvieran regidos por un mando enérgico y competente. ¡Todo podría conseguirse poniendo sobre el egoísmo y las pasiones el amor a España!

CAPÍTULO VI

Las virtudes de los elementos militares

Injusto sería si, después de lo dicho en los dos capítulos anteriores, no dedicase, por lo menos, unos párrafos a las virtudes que, entre los vicios, también viven en el seno de nuestros organismos militares. Y aquí sí que quisiera yo poseer dominio y elegancia en la pluma para hacerlas resaltar, porque bien los merecen quienes en todo tiempo hicieron cuanto les fue dado hacer por dejar bien puesto el honor de las armas y el prestigio nacional, ya que, como muy bien dijo el conde de Xauen en su obra *Campañas en el Rif y Yebala*, "si nuestro Ejército padeció flaquezas, predominaron las virtudes, y si su labor no se estimó completa, culpa no fue suya, sino de quienes la estorbaron o malbarataron sus resultados. Cuando se le puso en condiciones, hizo todo lo que se le pidió".

Conceptos duros dichos con palabras suaves los últimos copiados, que el lector, por poco avispado que sea, ya puede deducir a quiénes se refieren, máxime después de haber tenido la paciencia de leerme hasta aquí.

Sobre las pasiones, creadoras de animosidades injustas; sobre el desencanto que a toda colectividad produce ver que no se estima la abnegación, aun cuando rebase los límites del sacrificio; sobre el abandono en que los gobernantes han tenido a los organismos armados, dignos de mejor suerte; sobre la tristeza, que nace al observar que por el mero hecho de haber abrazado la carrera de las armas se es tratado como ciudadano de peor condición; sobre todo eso, que invita a renegar de la sociedad en que se vive, existe en el Ejército y en la Marina un algo que eleva a sus individuos por encima del estercolero maloliente donde germinan ruindades y bajezas; un algo que es noble, que es puro y que es honrado: el amor a España. Y es esto, lector, lo que ha obrado el milagro de que en los momentos difíciles jamás faltaran quienes, no teniendo más patrimonio que su vida —que es lo que el hombre más aprecia—, se apresuraran a ofrecerla en holocausto de la tierra en que nacieron, olvidándose de afectos que se estiman sin excepción como muy humanos y sentidos.

No puede afirmarse, es cierto, fueran todos quienes así procedieron; pero sí los suficientes en número y calidad para imprimir carácter a las instituciones militares, que son, pese a quien pese, el brazo del Estado, el escudo del pueblo y la única garantía de paz. No faltó nunca, no, el núcleo que tuvo por lema: "Patriotismo, Abnegación y Sacrificio".

Ya sé que, por desgracia, hoy se aprecian en poco virtudes de tal naturaleza, pues los tiempos que corremos son más de dar satisfacción al estómago que al espíritu; aunque no debieran olvidar los que así piensan que el progreso de los pueblos no se hizo a fuerza de satisfacer la gula, sino de fomentar ideales, y que lo primero es sistema propio de cebar cerdos, pero jamás lo fue de engrandecer naciones.

Es cosa sabida de antiguo que las obras deben comenzarse por el principio y que de la bondad de los materiales depende, y no en poco, el resultado de ellas: por eso he de iniciar mi trabajo hablando del hombre, puesto que constituye la sustancia prima en el conjunto que forma la milicia.

No soy de los que creen que nuestro soldado es superior al de los demás ejércitos, como han dado en decir algunos escritores profesionales dejando volar su fantasía, lo que es fácil de hacer cuando se tiene buena pluma y no se usa de ella en los momentos del combate, en que la boca se reseca, la inteligencia a muchos se les embota y es difícil sacar a la intemperie lo que por natural pudor suele llevarse muy oculto; pero de lo que sí estoy convencido es de que no es peor que otros y puede obtenerse de él cuanto se quiera, si quien le manda sabe mandarle, y, sobre todo, si tiene autoridad para mandarle. Es ésta la razón por la cual aquellos "paisas" que todos cuantos pasamos por África conocimos, obedientes, sufridos y resignados, las más de las veces sentándoles el fusil como a una princesa la escoba, pálidos en las reservas, les veíamos convertirse en valientes regulares y bravos legionarios, superando siempre en bizarría a los reputados indígenas, tan pronto cambiaban la descolorida boina o el alicaído sombrero por el *tarbus* de larga fantasía o el gorro isabelino de graciosa borlita. No eran estas prendas las que operaban el milagro de convertir un inofensivo pipiolo, devorador de "trompitos", en buen soldado, sino el oficial de la sección, el capitán de la compañía, el jefe..., sobre todo, ¡el jefe!

Quiere esto decir que al ciudadano español cabe convertirlo en excelente hombre de guerra, si quien usa de él sabe hacerlo con arte y en buena medida. Y no es sólo al ciudadano español, sino al de todos los países; y en confirmación de mi tesis, ahí va lo que escribió respecto al ejército alemán un antiguo profesor mío: "En los comienzos del pasado siglo —dice en el proemio de un libro[20]— preconizaba el insigne maestro y filósofo de la guerra, Karl von Claussevitz: "Un ejército valdrá lo que valga su Cuerpo de oficiales"; y media centuria más tarde el gran

---

[20] *El Oficial Alemán,* del comandante don Luis de la Gándara.

Guillermo I, refiriéndose de una manera concreta a su nación, asentía categóricamente: "En Alemania el Cuerpo de Oficiales constituye la base fundamental del Ejército". En términos muy semejantes coincidieron con posterioridad tratadistas profesionales y pensadores de todos los países; y ora es el prusiano von del Goltz sustentando en su *Das Volk in Waffen* aquel principio, ora el general moscovita Kaulbars, quien afirma rotundamente, en su Memoria elevada al Zar acerca de Alemania, "que en el ejército alemán el Cuerpo de oficiales lo es todo: es la base del edificio".

Nuestro Cuerpo de oficiales distó siempre mucho de parecerse al alemán, pues sus vicios y otras razones ya apuntadas lo impidieron; mas existe el mérito de que una minoría entusiasta, pletórica de espíritu, fue lo suficiente para conservar y llevar a límites de perfección lo que todos se hallaban empeñados en destruir. Y no se diga que le guiaba ambición de recompensas, pues en la paz jamás obtuvieron nada los que trabajaron en los Cuerpos activos, y en la guerra —me refiero a la de Marruecos— hubo largos períodos en que no se otorgó una merced por oponerse a ello las Juntas de Defensa, sede de desocupados y burócratas. Recuerdo, a propósito de esto, que al día siguiente de la ocupación de Miskrel-la (5 de mayo de 1921), el general Sanjurjo, en su cuartel general de Xauen, hubo de ocultar lágrimas de emoción ante una Junta de jefes, al darnos las gracias reconocido al heroísmo derrochado por la oficialidad que se había batido sin esperar, no ya el honor de una merecida recompensa, ni tan siquiera el agradecimiento del pueblo al cual servía.

Pero hay más. La oficialidad que, año tras año, a fuerza de duras jornadas en las cuales la sangre española se derramó sin tasa, logró llevar sus soldados más allá del Kert, rebasar con mucho Xauen y recluir al Raisuni en el corazón de Beni-Arós, vio de la noche a la mañana, por conveniencias políticas, al Raisuni convertido en dueño y señor de Yebala; y más tarde, no repuesta aún de este asombro, recibió una orden terminante: "¡Hay que abandonarlo todo!" Resignada, con el alma dolorida al considerar lo estéril de tanto sacrificio, empieza a ceder el terreno, sufriendo ella y sus tropas las acometidas feroces de un adversario rebosante de moral. Y cuando, ya efectuado el repliegue, se le manda: "Ahora, a desembarcar en Alhucemas, que es el reducto de la rebeldía, y a ocupar de nuevo, íntegra la Zona del Protectorado...", con mayor entusiasmo que nunca, prepara sus unidades para la empresa y antes de dos años el general Sanjurjo pudo poner al Gobierno un lacónico telegrama diciendo que la guerra había terminado[21]. ¡Todavía hay quien dice que nuestra oficialidad carece de patriotismo, de espíritu de sacrificio, de abnegación y, sobre todo, de disciplina!

No hay que negar que es virtud, y virtud grande, cuanto acabo de exponer, como lo fue también la de aquellos bravos marinos de Cavite y Santiago de Cuba que, sabiendo iban a un sacrificio estéril, fueron a él por obediencia; por obediencia a quienes lejos del peligro no habían de exponer un pelo de la ropa, ni aun siquiera tocar las consecuencias de sus desaciertos. ¡Es la Historia de España que se repite!: unos mordiendo el polvo del campo de batalla en los estertores de la agonía o descendiendo a los abismos encerrados en las entrañas de un buque indefenso; otros engañando al país afirmando que "todo han de resolverlo los pechos de bronce de los españoles y el valor indomable de la raza". Para los primeros, el precio es la vida; para los segundos, unas frases huecas que apenas cuestan un tomín de saliva.

¿Comprende ya el lector los motivos por los cuales tanto el Ejército como la Marina han acatado sin la menor leve protesta medidas recientes que, justificadas con razones de obligada necesidad en la nueva ordenación de la cosa pública, sólo se han cimentado en la pasión enconada del sectarismo que desde hace algún tiempo padece España?

Otra virtud muy de estimar entre los militares españoles ha sido el culto al honor. En eso hemos llevado ventaja a muchos ejércitos.

No ignoro que la honra no es militar ni civil; que cada cual tiene la suya, individual, personalísima. Pero es lo cierto que en el Ejército la

---

[21] El general Goded, en su interesante obra *Las etapas de la pacificación*, al hacer un comentario sobre a quién debe atribuirse la pacificación de Marruecos, dice:

"Pero los que mayor suma de esfuerzos, penalidades y sacrificios pusieron en el empeño fueron estos últimos, el *soldado español*, en todas sus jerarquías, desde general abajo, que con su estoicismo para el sufrimiento y las adversidades, su resistencia para la fatiga y las privaciones, su valor para derrochar su sangre, hicieron posible sostener una campaña continua de dos años sin interrupción alguna, luchando contra el enemigo y contra el clima, con los calores abrasadores del verano africano, con las lluvias torrenciales del invierno, con los devastadores temporales de viento y nieves. A ellos, a los que unos dieron su vida o parte de su sangre generosa, a los que todos dieron su esfuerzo, su sufrimiento y en gran parte su salud, se debe la pacificación de Marruecos, y a ellos debe dirigirse el agradecimiento de España."

¿Agradecimiento? El general Goded, por lo visto, ignora que la mayor parte de los españoles han olvidado que existe esa palabra en el diccionario.

honra de los individuos se ha estimado siempre como patrimonio común, que era preciso mantener incólume por prestigio de la colectividad.

El honor ha sido tan arraigado sentimiento castrense, que incluso el Cuerpo de oficiales se esforzó en imbuirlo en el ánimo de las diversas clases de tropa, al punto de ser tema constante en las horas dedicadas a la instrucción teórica cuando en ésta se daba más importancia a lo moral que a lo superfluo. Por ello a nadie causaba sorpresa que en el primer artículo del reglamento de un Instituto armado se dijera que el honor era la principal divisa de sus individuos, que habían de conservarlo sin mancha, porque "una vez perdido no se recobra jamás".

No niego igual virtud a los organismos civiles, aunque sí digo que hubo en éstos un concepto menos severo de esa cualidad que en los militares; menor rigor en exigirla. Hoy es posible que se haya llegado a un equilibrio, pues la democracia, tal como por lo que veo aquí se entiende, propugna una igualdad del sentido ético que va en perjuicio de aquellos que lo tienen más elevado. No sé si de haberme visto obligado a escribir en estos momentos un libro que hace algún tiempo publiqué, me hubiera atrevido a exponer ciertos conceptos en él vertidos, ya que las cosas de entonces acá han cambiado mucho y no precisamente en sentido de perfección.

El culto al honor dio vida a una institución de gran arraigo en el Ejército, que en vano han querido copiar otros organismos, con la cual se suplían las contemplaciones debidas a la blandura de la acción gubernativa y constituía un poderoso auxiliar depurador para aquellos casos a los cuales, por su índole especial, no alcanzaba la acción punitiva de la justicia militar ni civil. Me refiero a los llamados "tribunales de honor", que fueron, mientras el espíritu que los inspirara no se falseó, la más sólida garantía de la integridad moral del Cuerpo de oficiales. Reconozco, sin embargo, que aún en los tiempos de mayor prestigio, algunas veces la rapidez del procedimiento o el excesivo espíritu de Cuerpo dieron lugar a fallos no meditados. El Arma de Artillería fue, quizá, la que hizo un uso más abusivo de la aplicación de los tribunales de honor, aunque justo es reconocer que durante un largo período de tiempo su oficialidad fue la más depurada del elemento armado. En la actualidad para ella las cosas han variado tanto que incurriría en el ridículo si tratase de blasonar de lo que en el tiempo a que me refiero constituía su mayor orgullo.

Los defectos antes apuntados —rapidez de procedimiento y excesivo espíritu de Cuerpo— hubieran sido fáciles de corregir y en forma alguna justifican la supresión de tales tribunales, que seguro estoy habrán de volver, pues no es posible que la milicia, poco a poco, se convierta en madriguera de invertidos, cobardes e inmorales de toda especie, a no ser que entre en los propósitos de los directores de la política nacional que así sea, lo que no puede caber en la cabeza de nadie.

Uno de los argumentos que más se han esgrimido contra los organismos armados es la falta de cultura de sus cuadros. A los que tal crean les he de decir que padecen un lamentable error. Aparte los progresos puramente técnicos seguidos muy de cerca y con gran interés por los centros de estudio, nuestros oficiales no desconocen cuantas teorías y principios o reglas sobre arte militar se establecen de nuevo o se practican en los demás países: existe interés en estar a la altura de las circunstancias. Lo que ocurre es que la situación lamentable de los Cuerpos, tanto en personal como en ganado y material, no permite poner en práctica esos métodos en la forma que fuera necesario para deducir enseñanzas personales de ellos y acomodarlos a las características especiales de nuestra raza, de nuestro clima y de nuestro terreno. En cuanto a conocimientos generales, seguro estoy que los de las profesiones que tienen su cuna en universidades y centros análogos no los poseen superiores, como no sean en orden a la especialidad que hayan estudiado. Es posible que existan militares que ignoren el *Código* y *Pandectas* de Justiniano, y la obra realizada por su prefecto, Triboniano, pero ¿es que acaso habrá muchos abogados que sepan que el primero tuvo por generales a los célebres Belisario y Narses, y hasta quién fue Federico el Grande, y el "pobre señor de Melas"? Lo que de seguro no se le habrá ocurrido a ningún jefe ni oficial del Ejército, ni creo se le ocurra, es pedir "la prevención de abintestato" en vida de un señor...[22].

En estas tierras de España poco podemos echarnos en cara unos a otros en cuanto a sabiduría, pues andamos todos bien ayunos de ella, no sé si por carecer de ilustración o de inteligencia o por faltarnos de ambas una buena medida, pese a nuestras ínfulas de raza latina, harto mixtificada con sangre de suevos, vándalos, alanos, godos, árabes y hasta judíos. Mas lo que sí digo es que si se pudiera hacer una estadística por profesiones demostrativa de la cultura media, no habría de ocupar la oficialidad militar un puesto muy secundario, sino posiblemente alguno bastante principal. No hay que darle vueltas a la cabeza: el desafecto y la animosidad conducen casi siempre a juzgar de ligero, cuando no a la injusticia.

---

[22] A este punto que el batallador y culto letrado don Joaquín del Moral, responda por mí, ya que fue él quien dio a conocer el caso en la Junta general extraordinaria que se celebró el día 21 de noviembre de 1932 en el Colegio de Abogados de esta villa de Madrid.

Otro de los argumentos esgrimidos por los antimilitaristas para fomentar el odio hacia el Ejército y la Marina ha sido el despotismo. La gente ha llegado a creer de buena fe que en los cuarteles y a bordo de los barcos de guerra sólo impera la grosería y mala educación; que no existe más ley que el capricho del que manda. Este falso concepto de la forma como se desenvuelve la vida militar ha contribuido de modo especial al ambiente de hostilidad que rodea al Cuerpo de oficiales; sin duda por ese mismo falso concepto en estos últimos tiempos tanto se ha venido hablando de "democratizar" los organismos armados, sin que nadie haya explicado cuál es el alcance que en su aplicación a éstos debe darse a tal verbo, pues no creo que a nadie que tenga dos dedos de frente se le haya ocurrido que sea el soldado quien ejerza la soberanía, como el pueblo la ejerce —o en derecho la debe ejercer— en toda democracia. La milicia es por esencia una institución todo lo contrario: antidemocrática. Es una institución en que la soberanía —valga la frase— se ejerce por orden jerárquico, escalonadamente de mayor a menor, condicionada a unos deberes y derechos perfectamente reglamentados, es decir, a una disciplina. No puede subsistir en otra forma.

Los que han vivido en el seno de los elementos armados saben que la disciplina y el orden jerárquico son perfectamente compatibles con la corrección en el trato, el mutuo afecto y el amparo al inferior, que tiene siempre el recurso de la queja justificada. Yo, en el Ejército, jamás vi tratar por los de arriba a los de abajo con la desconsideración que pude apreciar en el año y pico que estuve al frente de cierto centro civil. Algunas veces he llegado a sospechar que la antipatía personal de otras colectividades hacia la milicia no era más que un mal disimulado sentimiento de envidia.

Podrán decir lo que quieran los enemigos del Ejército, pero es lo cierto que en los Cuerpos armados no faltó jamás cortesía, buen trato y fineza ajustadas al modo de ser de los tiempos, en las relaciones de todos, y si alguna vez —como sucedió en el caso de un conocido general que actuó en Cuba— hubo quien se apartó de tales normas, la reprobación fue unánime[23]. A mayor abundamiento, diré que desde hace ya bastantes años

---

[23] Hago la salvedad "ajustadas al modo de ser de los tiempos", porque el concepto que a principios de la Edad moderna y aun de la contemporánea se tenía en la sociedad de la cortesía, buen trato y fineza distaban mucho de ser los de hoy, y por eso entonces se estimaban como muy naturales procedimientos de corrección que en la actualidad se reputarían como inaceptables y nos repugnarían.

la oficialidad ha tenido el prurito de excederse en atenciones para con la tropa, estableciéndose una corriente de mutuo afecto que rara vez ha sido dado encontrar en otros ejércitos. Durante la guerra de Marruecos, muy singularmente a partir del año 1911, esa corriente se acentuó más, llegando a causar la admiración de cuantos profesionales extranjeros visitaban el campo de operaciones español y a constituir el mayor orgullo del mando. ¿Cuántos oficiales no han sido heridos o muertos en África por salvar un herido de tropa o rescatar el cadáver de un soldado?, y, recíprocamente, ¿cuántos de éstos no han perdido la vida por impedir quedase en poder del enemigo un teniente, un capitán o un jefe?[24]. Nada de lo expuesto hubiera ocurrido al existir el despotismo de que tanto se habla, pues el despotismo es incompatible con el sentimiento de afecto que dichas acciones ponen de manifiesto; es más, nuestros oficiales tuvieron la gran virtud de hacerse querer de los indígenas marroquíes a nuestro servicio, a quienes no pocas veces se les ha oído comentar con justo elogio el proceder de los cuadros de mando para con ellos.

Hora es de que la verdad resplandezca y vayan siendo relegados al olvido prejuicios y falsos conceptos que, sobre dañar, no tienen razón de ser; con ello se conseguirán dos cosas: que el pueblo español ame como debe a sus instituciones militares y que éstas se sientan con la fuerza moral que les es necesaria para desempeñar en la sociedad la alta misión que les está confiada. Sería lamentable que las llamadas a la concordia fueran *vox clamantis in deserto,* ya que el mayor perjuicio habría de sufrirlo la Patria común, que está por encima de todos.

---

[24] Los casos que he conocido han sido numerosos y en alguno actué incluso como protagonista. Por las excepcionales circunstancias que mediaron en el episodio, y sin que esto signifique olvido de los demás, séame permitido recordar aquí, rindiendo un homenaje de justa admiración, a los bravos tenientes del Grupo de Regulares de Larache, don Vicente Otero Valderrama y don Francisco Casas Miticola, muertos ambos en el hospital de Xauen a consecuencia de las heridas recibidas el día 6 de septiembre de 1924, en las inmediaciones de Taguasut (cuenca del Lau): el primero, por intentar rescatar los cadáveres de dos soldados caídos en poder del enemigo; el segundo, por obstinarse en recoger éstos y a su compañero Otero, gravemente herido, a pesar de no estar en buenas relaciones personales con él.

CAPÍTULO VII

Cómo y por qué nacieron las Juntas de Defensa militares

Es para mí una contrariedad, mejor dicho, una ineludible contrariedad, por el carácter de este libro, verme en la precisión de tocar el enojoso asunto de las Juntas de Defensa, que tantos e irreparables males han acarreado a los organismos militares. No obstante lo mucho que sobre ellas se escribió a su tiempo, siempre con más sobra de pasión y falta de exactitud que ecuanimidad y conocimiento de los hechos, voy a permitirme hacer un relato del proceso evolutivo de dichas Juntas; relato que procuraré revestir de una crítica puramente objetiva. He de hacer constar que soy uno de los pocos que ya van quedando de los que conocieron al detalle los pormenores de la gestación de dicho movimiento de protesta —que no otro móvil que el de la protesta les dio vida—, por haber intervenido unas veces directa y otras indirectamente en los trabajos preliminares; que fui testigo presencial de cuanto ocurrió en la guarnición de Barcelona del 25 de mayo al 1° de junio de 1917; que pertenecí a la Unión del Arma de Infantería y actué con entusiasmo hasta que, en la primavera del año 21, convencido de que la organización marchaba por caminos bien distintos de los que en un principio se ofrecieron y del daño que se infligía al Ejército, siguiendo el ejemplo de otros compañeros, y no obstante encubiertas amenazas, me creí en el caso de recabar mi libertad de acción, separándome de lo que en esencia no era más que un sindicato militar legalizado por la claudicación del Poder público.

No niego que a los iniciadores de la idea guió en los primeros momentos un sentimiento noble y generoso de acendrado compañerismo, aunque no propio del concepto que de la disciplina ha de tenerse en la milicia; mas luego, por una serie de circunstancias, adquirió un carácter francamente revolucionario, y, como sucede en todas las revoluciones victoriosas, jamás las pueden encauzar los que las producen y, en cambio, las desvirtúan quienes las explotan, y marchan al azar hasta que tropiezan con una voluntad que las detiene o, por no encontrarla, terminan estrellándose, estrellando a su vez a quienes se embarcaron en ellas. Las Juntas de Defensa no hallaron la voluntad: por eso degeneraron en un sindicalismo estúpido y tiránico, refugio de malas pasiones, que afortunadamente acabó con ellas, aunque no con el mal que hicieran, que aún se está pagando, lo cual no es óbice para que algunos se encuentren muy a gusto en el machito y procuren sacar buena tajada; son estos seres como las larvas de la fauna cadavérica, que engordan y se sienten felices devorando un muerto.

Mediaba el año de 1914 cuando el conde del Serrallo, a la sazón ministro de la Guerra en el Gobierno del señor Dato, tuvo la ocurrencia — a mi juicio buena ocurrencia— de querer garantizar la capacidad física e intelectual del Cuerpo de oficiales, especialmente de jefe para arriba, pues la campaña de Marruecos acusaba una buena proporción de comandantes, tenientes coroneles y coroneles que no reunían las condiciones de aptitud necesarias para la guerra. Quiso llevar a vías de hecho su propósito estableciendo ciertas normas de selección para los ascensos, normas que cayeron en el Ejército como culebrón en charca de ranas, ya que eran más los que estaban alejados de filas, olvidados de la profesión, que los que prestaban servicio en ellas por verdadero entusiasmo.

La crisis, que se resolvió el 9 de diciembre del año siguiente con la subida al Poder del conde de Romanones, llevó al Ministerio de la Guerra al general Luque, que persistió en la idea de su antecesor, dictando algunas disposiciones, tal vez poco meditadas por la iniciativa que dejaba a los capitanes generales de las regiones, máxime habiéndolos, como los había, que no eran dechados de discreción y tacto.

Hallábase por aquellos tiempos al frente de la Capitanía General de Cataluña el general Alfau, quien tomó lo ordenado —posiblemente excediéndose en los propósitos del ministro— como medio de producir vacantes, y acto seguido se dio a la tarea de inventar algunas pruebas de aptitud que constituían verdadera vejación para quienes debían realizarlas, tanto por el modo de disponerlas como por la forma en que habían de practicarse, muy especialmente las referentes a generales, lo que dio lugar a que uno más digno que los demás, cuyo nombre no hace al caso, le soltase cuatro frescas tras de pedir el pase a la reserva.

La actitud del referido general dio al traste con las pruebas proyectadas, y así tengo entendido transcurrieron algunos meses hasta que, olvidado de lo pasado, se decidió a volver sobre el tema, esta vez dejando en paz a los generales. Para ello eligió un teniente coronel y dos comandantes de Infantería, el primero de los cuales sabía de antemano se hallaba en espera de una oportunidad para ser operado de una grave enfermedad en los ojos que le había hecho perder, accidentalmente, casi por completo la vista; los otros dos, aunque de salud a prueba de bomba, llevaban no sé cuántos años aconchados en sendas Zonas de Reclutamiento. Dio el encargo de realizar las pruebas de aptitud al jefe de la brigada de Cazadores que, dicho sea de paso, no andaba muy sobrado de inteligencia, a pesar de haber sido buen número de años profesor de la Academia de Toledo.

Al acto de la prueba, que consistió en que dichos jefes mandasen por turno un batallón situado en un solar inmediato a la Gran Vía Diagonal, llamado Campo de Galvany, se le dio cierta publicidad para que acudieran curiosos y desocupados, entre los que pude advertir —por ir mandando dos de las compañías allí concentradas para formar el batallón— la propia familia del general de la brigada de Cazadores, que a lo que colijo debió concurrir en concepto de "claque". Tanto el teniente coronel como los comandantes salieron bien del paso, como no podía menos de suceder, ya que para mandar manejo de arma, poner en marcha un batallón y pararlo, no se necesitan mayores conocimientos del arte de la guerra que los que pueda poseer el recluta más zoquete de un reemplazo a los tres meses de instrucción.

Nada quiero decir de los chistes e inconveniencias que tuvimos que soportar del selecto público allí congregado, y muy especialmente los examinandos, lo que produjo hondo malestar entre los elementos de Infantería de la guarnición barcelonesa, pues realmente no había derecho a hacer con aquellos buenos señores lo que se hizo, siendo tantos los procedimientos que se pueden emplear para conocer, sin inoportunas exhibiciones, la capacidad y cultura de unos jefes. Pero más hondo malestar se produjo todavía al saber que el general Alfau trató de hacer lo propio con unos jefes de Artillería o Ingenieros —ya no recuerdo bien— y respetuosamente hicieron llegar a su noticia que ellos no estaban dispuestos a que se les hiciese correr un ridículo como los del teniente coronel y comandantes de marras.

El capitán general, ante su fracaso con los Cuerpos facultativos, decidió seguir sus experiencias con el personal destinado en Zonas y Cajas de Recluta, y entonces el hondo malestar se convirtió en indignación.

Aprovechando el estado de ánimo de los jefes y oficiales de Infantería, un capitán de la Zona, llamado don Emilio Guillén Pedemonte (hoy comandante retirado), lanzó la idea de buscar "un tacto de codos" entre los compañeros, a fin de evitar fueran ellos los únicos con quienes se realizaran las descabelladas experiencias seleccionadoras. Entre los capitantes y tenientes de los Cuerpos activos tuvo excelente acogida la iniciativa, tanto más cuanto que todos atribuían las desconsideraciones con su Arma a la falta de una "Junta" defensora de los derechos individuales y colectivos, como ya tenían establecida desde hacía bastante tiempo Estado Mayor, Artillería, Ingenieros e incluso los "diplomados"[25]. Coincidió todo

---

[25] Como verá el lector, las Juntas de Defensa, aunque con otro nombre y cierto carácter técnico para "despistar", existían ya en algunos Cuerpos y Armas

esto con una campaña de difamación que en Barcelona sostenían algunos periódicos extremistas contra el Ejército, campaña que tenía soliviantada a la oficialidad, muy singularmente a la que había servido en África, pues, según dichos libelos, todos los que por allí pasaban volvían a la Península con los bolsillos repletos de dinero[26].

Por la gran amistad que me unía al entonces capitán ayudante del batallón Alba de Tormes, don Vicente Pérez Mancho, tuve conocimiento, tan pronto iniciadas, de las gestiones antes dichas; sin embargo, hasta algún tiempo después no se hizo notificación oficial a los comandantes, lo que tuvo lugar en reunión que se celebró una noche en la Gran Vía Layetana, que por aquellos tiempos no era más que solares y derribos. La idea fue aceptada sin reparos y se comunicó a los jefes de Cuerpo, quienes, con ciertas vacilaciones, también se adhirieron. Cuando tal ocurría, se llevaban hechos bastantes trabajos de captación en guarniciones de provincias y también en la de Madrid, aunque en ésta sin resultado satisfactorio.

Tan pronto se contó con los comandantes y tenientes coroneles, se redactó un documento muy enérgico, por el cual los firmantes quedaban comprometidos a sostener la unión sagrada del Arma de Infantería, recurriendo, si preciso fuera, a las actitudes más extremas para mantenerla. Este documento se negaron a firmarlo bastantes jefes, incluso en Barcelona.

Durante el segundo semestre del año 16, el Comité, que presidía el coronel del regimiento Vergara, don Benito Márquez, se dedicó a la propaganda y organización en toda España, lo que llegó a conocimiento de muchos generales y del propio Alfau, quien sostuvo frecuentes conversaciones sobre el particular con el presidente Márquez y el secretario, capitán don Manuel Álvarez Gilarranz, alma de todo. Tengo entendido que el general Alfau se mostró conforme con cuantos trabajos se realizaban y, según declaraciones de los bien informados, se manifestó siempre como un gran entusiasta de la labor que se estaba desarrollando.

---

del Ejército antes de iniciarse la de Infantería y funcionaban autorizadas de hecho por los ministros de la Guerra.

[26] Esos periódicos callaban que en aquella época los heridos tenían que sufragarse las hospitalidades y luego, durante la convalecencia, los gastos de especialistas y las sesiones en los gabinetes de reeducación, con lo cual el desgraciado que recibía un balazo grave se empeñaba por toda la vida; también callaban que las familias de los muertos en campaña percibían una cantidad irrisoria en concepto do pensión.

En diciembre quedó redactado el primer reglamento de la Junta del Arma de Infantería, que vino a sustituir al documento de que antes he hecho mención, mediante la firma de un acta adherida al mismo, que textualmente decía: "Conformándome con este Reglamento, lo acato, prometiendo cumplirlo y procurar sea cumplido por todos, así como poner de mi parte todo lo posible para conseguir, con la unión fraternal del Arma de Infantería, su bien colectivo e individual. Prometo también, bajo mi palabra de honor, que si, en el cumplimiento de alguna decisión que el Arma, conforme a este Reglamento, adoptase, resultare perjudicado en su carrera o intereses cualquier compañero que, cumpliendo nuestro mandato, hubiese intervenido en ella, procuraré, por todos los medios posibles, ampararle en unión de todos mis compañeros del Arma y, desde luego, a garantizar al damnificado los sueldos de sus empleos en activo, hasta el de coronel inclusive, a medida que vaya alcanzándolos por antigüedad quien le siga en el escalafón y el retiro que en la misma forma le corresponda."

Varios ascendidos por méritos de guerra pusieron reparos al Reglamento, pues, conocedores del espíritu que animaba a muchos jefes y oficiales de Barcelona y el contenido de buen número de proposiciones recibidas de provincias, se temía, no sin fundamento, que una de las primeras medidas que se adoptasen, de ser un hecho lo de la Unión, sería la de obligarles a solicitar la permuta de los empleos por la cruz de María Cristina. Con este motivo se solicitó, sin lograrlo, fuera variado el texto del artículo 4º, y más tarde se pidieron algunas aclaraciones sobre el alcance del mismo, que nadie se comprometió a dar. La actitud de los autores del Reglamento ocasionó recelos justificados[27].

---

[27] El artículo 4.º decía: "Es consecuencia de los artículos anteriores *que cuantos oficiales del Arma se adhieran a la idea de unión, firmando este Reglamento, se sujeten voluntariamente al deber de acatar la opinión de la mayoría expresada, que se reconoce como opinión del Arma,* bajo su palabra de honor y sanciones establecidas en nuestro Código de Justicia y el uso entre caballeros oficiales para quienes falten a ellas. En reciprocidad adquieren el derecho de defensa y solidaridad con los demás compañeros del Arma."

Como verá el lector, los firmantes del Reglamento quedaban comprometidos a acatar la opinión de la mayoría de los adheridos, que se estimaba como opinión del Arma, *cualquiera fuera su número,* es decir, que si sólo una décima parte de la oficialidad —pongo por caso— aceptaba las bases de la organización, bastaba que el vigésimo más uno adoptase un acuerdo para que a éste tuvieran que someterse los afiliados, pero no los que no lo eran. Tamaño absurdo hizo que muchos que firmaron el primer documento, harto más comprometedor, se negasen a suscribir el segundo.

Así las cosas, sobrevino la caída del Gobierno Romanones y subió al Poder el marqués de Alhucemas (20 de abril de 1917), que llevó al Ministerio de la Guerra a don Francisco Aguilera. Este, desde el primer momento, se declaró enemigo de la Unión del Arma de Infantería y se dispuso a dar la batalla sin contemplaciones.

De la noche a la mañana, el coronel Márquez y, más que él, quienes le rodeaban, observaron un cambio radical en la conducta del general Alfau; pero este cambio no se manifestó en forma ostensible hasta que, en la mañana del 25 de mayo, inesperadamente, llamó a su despacho a los miembros que integraban la Junta y les conminó para que, en un plazo de veinticuatro horas, quedase disuelta la organización en toda España.

Cuando el coronel Márquez regresó al cuartel, halló sobre la mesa de su despacho un oficio, cuyo texto era el siguiente:

A pesar de mis repetidos consejos y órdenes para que las Juntas de la Unión del Arma de Infantería suspendieran sus trabajos, ha llegado a noticia del excelentísimo señor Ministro de la Guerra que la Junta de esta Región ha enviado a los oficiales no adheridos de otras Regiones una nueva circular y reglamentos para animar y comprometer aquéllos, asegurándoles que son los únicos que todavía no han firmado el compromiso. Estas noticias, de ser ciertas, demostrarían que la campaña emprendida, lejos de cesar, después de las prevenciones que personalmente hice a los jefes de Cuerpo, el 10 del corriente, se ha recrudecido, con menoscabo de la disciplina, base de toda organización militar.

Sírvase V. S. manifestarme por escrito, en el término de veinticuatro horas, si estas noticias son ciertas, y asegurarme que mis órdenes quedarán puntual y terminantemente e inmediatamente cumplidas.

Al día siguiente, domingo de Pentecostés, sobre las doce, volvieron a Capitanía general el coronel Márquez y demás jefes y oficiales que componían la Junta, siendo recibidos en el acto por el general Alfau, que se hallaba acompañado del auditor y del teniente coronel de Estado Mayor, don Carlos Castro Girona. Este, por indicación de aquél, leyó los artículos del Código de Justicia Militar en que incurrirían en el caso de no prestarse a dar cumplimiento a la orden del día anterior; pero fue en vano: la Junta en pleno se negó a ello. El coronel Márquez y sus compañeros fueron arrestados y conducidos al cuartel de Atarazanas, en donde, algunas horas después, se presentó el comandante general de Artillería, señor Salavera, y empezó a tomar declaraciones, las cuales, a poco, tuvo que suspender, pues resultaba que sobre el capitán general recaían cargos tan concretos y abrumadores que el instructor se creyó en el caso de ir a consultar antes de proseguir su cometido. Lo que pasó después no es del dominio público; sólo se sabe que el general Salavera no volvió a comparecer por Atarazanas y que Alfau fue llamado con urgencia a Madrid por el Gobierno, y no regresó.

A las dos de la madrugada fueron conducidos al castillo de Montjuich el coronel Márquez y sus compañeros[28].

La noticia del arresto de la Junta corrió como un reguero de pólvora entre el elemento militar. La Junta suplente, presidida por el coronel del regimiento Alcántara, señor Echevarría, empezó sus trabajos inmediatamente, acordando, en primer término, enviar delegados a provincias para explorar la disposición de ánimo de las guarniciones. Las noticias que se recibieron, salvo de Madrid, fueron francamente satisfactorias. En Barcelona, la oficialidad de todos los Cuerpos y dependencias, especialmente las de Artillería y Caballería, ofrecieron su apoyo incondicional a los de Infantería, e incluso sus tropas.

No quiero distraer al lector refiriéndole todo lo ocurrido desde el 27 al 30 de mayo, aunque hay mucho que contar; me detendré, sin embargo, en el día 31, fecha en que ya se había hecho cargo de la Capitanía General el pundonoroso don José Marina. La efervescencia en los cuartos de banderas y estandartes fue aquella mañana enorme, debido, en parte, a las noticias que circulaban respecto a la suerte que les estaba reservada a los detenidos. Por la tarde visitó a éstos el comandante de Caballería don Mariano Foronda, según dijo, para ver la forma de solucionar el conflicto de la mejor manera posible, ofreciéndose a interceder cerca de una elevada personalidad, a la cual le unía estrecha amistad. La gestión fracasó en toda la línea, por la actitud irreductible de la Junta y oficialidad de la guarnición que, a su vez, se veían amparadas por las de bastantes provincias.

De Montjuich fue Foronda a los regimientos Santiago y Montesa, con objeto de calmar a sus compañeros de Arma que se hallaban excitadísimos. Su visita exacerbó más los ánimos. La idea unánime era la de libertar a la Junta por todos los medios, y aun cuando había algunos que recomendaban prudencia, el criterio de los partidarios de procedimientos violentos iba tomando cuerpo.

---

[28] Los jefes y oficiales que componían la Junta arrestada eran los siguientes: coronel don Benito Márquez, teniente coronel don Silverio Martínez Raposo; comandante don Rafael Espino; capitanes don Leopoldo Pérez Pala, don Miguel García Rodríguez y don Manuel Alvarez Gilarranz; tenientes don Emilio González Unzalu y don Marcelino Flores.

Tres hechos agravaron la situación en las últimas horas de la tarde: un recado de los artilleros manifestando que si los de Infantería no libertaban los presos, lo harían ellos por su cuenta; la noticia dada por la Prensa de que aquella noche saldrían de Madrid tres jefes para sustituir a los coroneles Márquez y Echevarría y teniente coronel Martínez Raposo en el mando de sus Cuerpos, y el deseo expresado por el general Marina de ir al día siguiente a presenciar la revista de comisario en los cuarteles para dar a reconocer, según se creyó, a los jefes que llegaban de la Corte.

La oficialidad, dominada por los exaltados, decidió impedir la entrada del capitán general en los cuarteles. Para evitar tamaño desatino se decidió convocar a los jefes de Cuerpo, a las ocho de la mañana, en la Capitanía General, con objeto de que rogaran al general desistiese de su propósito, que no podría conducir más que a escenas lamentables y vergonzosas; mas como se temía que dichos jefes, ante el respeto que pudiera inspirarles la figura venerable de don José Marina, no expresasen claramente cuáles eran los deseos de la guarnición, se acordó por unos cuantos miembros de la Junta suplente redactar un documento para que le fuera entregado [29]. Al mismo tiempo se circularon órdenes a Zaragoza y otros puntos disponiendo que, en el caso de salir tropas de Madrid, fuera levantada la vía.

Amaneció el día 1º de junio. A las ocho de la mañana los jefes de Cuerpo entregaron al general Marina el famoso documento. Este, que publicaron todos los periódicos de aquella tarde, decía así:

Excelentísimo señor:

El Arma de Infantería presenta sus respetos a V. E., no por fórmula, sino por afecto. La mejor prueba de disciplina en que quiere permanecer es que elige este paso con preferencia a otro cualquiera. La gravedad de las circunstancias nos obliga a esta determinación.

No sólo el Arma de Infantería que guarnece todas las Regiones de la Península y que sólo obedece exclusivamente en la actualidad a esta Junta Superior del Arma, sino las Armas de Caballería y Artillería están resueltas a que en el Ejército rija en lo sucesivo solamente la justicia y la

---

[29] El documento, llamado después *Manifiesto del 1º de junio,* fue escrito a vuela pluma por el capitán de Infantería don Isaac Villar Moreno. Mientras lo redactaba, le acompañaron los capitanes don Evelio Quintero, don Manuel Ramos, don Jesús Marín, don Francisco Díaz Contesti, don Arturo Herrero y don Juan Roji, todos ellos de Infantería.

equidad; afirman su determinación de que se reconozca su personalidad para su progreso y defensa de sus intereses, renovando su más sagrado juramento ante sus banderas y estandartes de que, tales intereses, no son los egoístas individuales, sino los sagrados del bien de la Patria, por los que están sujetos, resignados durante tantos años a toda clase de sacrificios, incluso el de su dignidad desde el final desastroso de las campañas coloniales.

Aquellos desastres, aquellas injustas inculpaciones que sufrió y que, mancillando su honra profesional, laceraba sus pechos de patriotas, es imposible que vuelvan a repetirse, y a esto se llegaría fatalmente si hoy no saliera de su silencio para dar un respetuoso pero enérgico aviso que, para bien de la Patria, debe ser atendido.

Sacrificándonos venimos, hace veinte años, para dar lugar a que se regeneraran los demás organismos nacionales, cuya atención se juzgó primordial por los Gobiernos de entonces.

Hombres políticos, que han ejercido el supremo mando, han confesado en varias ocasiones, ante las Cortes unos, otros ante el País, que nuestro sacrificio ha sido inútil, puesto que aquellas fuentes de riqueza o de vida nacional no se regeneraron, la administración no ha mejorado y el Ejército se encuentra en absoluto desorganizado, despreciado y desatendido en sus necesidades: 1° De orden moral, lo que produce la falta de interior satisfacción que anula el entusiasmo; 2° En los de orden profesional o técnico, por la carencia de condiciones militares que no tiene medios de adquirir, por la de unidad de doctrina que la rija y de material con que realizar sus fines, y 3° Por las de orden económico, en las cuales la oficialidad y tropa se hallan peor atendidas que las de cualquier otro país y también en condiciones inferiores a las de las clases civiles, análogas, del propio.

A estas causas de malestar crónico se han añadido últimamente las producidas por la injerencia del favor que anula el mérito y desmoraliza al que, para lograr un beneficio que se le debe, tiene que mendigarlo del personaje influyente, arrastrando a sus pies su dignidad; los causados por selecciones injustas; por amortizaciones onerosas y no equitativas en relación con los demás funcionarios del Estado, y, en fin, por el convencimiento adquirido de que no terminarán nunca sus males, que a nadie interesan, pues han sido muchos los proyectos de reformas, y ni en ellos se veía cariño ni ninguno llegó a cristalizar; otros muchos motivos de disgusto y malestar existen, que no es necesario enumerar, pues los dichos son los principales.

Para estudiar el medio de corregir tales graves padecimientos de la colectividad y solicitar respetuosamente, por los medios legales, de sus superiores autoridades, el remedio, presentándoles, al propio tiempo, las soluciones, se formó la "Unión y Junta de Defensa del Arma", que afirmó en su reglamento la firmeza de su juramento a la bandera, su respeto a los poderes constituidos y a la disciplina y los fines de dignificación y progreso que se proponía. No ha obrado a espaldas de aquélla ni se ha escondido para actuar durante los catorce meses que lleva de actividad; elevó su Reglamento a manos de su superior autoridad y estaba persuadida de que había llegado a las más altas manos, y al no haberle sido vedada su actuación se hallaba orgullosa de la alteza de sus miras y propósitos y de su cordura y morigeración al encaminarse a sus fines.

Dolorosamente se ha visto sorprendida al ser su Junta Superior arrestada y sumariada sin causa conocida, resultando punible, al parecer, su amor a la Patria; destinados a otros puntos, por represalia, algunos de sus adeptos, por el único delito de serlo y, por fin, injuriada, desconocida y despreciada la nobleza y lealtad de su proceder.

Estas providencias y el propósito declarado de ahogar los nobles gritos de su alma por el temor en una colectividad que precisamente hace votos del sacrificio de su vida al jurar la bandera, han colmado nuestra capacidad de sacrificio.

La totalidad del Arma ha resuelto exponer respetuosamente, por última vez, su deseo de permanecer en disciplina, pero obteniendo la rehabilitación inmediata de los arrestados, la reposición de los privados de sus destinos, la garantía de que no se tomarán represalias y de que será atendida, en lo posible, con más interés y cariño y, por último, el reconocimiento oficioso de existencia de su "Unión y Junta de Defensa", empeñando en cambio nuestra palabra de honor de que jamás será esto fuente de indisciplina, de que no se quebrantará su respeto a los poderes constituidos por voluntad de la Nación y de que sólo aspira a conseguir los bienes que, para el Arma, para el Ejército y para la Patria, expresa su Reglamento que se adjunta.

El Ejército solicita y espera en los cuarteles, en todas las guarniciones de España, la resolución de su súplica en un plazo de doce horas, porque, para su tranquilidad, lo necesita y porque conviene evitar que la prolongación de esta equívoca situación, que dura ya siete días, en los cuales nuestra cordura y subordinación ha sido absoluta, sea piedra de escándalo para el País.

La vuelta a la normalidad será el momento de su mayor alegría.

Barcelona, 1° de junio de 1917.

Leyó el general Marina con toda atención el documento. Realmente, el bravo soldado no merecía del Ejército trato semejante. Lucharon en él la bondad y el deber, y venció el tiempo; digo que venció el tiempo, porque entre las explicaciones y súplicas de los jefes y las contestaciones del general, basadas en un justo concepto de la autoridad que representaba, pasó la hora de la revista en unos Cuerpos, los más rebeldes, y parecía impropio no ir a éstos y en cambio presentarse en los cuarteles donde la oficialidad parecía mantener una actitud más sensata; además, no hubo necesidad de dar a reconocer los nuevos jefes, porque no llegaron.

Inútiles fueron las consideraciones que se le hicieron. El general Marina no aceptó el plazo de doce horas; lo estimaba una claudicación del mando. Conminó a los presentes para que cumplieran con su deber y les dijo, al tener conocimiento se habían circulado órdenes para libertar a los detenidos por la fuerza a las ocho de la noche, que él, aunque fuera solo, lo impediría. Al héroe de Sidi-Hamed-el-Hach le sobraban arrestos para ello y mucho más.

En las primeras horas de la tarde hubo una nueva reunión en Capitanía General. La actitud de la autoridad militar no había cambiado. Después, se ignora lo que ocurrió; pero es de suponer que de Madrid se le debieron hacer determinadas indicaciones. Sobre las cinco se recibió en los cuartos de banderas y estandartes la noticia, para todos grata, de que la Junta sería puesta en libertad aquella misma noche. Próximamente a las siete llegó a los cuarteles el siguiente escrito:

Oídos los informes dados por el capitán don Germán Zamora, en nombre de la Junta actual, en los que manifiesta: que estaba acordado sacarnos a las nueve de esta noche de esta fortaleza; pero que el general Marina ha expresado que ya tenía acordado ponernos en libertad; mas al imponerle un plazo no puede dignamente, sin dejación de su dignidad de soldado y prestigio del mando, acceder a ello. Que mañana llamará a los jefes y que inmediatamente dará orden de nuestra libertad, estando además dispuesto a reconocer la Unión, estimamos procedentes las siguientes consideraciones:

Si la libertad de la Junta fuese asunto de amor propio, se optaría por la libertad esta noche; mas siendo asunto de orden superior, siendo como es asunto de dignidad, en su concepto más elevado, optamos por que se espere a mañana, a condición de que en el acto se reconozca la Unión del Arma.

El plazo solicitado por el general Marina lo exige su amor propio, el del Gobierno o el de alguien superior. La Unión está por encima de estas consideraciones y es además lo bastante generosa para acceder a ello.

En tal sentido, esta Junta, pensando en futuras actuaciones, consciente de la fuerza de la Unión y apoyo recibido de todo el Ejército, estima que es preferible obtener su libertad por la acción noble y generosa de la razón acompañada de la fuerza, a recurrir a procedimientos violentos.

Y puede esta Junta dar este consejo, por su anterior actuación y por la resolución que siempre tuvo de llega a la Unión, contra todo obstáculo que se le presentare.

Castillo de Montjuich, 1° de junio, a las 18,40 horas. Benito Márquez, Silverio Martínez Raposo, Rafael Espino, Miguel García, Leopoldo Pérez Pala, Manuel Álvarez, Marcelino Flores, Emilio González.

El entusiasmo se desbordó. Hubo vivas y demás demostraciones de alegría.

¡Las Juntas habían vencido!...

CAPÍTULO VIII

Cómo y por qué murieron las Juntas de Defensa militares

La actitud del Ejército el día 1º de junio fue acogida con visibles muestras de regocijo por casi toda la Prensa, especialmente por los periódicos de oposición, que creían ver en el acto de los militares una situación de rebeldía frente a los poderes constituidos que les abría las puertas hacia un posible cambio de régimen. El coronel Márquez, hombre bien intencionado, aunque abúlico y de inteligencia poco cultivada, se dejó llevar por la popularidad de aquellos momentos y, sin darse cuenta, se convirtió en un juguete de quienes le rodeaban, llegando a creerse árbitro de los destinos de España y hasta futuro presidente del Consejo de Ministros. Contribuyó en parte a excitar su vanidad los cientos y cientos de cartas y telegramas de aliento que de todas las capitales y pueblos recibía llamándole "salvador", "esperanza nacional", "redentor" y otras lindezas por el estilo. Los ciudadanos españoles hemos fiado siempre nuestra felicidad en que surja un hombre, ¡el hombre Providencia!, que por su esfuerzo personal salve la nación, sin que los demás pongamos lo más mínimo para lograrlo como no sea el importe del franqueo de una carta o el de la tasa mínima de un telegrama. ¿Mesianismo? En efecto: mesianismo, que es la característica de los pueblos que han perdido la confianza en sí mismos.

Pero volvamos a lo que importa. Desde lo ocurrido el día 1º de junio, el Gobierno del marqués de Alhucemas era como un barco al garete: la crisis no se podía hacer esperar. Consecuencia de ello, el 11 del mismo mes tomaba don Eduardo Dato las riendas del Poder y don Fernando Primo de Rivera las del palacio de Buenavista. El primer acto del nuevo Gabinete fue reconocer oficialmente las Juntas de Defensa, que ya funcionaban de hecho en todas las Armas, Cuerpos e Institutos del Ejército.

Como sucede en todos los manifiestos de carácter político —el de 1º de junio no hay que negar lo era—, el contenido, si realmente puede responder a un convencimiento o estado de ánimo más o menos arraigado de quienes lo redactan, y atraen la opinión por los principios sustentados y aun por el alarde de literatura que en ellos se haga gala, no es menos cierto que se olvidan por sus propios autores los buenos propósitos tan pronto escritos. El que dio vida pública a las Juntas de Defensa no podía ser una excepción, y, por lo tanto, a nadie debió sorprender que las actividades del organismo superior, unas veces por propia iniciativa y otras impulsado por parte de la colectividad, se separase casi en absoluto de su espíritu; y aquellos que no quisieron meterse en política, como en repetidas circulares se hizo constar, bien pronto actuaron en el campo de ella y hasta algunos lograron, al socaire de su situación privilegiada, buenos acomodos o "enchufes", como ahora se dice con frase gráfica. Todo eso hubiera sido, hasta cierto punto, disculpable si, a su vez, no hubiesen actuado como elemento perturbador. No faltaron tampoco, justo es consignarlo, políticos que les hicieron objeto de halagos, y en este punto más pecaron los que blasonaban de liberales que quienes militaban en el campo conservador. También he de decir que los mismos que exigieron no se tomasen represalias con ellos, bien pronto iniciaron una serie de coacciones contra los no adheridos o que se resistían a determinadas imposiciones, siendo el hecho de más trascendencia el ocurrido en Infantería con unos alumnos de la Escuela Superior de Guerra que se negaron a renunciar a sus derechos de poder pasar al Cuerpo de Estado Mayor.

Para mayor claridad, ajustaré el relato al orden cronológico de los sucesos principales, y, sobre lo que diga, que el lector haga sus juicios.

Apenas puesta en libertad la Junta y restituidos a sus destinos los jefes y oficiales que la componían, el general Marina giró una revista a los cuarteles. En todos fue recibido con el respeto y cariño que merecía por su caballerosidad y prestigio; sin embargo, en uno, cierto comandante hubo de hacer manifestaciones poco discretas, que el general atajó con energía imponiéndole un arresto, que luego, llevado de su carácter bondadoso, levantó. No he olvidado que en la visita que hizo al batallón Alba de Tormes, donde me hallaba destinado, al recordar estuvo a sus órdenes en Melilla durante las operaciones de 1909, dijo lo siguiente: "Grandes preocupaciones pesaban sobre mí entonces; pero en toda mi ya larga vida militar jamás el desconsuelo llegó a mi alma como cuando al hacerme cargo de esta Capitanía General fui testigo del espectáculo lamentable de una oficialidad insubordinada. ¡Dios quiera no tenga lo ocurrido otras consecuencias!" El soldado, sin pretenderlo, fue profeta.

Pasando por alto la exposición que brigadas y sargentos elevaron a la Junta Superior el día 12 de junio que, no obstante la impresión causada en los centros políticos, no tuvo más trascendencia que la de advertir se iniciaba entre las clases de tropa un estado de opinión favorable a otras Juntas, voy a referirme al primer hecho en que se dibujó, de una manera clara, la intromisión de los militares en la política nacional. Ocurrió lo que sigue:

Con motivo de la reunión de parlamentarios catalanes, convocada en Barcelona a primeros de julio por iniciativa de los diputados y senadores regionalistas, los mentores del coronel Márquez, sabiendo que éste firmaba cuanto le ponían delante, redactaron una carta para el señor

Cambó rogándole dijera "con toda franqueza" cuáles habían sido los propósitos de los citados parlamentarios, a la que contestó el *leader* regionalista con otra muy extensa, dando cumplidas explicaciones, que satisfizo en grado sumo, al punto de que fue impresa y remitida a todas las guarniciones[30]. A mi juicio —y conste lo hice presente a varios amigos entonces—, ése fue un paso desdichado.

---

[30] Como pruebas son amores, ahí van los principales párrafos de la contestación que el señor Cambó dio en lo de julio al coronel Márquez. Dicen así:

"Me pregunta usted si quiero exponerle con toda franqueza cuáles son los propósitos que nos han guiado a los regionalistas al promover la reunión de parlamentarios catalanes y al suscribir los acuerdos que en ella se adoptaron. Agradezco la pregunta y voy a darle cumplida y franca respuesta.

"El texto de su carta indica claramente que, aunque no la comparta por entero, no deja de producir alguna impresión en su espíritu el eterno fantasma del separatismo, con el cual se ha intentado tantas veces impedir que Cataluña cumpla su misión de señalar a todos los pueblos de España caminos de renovación y de común grandeza. El hecho de ser los regionalistas quienes tomamos la iniciativa de la reunión, el que ésta fuera de representantes de Cataluña y el que en Barcelona se celebre la Asamblea de diputados y senadores españoles el día 19, son elementos bastantes para que, aprovechados por la malicia, puedan, otra vez, producir el estado de divorcio entre Cataluña y el resto de España, a cuyo amparo subsiste e impera un sistema de política que repudia España entera y cuyos estragos se producen con mayor intensidad fuera de Cataluña que en Cataluña misma.

"Cataluña no es ni puede ser separatista. La separación material sería la muerte de Cataluña, pues, por ley fatal de gravedad, una Cataluña independiente pasaría a ser muy pronto un departamento francés; y el ejemplo de lo que ocurre a los trozos de Cataluña que están sometidos a Francia nos enseña a los catalanes lo insensato que sería emprender camino que nos debiera llevar a tal consecuencia.

"Cataluña tiene una altísima misión que cumplir en España: la de libertarla de las facciones políticas que la gobiernan sin otra finalidad que la de servir sus particulares intereses.

"La situación actual de Cataluña tiene gran parecido con la situación que se ha creado al Ejército desde el día 1º de junio último. Ni el Ejército ni Cataluña pueden emplear su fuerza con miras exclusivistas, sino que han de libertar a España entera de un sistema de política que, de persistir, conduciría a España entera a su perdición.

"Y a cumplir la misión que a Cataluña incumbe, se encaminan los acuerdos adoptados en la reunión de los parlamentarios celebrada el día 5 del corriente.

"Desde el día 1º de junio, se ha iniciado para España una crisis que puede ser de salvación o puede ser de total ruina. El Ejército levantó la voz para proclamar su protesta contra el sistema de política que viene imperando en España. El

La opinión pública seguía muy de cerca las actividades de las Juntas de Defensa y, en su creencia de que ellas lo eran todo, les atribuía la paternidad, fueran o no de su iniciativa, de todas las disposiciones del Gobierno referentes a Guerra: tal ocurrió con la real orden regulando los destinos de jefes y oficiales, los reales decretos ampliando los haberes a las clases e individuos de tropa, el de la modificación de la Casa militar de S. M. y otros más. Lo que ignoraba la opinión pública entonces era que los componentes de la Junta Superior, más que a estudiar los problemas fundamentales del Ejército, se dedicaba, a espaldas de los afiliados, a buscar contactos con políticos de los campos más dispares, y así no habrá de extrañar que, mientras el comandante Espino, en Madrid, se entrevistaba con algunos prohombres de los partidos monárquicos, en Barcelona, el coronel Márquez, asistido del capitán Álvarez Gilarranz —que no le dejaba a sol ni a sombra, porque él, sobre no tener buen oído, carecía de la más elemental discreción—, procuraba relacionarse con los de la acera de enfrente, incluso con el señor Lerroux, a quien visitó en su propio domicilio.

La conducta poco diáfana de Márquez no podía conducirle, al fin y a la postre, a buen puerto. No causará sorpresa, por tanto, que, dos años y medio después, el hombre del día en 1917, el que se dejaba llamar con complacencia Benito I —pues hasta eso llegó en su embriaguez de

pueblo español, con sorprendente unanimidad, aplaudió las declaraciones del Ejército, por ver en ellas expresado su propio pensamiento. Continuar, desde aquel día, imperando la política por todos los españoles condenada, significa que la representación del Poder público se ejerce contra la voluntad del país y con el propósito de contrariar su voluntad soberana. No puede esperarse del sistema de política que ha degradado la vida pública española, salga la obra de redención que el país ansia. Toda concesión que otorgue, será una claudicación arrancada al temor, no una reforma obenida de una convicción; será una claudicación del Poder público que aumentará su desprestigio, no una era de renovación emprendida por los que no pueden sentirla ni quererla, pues ella exige su eliminación de la vida pública española

"Es insensato pensar que pueda persistir este sistema de política que el país entero repudia. Resistir su normal sustitución es preparar una convulsión revolucionaria que puede ser de fatales consecuencias, es constituirse la autoridad en centro de facción y en motor de anarquía.

"Para conseguir la solución normal y patriótica de la crisis abierta en 1° de junio, tomamos nuestra iniciativa, y en ella persistiremos, por entender que, abandonarla, sería, para los parlamentarios catalanes, una traición, para Cataluña un renunciamiento a la misión que le incumbe de poner toda su fuerza al servicio de la obra santa de procurar la salvación y la #randeza de España."

vanidad—, paseara por las calles de Barcelona solitario, sin verse en la precisión de devolver un saludo y, lo que era más doloroso para él, recibiendo desaires de los que habían sido sus compañeros y subordinados.

La actitud obediente del Ejército durante la huelga de agosto desconcertó a los revolucionarios, y ello, unido a cierto incidente que ocurrió en el cuartel de Atarazanas con uno de los más significados personajes del movimiento en Cataluña, desencadenó la cólera de los periódicos no afectos al Gobierno tan pronto fue levantada la censura, reanudándose con mayor brío la campaña anterior al 1° de junio. En tales circunstancias, sobrevino la caída del Gabinete Dato, atribuida a cierto mensaje que los representantes de todas las Armas pensaban entregar a don Alfonso.

El nuevo Gobierno, presidido por el marqués de Alhucemas, que juró el 3 de noviembre, llevó a Guerra a don Juan de la Cierva, cuyo primer acto fue solicitar de las Juntas le facilitasen nombres de jefes para elegir ayudantes. A esta atención del ministro trató de corresponder el coronel Márquez ofreciéndose —¡así andaba de discurso el buen señor!—; menos mal que sus íntimos y algunos jefes lograron convencerle de que ni era él el indicado para tal cargo ni el ministro, por propio decoro, le podría complacer.

La disolución violenta de las Juntas de brigadas y sargentos, a primeros de enero de 1918, dio más pretextos a cierta Prensa para arreciar en sus ataques contra el Ejército; más tarde la huelga de Correos y Telégrafos creó nuevos enemigos al Cuerpo de oficiales. Y como a perro flaco todo son pulgas, la amnistía concedida por el Gobierno nacional, que se constituyó en 21 de marzo, tras una crisis laboriosa, llevó al Parlamento a muchos de los que habían sido condenados por los sucesos de agosto anterior, los cuales llegaron a sus escaños llenos de rencores —aun hoy no extintos— que, en fin de cuenta, como siempre, vinieron a pagar algunos militares.

Durante el año 19, accidentado en el orden político, las Juntas no cesaron de intervenir, más o menos directamente, en la vida pública, al punto de que el conde de Romanones hubo de decir no volvería a gobernar mientras existiesen, y el mismo Maura, al ser consultado por el rey, con motivo de una crisis, manifestó que, de no poner coto a ciertas extralimitaciones, mejor sería gobernasen los que no dejaban gobernar. Márquez, por su cuenta, seguía enredando. Podría citar aquí, como botón de muestra, un enojoso incidente ocurrido entre él y un gobernador civil; pero el hecho de ser éste persona de mi amistad, unido al juicio nada favorable que del fallecido coronel tendría que hacer, me inducen a no referirlo.

Mientras la opinión pública se desviaba del Ejército, en el seno de éste, especialmente por la actuación equivocada de la Junta de Infantería, inspirada por la plaga burocrática, se iniciaban recelos y divisiones que, pocos años más tarde, habían de dar al traste con todas. Primero fue el deseo de que se disolviera de un plumazo el Cuerpo de Estado Mayor, reintegrándose sus jefes y oficiales a las escalas de procedencia; enlazado con este pleito surgió él de los alumnos de la Escuela Superior de Guerra que, tras una lucha que es posible llegase a dos años, fueron inicuamente expulsados del Ejército por imposición de la mayoría; después, el disgusto que en la oficialidad de las llamadas "fuerzas de choque" causó la casi supresión de las recompensas por méritos de guerra; por último, la indignación producida por determinadas disposiciones sobre permanencia en África, tan poco meditadas, que se daba el caso sorprendente de que unos cumplían su compromiso en unos meses, y otros, que llevaban allí buen número de años, no podían solicitar regreso a la Península hasta agotar el plazo normal obligatorio.

En el año 20, lograda la instalación de la Junta Superior en Madrid con el pomposo nombre de Directorio —me refiero a la de Infantería, pues las demás ya lo estaban— se hizo más patente el descontento entre la oficialidad; descontento que por momentos fue acentuándose, especialmente en el ejército de operaciones en Marruecos. Contribuyeron a acelerar la descomposición sobre lo dicho anteriormente, primero: el criterio sustentado por muchos de que era contrario a la buena disciplina militar el absurdo sistema de votaciones impuesto por el Reglamento —sistema propio de sindicatos obreros, pero no de organismos militares—, por el cual resultaba de tanto valor, en asuntos de orden técnico, el criterio de un alférez recién salido de la Academia como el de un coronel con cuarenta años de servicio y gran práctica profesional, y como se daba el caso de que en todos los Cuerpos, por natural ley orgánica, predominaban los individuos de empleos inferiores, se adoptaron no pocas veces acuerdos faltos de buen sentido; segundo: los trabajos que en Madrid se llevaban a cabo con objeto de establecer ascensos por méritos de paz para premiar especialmente a quienes hubieran prestado "extraordinarios servicios al Arma", cuya verdadera finalidad se puso de manifiesto en seguida al tratar el Directorio de que se ascendiera a su presidente, el entonces coronel Martínez Raposo, cuyos méritos, aparte los de ser hombre bondadoso y simpático, no eran otros que los de haber estado arrestado en Montjuich; y tercero: cierta propuesta nacida en el regimiento Wad-Ras, en la cual se abogaba por la total supresión de los empleos por méritos de guerra, por la sencilla razón, según su autor, de que dañaban "el decoro personal y colectivo" (textual).

Por los motivos que acabo de exponer, los ánimos en África se fueron caldeando, especialmente en la Comandancia General de Larache, cuyo Grupo de Regulares, con su jefe a la cabeza —el teniente coronel González Carrasco—, se puso decididamente en contra del Directorio. De nada sirvió que éste enviara allí unos representantes para hacerles cambiar de actitud, alegando que por encima de todo estaba la Unión del Arma: no se les hizo el menor caso. Quisieron, no obstante, los que se decían portavoces de la Infantería, "residenciar" a los más significados; pero, ante las noticias poco satisfactorias que les llegaban de Ceuta, desistieron de ello[31].

En el año 21, ya el movimiento de protesta se había extendido a todo el ejército de Marruecos. Para demostrar el Directorio que la oficialidad peninsular no era enemiga de las recompensas por méritos de guerra, cuando éstas se estimaban justas, se envió otra comisión a Ceuta para hacer entrega al teniente coronel Castro Girona, comandante Peña y teniente Castelló de las medallas militares que les habían sido otorgadas por el general en jefe. Los comisionados, durante su permanencia en Ceuta y Tetuán, pudieron comprobar que el ambiente les era hostil, y más lo hubiera sido si en aquellas fechas se hubiese sabido que, contra las 2.100 pesetas importe de las medallas y diplomas destinados a los que se consideraban primeras figuras de la Infantería, los "directoristas" se asignaban, en concepto de gratificaciones —viajes aparte—, la cantidad semestral de 25.000 pesetas[32].

En mayo, después de las operaciones del Lau y alrededores de Xauen, por iniciativa de algunos jefes y oficiales de Tetuán, se redactó un documento que suscribieron unos trescientos, pertenecientes en su mayoría a fuerzas indígenas y Legión, en el cual los firmantes hacían constar se separaban de la Unión del Arma. Esta actitud originó la salida precipitada de Madrid de una nueva comisión que, tras algunos desagradables incidentes ocurridos en Ceuta, se vio en el caso de tomar el barco sin haber logrado nada. Ese documento, por circunstancias ajenas a la voluntad de los firmantes, no llegó a su destino, aunque de hecho quienes lo autorizaron se negaron en lo sucesivo a satisfacer las cuotas mensuales y a darse por enterados de las circulares que con gran profusión eran enviadas de Madrid, dándole los consabidos golpecitos al tópico del

---

[31] El verbo "residenciar", muy empleado —muy mal empleado, debo decir— en tiempo de las Juntas, so usaba en el sentido de corregir o imponer uno sanción.
[32] Datos acados del balance correspondiente al primer sem as tre de 1921.

compañerismo, que quienes lo invocaban eran los primeros en no sentir. Así las cosas, sobrevino el desastre de Annual.

A partir de este momento la oficialidad de las fuerzas de choque —el elemento más sano del Ejército— dio de lado al pleito con el Directorio —defensor de burócratas y emboscados—; mas éste, aprovechando la tregua, se dispuso a enredar de lo lindo, sobre todo en la cuestión de mandos... ¡y así salió ello! El ambiente, por esta y otras causas, volvió a enrarecerse en torno a las Juntas, sobre todo durante los meses de agosto, septiembre y octubre. El Gobierno, harto de templar gaitas, para vigilar mejor su actuación, las llevó al Ministerio de la Guerra; pero ni por ésas pudo lograr dejasen de entrometerse en todo, constituyendo el perejil de todas las salsas, como lo prueba su intervención en determinado acuerdo ministerial que dio lugar a la crisis planteada el 11 de enero de 1922. Y como la casualidad trae a mis manos un texto que está al alcance de todas las fortunas, a continuación va copiado *ad pédem lítteræ* lo que sobre este particular dice Blánquez Fraile en su *Historia de España:*

"Según explicó el señor Maura en un documento que entregó al rey —comenta al tratar de la crisis citada—, al propio tiempo que la dimisión del Gobierno, se decía: "Señor: Por razones que afectan a los intereses primarios de la nación, el Consejo de Ministros acordó unánime someter a la aprobación de S. M. el real decreto que acerca de las Juntas informativas militares ha presentado hoy el ministro competente[33]. Acatan los ministros la estimación del asunto en sus variados y cumplidos aspectos hecha por V. M., y juzgan que la condición con que resolvieron, les impide aún el aplazamiento de aquella disposición. Por tal motivo, no pueden permanecer en los cargos con que V. M. les honró, y rendidamente suplican a V. M. se digne aceptar las dimisiones de todos nosotros." Por su parte, un periódico, *La Libertad,* publicó las palabras siguientes, que se decía eran de una carta entregada a una elevada personalidad: "Llega a nuestro conocimiento la noticia de que el ministro de la Guerra trata de poner a la firma un decreto que atenta a la unidad del Arma de Infantería, que hemos jurado defender por nuestro honor. Esperamos que tal cosa no ocurra, porque nos veríamos precisados por primera vez a no..." Y el periódico añadía por su cuenta: "No terminamos el párrafo, porque no se nos han comunicado las palabras finales, aunque nuestros lectores supondrán su alcance." A la media hora, el ayudante (que era el supuesto portador de la referida carta), cumplida su misión, volvió otra vez al lado

---

[33] Oficialmente, las Juntas de Defensa se llamaban en esa época Juntas informativas.

de sus compañeros. Traía esta vez una breve carta autógrafa, en que se leía: "Estad tranquilos. Si se presenta ese decreto, como soy bastante torpe, tengo que estudiarle algunos días." Los representantes de las Juntas quedaron satisfechísimos..."

A pesar de esos alardes, las Juntas estaban heridas de muerte: la opinión pública les era hostil, la oficialidad de filas, en gran parte, no las acataba y la cotización disminuía por momentos; sólo a los políticos parecían preocupar. Sin embargo, como las fieras en la agonía, trataron aún de dar dentelladas: no otra cosa significaron sus incidentes con el teniente coronel Millán-Astray, a quien entonces apoyaban buen número de compañeros y la popularidad.

El día 14 de noviembre de 1922, el señor Sánchez Guerra, a la sazón jefe del Gobierno y ministro de la Guerra, leyó en el Parlamento el decreto disolviendo las entonces llamadas Juntas informativas, con el aplauso unánime de la Cámara.

Las Juntas murieron, pero no los "junteros". Se vio a éstos resurgir con su espíritu egoísta a raíz del golpe de Estado, unas veces estupendamente "enchufados" en cargos civiles, otras en las secretarías creadas por el dictador y también en los mejores destinos africanos cuando la guerra parecía declinar... Y, tras un breve eclipse, cuando la República se implantó, volvieron a primer plano. A la inspiración de ellos debe el Ejército muchas de las medidas tomadas: anulación de los ascensos por elección, revisión de los empleos por méritos de guerra, supresión del Cuerpo de Estado Mayor, persecución a determinados generales y jefes, etc.

Si no fuera salirme de los límites que me he impuesto, daría una extensa relación de nombres, y el lector podría comprobar que muchos de aquellos que tenían a gala exhibir cartas autógrafas del jefe de Estado y gozaron de la protección del marqués de Estella, hoy, convertidos en "republicanos de toda la vida", disfrutan de buenas prebendas e influencias; y podría comprobar también que otros que entonces lucharon para que el Cuerpo de oficiales se mantuviese dentro de la disciplina y se les vio en África en todos los períodos de operaciones activas, sin preocuparse de la política ni solicitar llaves de oro, en la actualidad se encuentran retirados por coacción, expulsados por indeseables, bajo la molesta fiscalización policíaca o extinguiendo condena... Una vez más podemos repetir con Publio Virgilio: "Y aquellos hombres que jamás temblaron, fueron al fin vencidos y arrollados por la perfidia y las malas artes del perjuro Sinón..."

CAPÍTULO IX

Las Instituciones militares bajo la Dictadura

Es innegable que el país, con la única excepción de los componentes del tinglado caciquil que vivían a expensas de la política, acogió con visibles muestras de alegría el golpe de Estado del 13 de septiembre. Todo el mundo estaba hasta la punta de los pelos del triste espectáculo que daba el Parlamento, haciendo imposible toda labor legislativa por el desenfreno de las pasiones; de la indisciplina social, con sus bárbaros y frecuentes atentados; de la autoridad, sin energía y sin prestigio; de la impunidad que gozaban los autores de los más repugnantes crímenes; de los gobernantes ineptos... Los elementos armados, parte integrante del pueblo —aunque exista quien opine lo contrario—, también acogieron con simpatía el acontecimiento. Parecía haber llegado, ¡por fin!, la hora de la redención: así lo hacía esperar el manifiesto que dio a la publicidad el marqués de Estella al ponerse fuera de la ley.

La luna de miel del país con el dictador sólo duró algunos meses. Insensiblemente aquél fue distanciándose de éste; el Ejército y la Marina siguieron en el desvío al resto de los ciudadanos, hasta que, con motivo de la nota del 26 de enero de 1930, el general Primo de Rivera apreció con claridad meridiana su verdadera situación. ¡Cruel desengaño! ¿Cuál fue el motivo para que el mismo pueblo, que tan compenetrado estuvo con él en la primera época de su mando, le abandonara e incluso llegara a odiarle? ¿Fue acaso que los hechos no respondieron a las esperanzas? Es posible; pero ¿quién tuvo la culpa? Todos: el dictador con sus errores; el pueblo con su vehemencia y con su inconstancia. No hay que negarle al primero buena fe, honradez, muchos aciertos y, sobre todo, un gran patriotismo. Tengo la evidencia de que la Historia, en su día, lo reconocerá.

En su relación con los organismos armados es indiscutible que el marqués de Estella, como en todo, acertó en unas cosas y se equivocó en otras. Es probable que si la política no hubiera absorbido su atención y hubiese dado de lado a ciertas inspiraciones hijas del egoísmo de quienes las sugerían, su obra habría sido más provechosa, pues estaba al tanto de los problemas internos y no carecía de recta intención, buen criterio y clara inteligencia.

El general Primo de Rivera llegó al Poder cuando aún no se había extinguido el rescoldo de la acción perturbadora de las Juntas de Defensa; es más, algunos fervorosos partidarios de éstas —con su cuenta y razón— le prestaron decidido apoyo desde los primeros momentos y determinaron en él hacer públicos juicios que sentaron mal entre el núcleo de jefes y oficiales que las habían atacado y contribuido a su desaparición. Fue un error suyo que más tarde se vio en el caso de rectificar. No obstante lo dicho, todos creyeron ver en él el único capaz de curar los graves males que de antiguo aquejaban a nuestras instituciones castrenses. La desilusión llegó cuando unos y otros se dieron cuenta de que nada práctico ni radical se hacía en tal sentido.

Al marqués de Estella no le inspiraban confianza los generales y jefes que se habían hecho en las campañas africanas: esto era en él hasta cierto punto disculpable. Los sucesos ocurridos en Marruecos el año 24, durante los cuales pudo comprobar personalmente el brillante comportamiento de aquéllos, le hicieron cambiar de opinión: fue una victoria ganada por los de allí a los de aquí; mejor dicho, por los "africanistas" sobre los "junteros". Desde entonces se dedicó con esmero a cuidar y perfeccionar el órgano que años antes iniciara el general Larrea, aumentó Marina y completó Berenguer: Regulares, Mehal-las y Legión[34]. En 1926 poseía España en África un Ejército bien instruido, hecho a la guerra y con selectos cuadros de mando. Sin un Ejército en esas condiciones hubiera sido imposible las acciones ofensivas sobre el corazón del Rif y luego la campaña final de 1927.

El general Primo de Rivera cuidó mucho de que, una vez terminada la guerra, las tropas no perdieran sus cualidades combativas. Fue un gran acierto, del que hoy no queda ni recuerdo. Da pena ver cómo muchos de aquellos bravos oficiales han trocado el prestigioso gorro isabelino de la Legión y las honrosas gorras encarnada y verde de las fuerzas indígenas por el antiestético "plato" negro de la oficialidad de Asalto. ¡Es lástima!... Es lástima, porque el puesto de los oficiales entusiastas está en los Cuerpos activos del Ejército: en éstos es donde su trabajo puede ser más fructífero.

Todo el cuidado que el dictador puso en mantener el espíritu del Ejército de Marruecos le faltó con el de la metrópoli, el cual siguió tan

---

[34] El general Larrea fue quien sugirió al general García Aldave la idea de crear las Fuerzas Regulares Indígenas de Melilla, base de los actuales Grupos. Siendo comisario superior el general Marina, se creó la Mehal-la de Tetuán, cuya organización y mando encargó al entonces comandante de Caballería don Miguel Cabanellas. En el año 20, el general Berenguer—organizador de los primeros Regulares—aceptó la iniciativa del teniente coronel Millán-Astray para crear una Legión Extranjera, análoga a la francesa, y trabajó hasta lograr de Gobierno la oportuna autorización.

desatendido como en tiempos de los desdichados Gobiernos constitucionales. Nada hizo por acrecer su moral y su eficiencia; sólo se preocupó de crear destinos para, en forma legal, mejorar los sueldos a los jefes y oficiales sobrantes. Fue otro error.

El general Primo de Rivera, enemigo de los empleos por méritos de guerra en el año 23, cambió de opinión, como ya he dicho, ante la experiencia africana del 24; pero, mal aconsejado por algunos amigos y quizá con el vehemente deseo de satisfacer ciertos compromisos, fue más allá de lo que la prudencia aconsejaba. De ahí nació el pleito con los artilleros e ingenieros que, sobre dar lugar a los lamentables sucesos de septiembre del 26 y a los posteriores de Ciudad Real, tanto contribuyó a su caída y a la de la Monarquía.

En principio, el marqués de Estella tenía razón: era injusto y, sobre injusto, contrario al bien nacional no pudieran aprovecharse los valores que en la guerra se revelaran. Es posible que influyera en su ánimo observar que en el ejército francés los mayores prestigios proceden del Arma de Artillería; sin embargo, no vio o no quiso ver que el espíritu de los artilleros franceses y aun el de los ingenieros es muy distinto al de los nuestros. Aquéllos reciben una educación militar muy diferente a la que durante años y más años se ha venido dando en las Academias de Segovia y Guadalajara. En España no ha surgido hasta ahora, ni es probable surja, una figura como la del bravo teniente coronel de Artillería francés, director de la Escuela Superior de Guerra de Lima, que se llamó Samuel Bourguet, cuyo ideal fue verse al frente de un regimiento de Infantería [35]. Nuestra especial organización impide obtener de la oficialidad de los Cuerpos facultativos generales aptos para el mando de unidades en que entren las tres Armas. En Marruecos, con la única excepción del coronel de Ingenieros García de la Herrán, no pudo conseguirse hubiera uno que aceptase el mando de una columna durante las campañas de repliegue y pacificación; allí actuaron siempre, en los momentos difíciles, jefes de Infantería, Caballería y Estado Mayor. A los coroneles y tenientes coroneles de Artillería e Ingenieros les era más cómodo —y tal vez lo juzgaran más científico— no salirse del área de los cuarteles generales.

---

[35] El teniente coronel Bourguet, después de no pocos esfuerzos, logró se le diese el mando del 116 regimiento de Infantería, al frente del cual halló gloriosa muerte el día 25 de septiembre de 1915, en el ataque a Tahure. Sus últimas palabras fueron: "C'est bien, je puis mourir content." (Orden general núm. 42 del II ejército, de fecha 21 de octubre del mismo año.)

Por las razones expuestas, y ya que la oficialidad de esos Cuerpos, en su inmensa mayoría, se conformaba con la limitación que a sus carreras imponía el compromiso de la escala cerrada, entiendo no se ocasionaba ningún grave perjuicio a la Patria con dejar las cosas como estaban. Además, los entusiastas de la escala abierta franca tenían la entrada en la Escuela Superior de Guerra y el pase al Cuerpo de Estado Mayor.

Lo ocurrido con los artilleros debió convencer al general Primo de Rivera —si no lo estaba ya— de los graves inconvenientes de que adolecía el sistema de recluta de la oficialidad por el procedimiento de las Academias especiales; sistema que forzosamente conducía a un exagerado espíritu de Cuerpo, con perjuicio del verdadero compañerismo que es indispensable para el éxito en la batalla: había que reducir a sus justos límites el primero y fomentar el segundo entre las distintas Armas. Aquel convencimiento y estas necesidades le llevaron a la creación de la Academia General, que constituyó, en el orden militar, uno de sus mayores aciertos.

La Academia General de Zaragoza fue la escuela militar mejor orientada que hemos tenido; casi me atrevo a decir que no existe hoy ningún centro de enseñanza oficial en España que se le pueda comparar en organización técnica ni en perfección pedagógica. Sólida disciplina, arraigado compañerismo, plan racional de cultura física, textos reducidos y económicos, trabajo intenso del profesorado, supresión de toda asignatura inútil, esfuerzo intelectual proporcionado a la edad y cultura de los alumnos. El general Franco y el coronel Campins, almas de dicho establecimiento —que habrá de volver si alguna vez se desea tener Ejército—, acabaron con la indisciplina que ya se iba infiltrando en los colegios especiales; con el desdén que los alumnos de unas Academias sentían por los de otras; con los escolares enclenques, melenudos y plagados de lacras fisiológicas; con el escandaloso negocio de los libros de texto, ruina de los padres; con los profesores "caponíferos", cuya obligación consistía en tomar la lección y marcar la del día siguiente, misión que sin grandes dificultades podría haberse encargado a cualquier cabo de escuadra; con las disciplinas sin aplicación práctica en la carrera; con las interminables horas de estudio, que no tenían otro objeto que justificar una pérdida de tiempo; con la pedantería científica, que hacía se creyeran los cadetes, ¡pobres ilusos!, genios de la guerra, ya que se les obligaba a mover ejércitos sobre el mapa de Europa cuando apenas conocían el manejo de las unidades rudimentarias de sus Armas respectivas... La Academia General Militar causó admiración a cuantos profesionales extranjeros la visitaron. Por ser un acierto del dictador fue condenada a muerte por el señor Azaña.

Como complemento del nuevo sistema de enseñanza se dio otra orientación a las Academias especiales y se reorganizó la Escuela Superior de Guerra, dividiéndola en dos ramas: científica y militar. Todo obedecía a un plan racional, sensato y práctico, como hijo de la voluntad de un hombre inteligente y culto, que sabía de la profesión; de un hombre incapaz de decir que unos cañones habían sido recortados para que resultaran más bonitos, porque sabía perfectamente que una amputación de esa naturaleza hace cambiar radicalmente las cualidades balísticas del arma.

Otro acierto del dictador fue la implantación de los ascensos por elección, sistema que impera desde tiempo inmemorial en casi todos los ejércitos del mundo. Pero si la idea en principio era buena, su aplicación práctica dejó bastante que desear, ya que el mismo autor no pudo por menos de hacer pesar su influencia en cierto número de casos, más atento a satisfacer conveniencias personales e ineludibles compromisos que a lograr un mando selecto. En él, una vez afianzado en el Poder, la personalidad política dominó siempre sobre la militar, hecho que se demuestra por lo expuesto y se corrobora en una serie de disposiciones relativas al funcionamiento de las Juntas de plaza y guarnición, administración de los Cuerpos y otras en que se sacrificaba el interés de las unidades y aun el de los individuos a la voracidad de los comisionistas y comerciantes. La fijación de plantillas en la Escala de reserva, incrementándolas en los empleos superiores, tuvo también un sabor marcadamente político.

Por el contrario, grave error —reconocido al cabo del tiempo por el propio marqués de Estella— fue la creación de los llamados delegados gubernativos, que, si justificados estuvieron en los primeros momentos del Directorio Militar para vigilar la vida administrativa de los Ayuntamientos, jamás debió prolongarse su gestión, ni menos vincular tales cargos, de índole exclusivamente política, en oficiales y jefes del Ejército, para evitar lo que más tarde ocurrió, es decir: que la gestión, no pocas veces desafortunada y hasta inmoral de algunos, y siempre antipática al elemento civil, acreciese la animosidad de éste hacia el personal de las instituciones armadas. Tampoco puede elogiarse la disposición permitiendo el pase de los militares a otros Ministerios, aunque en el fondo sólo se buscaba un medio de resolver el problema del exceso de personal, procurando, de paso, tener asegurado —a mi juicio en forma muy dudosa— el funcionamiento de la máquina administrativa del Estado en el caso de una huelga de empleados públicos.

Nada práctico hizo el general Primo de Rivera para elevar el nivel cultural de las clases de tropa, aunque sí para halagar su vanidad; de tal índole fueron ciertas concesiones y el impulso que dio a sus casinos, que no dejaron de proporcionar en algunas guarniciones serios disgustos. La creación de vigilantes en la Policía gubernativa con personal procedente de sargentos y suboficiales respondió a la necesidad de aumentar ésta sin gravar excesivamente el presupuesto; el acierto de dicha medida, con haber sido muy discutida por los elementos profesionales del Cuerpo de Vigilancia, es innegable, y más lo hubiera sido si, previos unos cursillos adecuados en la Escuela de Policía, se les hubiese incorporado a la escala técnica[36].

En cuanto al reclutamiento del personal de tropa, con la reducción del servicio en filas y las facilidades que dio para acogerse a los beneficios de la cuota militar, aumentó las dificultades de la instrucción y. el número de individuos con preparación deficiente para la guerra, siendo los pobres de solemnidad los únicos obligados a permanecer en filas el tiempo completo y a sufrir las penalidades de la campaña africana. Todas estas medidas, orientadas a captarse el apoyo de grandes sectores de opinión, fueron en extremo perjudiciales para la eficiencia del Ejército, sin lograr, en compensación, el éxito político que se propuso.

En orden a organización tenía el general Primo de Rivera ideas propias, acertadas unas y equivocadas otras, aunque todas hijas de su cariño a las instituciones armadas y al deseo de tener, dentro de las posibilidades económicas de la nación, un ejército, si no temido, por lo menos respetado. Su programa apenas pudo llevarlo a la práctica, porque toda su atención estuvo pendiente, hasta el año 1930, del ejército de operaciones de nuestra Zona de Protectorado que, como es sabido, consumía la mayor parte del presupuesto de la Guerra. Las reducciones que hizo en el Arma de Artillería no obedecieron, como mucha gente creyó, a represalias por la actitud de la oficialidad, sino a un primer paso hacia la reducción de las fuerzas militares permanentes; buena prueba de ello es lo realizado con la de Caballería, bien entendido que, si no se mostró más radical en la medida, fue por evitar quedase sin destino, agravando su situación económica, gran parte del personal colocado en los regimientos [37]. La

---

[36] Tuvo en proyecto el marqués de Estella hacer posible el acceso de las clases de tropa a las escalas activas del Ejército. Para ello pensó en facilitarles el ingreso en la Academia General Militar mediante un ligero examen de aptitud y, ya dentro, hacerles seguir un breve y sencillo plan de estudios acomodado a su cultura y especiales circunstancias. Su inesperada caída le impidió llevar a vías de hecho su propósito.

[37] La reducción de la Caballería fue una consecuencia del falso concepto que del papel de dicha Arma en la batalla moderna formó una parte de la intelectualidad militar debido a la modalidad característica de la guerra mundial

creación de las secciones indígenas afectas a los batallones de cazadores de África constituyó un desacierto que restó un personal excelente a los grupos de Regulares y Mehal-las.

Sus mayores yerros se registraron en el orden administrativo. La centralización en el Ministerio del Ejército de numerosos asuntos, antes de la incumbencia de los capitanes generales, ocasionó grandes perturbaciones en la marcha del detalle y contabilidad de los cuerpos, centros y dependencias, especialmente en lo referente a vestuario y equipo; pues, si bien es cierto que la administración en algunos de ellos dejaba bastante que desear por liberalidad o negligencia, hubiera sido más práctico y de mayor ejemplaridad castigar con dureza a quienes hicieron uso abusivo de la autonomía que los reglamentos concedían, que no perjudicar con medidas radicales a los que, llevando la tropa bien vestida y equipada, conservaban nutridos sus fondos de material y siempre estuvieron al corriente de sus obligaciones con los constructores. Las medidas adoptadas restringiendo las atribuciones del Cuerpo de Intendencia obedecieron a una necesidad sentida desde hacía tiempo y fue bien acogida por la opinión militar.

Pero, a pesar de sus errores, justo es reconocer que jamás, desde los tiempos de O'Donnell y de Prim, nuestro Ejército logró alcanzar el prestigio ante el extranjero como bajo el mando del general Primo de Rivera. El desembarco en las costas de Alhucemas —cuyos detalles de ejecución han sido estudiados y tomados por modelo en diversos centros de enseñanza militar europeos—; la campaña sobre Beni-Urriaguel durante el verano de 1926, y la de ocupación total del territorio el año siguiente, en las que se dio fin a la intervención armada en el Norte de Marruecos —ambas realizadas bajo la dirección del heroico marqués del Rif, secundado por el culto general Goded— , elevaron nuestro prestigio militar a una altura insospechada. Recuerdo con orgullo la atención con que fui escuchado por la representación del mando francés al explicar mis operaciones sobre la Confederación de Senhaya del Serair, Beni-Haled y Beni-Salah en la conferencia celebrada en Kaulech el día 8 de julio de 1927 para acordar los pormenores de la ocupación del Yebel Tanraia, y las

---

en el frente occidental. General del prestigio de Franchet d'Esperey me dijo en cierta ocasión que él no podía compartir el criterio de la pérdida de importancia do la Caballería, ya que sin ésta le hubiera sido imposible explotar con una rápida persecución el éxito obtenido en Dobropolje (Macedonia); y en confirmación de su tesis me envió desde París, meses después, el libro *La victoire des alliés en Orient*, del que es autor Constantino Pho-tiadés.

manifestaciones del residente francés en Alcazarquivir, en mayo de 1929, al presenciar el desfile de las fuerzas que concurrieron a la gran parada dispuesta en su honor, durante la cual con toda sinceridad dijo al general conde de Jordana que él no podría presentarle en Rabat, capital de su protectorado, unas tropas de la prestancia militar y tan bien dotadas de elementos como las que allí se le mostraban. Grandes elogios de nuestros soldados africanos hicieron también el comandante general de la plaza de Gibraltar y la misión alemana que por aquella misma época visitaron las circunscripciones de Ceuta-Tetuán y Larache. Por cierto que un oficial de los que componían esta última me dijo con ingenuidad que no le acreditaba de experto diplomático: "Los Cuerpos militares de Madrid dan la sensación de la caricatura; mas, al ver la organización e instrucción de vuestras unidades coloniales, deduzco la consecuencia de que sois capaces, si os lo proponéis, de crear un gran ejército. ¿Por qué no ha de estar todo como esto?"

Tampoco puede olvidarse que, durante el Gobierno del marqués de Estella, nuestra Aviación militar, no obstante los vicios y la desorganización interna que la corroían, hizo célebre en el mundo el nombre de España: primero fue el glorioso vuelo del *Plus Ultra* a las repúblicas del Plata; luego el viaje de Galarza y Loriga a Manila; más tarde, la correría de una patrulla de "hidros" a lo largo de la costa africana hasta el golfo de Guinea y regreso; por último, el salto realizado por los capitanes Jiménez e Iglesias desde Sevilla hasta América del Sur...

* * *

El claro concepto que el general Primo de Rivera tenía de la evolución política de Europa y de los futuros peligros en el orden internacional, le llevó a cuidar de la Marina de guerra, dotándola de medios poderosos de defensa en sus bases, de material adecuado a las probables necesidades dentro de la modestia de nuestros medios económicos y de personal competente para la navegación[38].

Para lograr lo primero ordenó el artillado de las costas inmediatas a los puertos militares con material moderno de la mejor clase y calidad. Para alcanzar lo segundo inició un plan de construcciones que ha sido, sin duda, pese a sus detractores, el más racional y mejor orientado desde la

---

[38] Aun cuando la defensa de costas pertenece de hecho al ejército de tierra, por su íntima relación con las fuerzas de mar, he juzgado oportuno hablar de ella en este lugar.

decadencia de nuestro poderío naval; pues España, por carecer de colonias que defender, no necesita de cruceros de gran radio de acción y, en cambio, le hacen falta unidades ligeras, veloces, dotadas de los máximos calibres que permitan sus tonelajes, submarinos y, como complemento, una bien organizada Aviación naval[39]. Para conseguir la competencia del Cuerpo general de la Armada siguió las inspiraciones de sus ministros, especialmente las de don Mateo García de los Reyes, disponiendo que todos los jefes y oficiales alternasen en la navegación, medida que, dicho sea de paso, no fue del agrado del gran núcleo habituado a disfrutar de los destinos sedentarios.

Como complemento del plan acordado se realizaron periódicamente interesantes maniobras navales, en las que tomaron parte todas las unidades disponibles; maniobras que sirvieron para poner de manifiesto dificultades, deficiencias técnicas y sirvieron de provechosas fuentes de enseñanza.

Es posible que algunas de las medidas radicales adoptadas con el personal de la Marina no fueran oportunas, tal como se desenvolvía la vida política española, sobre todo a partir de la pacificación de Marruecos, y quizá los intereses particulares lesionados contribuyeran no poco al descontento que se hizo patente en los últimos tiempos de la Dictadura y que tan hábilmente fue explotado por los enemigos del régimen monárquico durante el período prerrevolucionario; pero lo que no cabe negar es que cuanto hizo el general Primo de Rivera, acertado o no, obedeció al deseo de dotar a la nación de una Armada eficiente, de la que no pudiera decirse, como le oí con dolor a cierto capitán de un buque de la Compañía Transmediterránea, al contemplar la cubierta desmantelada del acorazado *España,* perdido frente al cabo de Tres Forcas, que los barcos de nuestra Marina de guerra eran "cascajos de hojalata y la oficialidad tan diestra en cotillonear en tierra como siniestra manejando el compás a bordo".

---

[39] Según oí decir a persona de la intimidad del marqués de Estella, el plan—que apenas pudo iniciarse—consistía en dotar a España de una escuadra que, en caso de un conflicto armado, unida a otra de una potencia de primer orden pudieran tener ambas sobre cualquiera de las pertenecientes a naciones con intereses en el Mediterráneo una superioridad manifiesta.

SEGUNDA PARTE

CAPÍTULO PRIMERO

El Ejército y la Marina durante el período revolucionario

De antiguo es sabido que los hombres son poco dados a cultivar esa potencia del alma o facultad intelectual por medio de la cual se retiene o recuerda lo pasado: la Memoria. Sólo en aquellos casos, como en el del bonetero del cuento que, amante de su perro, hizo entrar en razón a un loco de extraña manía dejándole molido como una alheña, el escarmiento obliga a tener muy presente lo que pasó; pero aun así, la lección jamás aprovecha más que a quien la recibe, porque nadie tiene por costumbre escarmentar en cabeza ajena. Esta predisposición al olvido me obliga, antes de entrar en materia, por dictados de conciencia, a refrescar la memoria de algunos; pues no es justo que, por fallar de ligero, como a veces se hace, se cuelguen sambenitos a quienes no le corresponden, y es razón también que cada palo aguante su vela, como vulgarmente se dice.

Y va de historia:

En opinión de muchos, la revolución empezó a incubarse cuando el general Berenguer, al hacerse cargo del Poder, inició la política que llamó de "pacificación de espíritus". Los que así opinan, o desconocen la historia política española desde primeros de siglo o padecen una lamentable amnesia: el proceso revolucionario que dio al traste con el régimen monárquico se inició mucho antes de que el conde de Xauen y el marqués de Estella gobernasen. ¿Qué otras cosas distintas a síntomas de la gestación revolucionaria fueron los sucesos del año 1909, la huelga ferroviaria de 1912, el golpe militar de 1° de junio de 1917, la asamblea de parlamentarios y el movimiento sedicioso del mismo año, la sublevación de Málaga en 1923, por no citar otros de menor escándalo aun cuando en importancia no le fueran en zaga? Lo que ocurre es que todo proceso revolucionario tiene alternativas de calma y violencia; se desarrolla por etapas, en que los períodos de paz sirven para preparar los de lucha. Y si ocurre, como sucedió en los últimos años de la Monarquía, que todo el sistema político se encuentra en franca descomposición, y efecto de ello y de la falta de prestigio en la autoridad fallan los resortes de gobierno, a cada nuevo envite el progreso de los que atacan es mayor y menor la capacidad de resistencia de los atacados, hasta que, por fin, sobreviene el asalto al Poder, tanto más fácil de ocupar cuanto más quebrantada se halle la moral de quienes han de resistir. Quede sentado, pues, que la revolución vino incubándose desde largo tiempo, y que a medida que éste pasaba, por las razones que acabo de exponer, era más difícil impedir su triunfo. Basta ya de echar sobre Primo de Rivera unos y sobre Berenguer otros la responsabilidad de lo ocurrido, cuyas causas originarias hay que buscarlas en la vida política española de más allá del pronunciamiento militar del 13 de septiembre y en cuyo desenlace fueron pocos los ciudadanos que dejaron de poner sus pecadoras manos. Hagamos todos examen de conciencia y, luego, si alguno se cree libre de culpa, que levante el dedo... ¡Qué pocos habríamos de ver enhiestos!

Refiriéndonos exclusivamente a la última época de la Monarquía, puede afirmarse, sin temor a padecer equivocación, fue en pleno período dictatorial donde se inició el proceso de la fase histórica que, sin interrupción ya, llevó la nación al estallido del 12 de abril de 1931. Las fuerzas políticas que se vieron alejadas violentamente de sus habituales mangoneos, los elementos que el general Primo de Rivera llamó gráficamente "inadaptados", la Prensa, los bastardos intereses siempre en pugna con la austeridad, los eternos inquietos, etc., unidos a los errores del dictador y a los abusos de algunos de sus amigos, impidieron que el nuevo estado de cosas se consolidase. Las dictaduras, cuando no logran echar raíces en la opinión pública, y siempre cuando falta la voluntad del hombre que las mantiene, acaban como el rosario de la aurora y, lo que es más triste, en fin de cuentas, pagan justos por pecadores.

En el ambiente militar se respiraba, desde hacía mucho tiempo, malestar. A un gran sector de la gente joven la persona del monarca no era grata; y aunque él procuraba por todos los medios atraérselo, a veces rebasando los prudentes límites que le imponía su elevado rango (recuérdese sus relaciones con las Juntas de Defensa), no logró conseguirlo. Las andanzas de los directivos del movimiento del 1° de junio de 1917 buscando contactos con políticos enemigos del régimen y los manejos que ocasionaron la crisis del 11 de enero de 1922 ponen de manifiesto bien claramente cuanto acabo de decir.

A pesar de todo, la verdadera situación interna del Cuerpo de oficiales no se manifestó públicamente hasta después del choque del general Primo de Rivera con el Arma de Artillería, en septiembre de 1926, pues, si bien intervinieron algunos militares en el abortado movimiento que se llamó la *Sanjuanada* —junio del mismo año—, el carácter de éste fue marcadamente civil. La sublevación de Ciudad Real el 29 de enero de 1929; el intento de Valencia que personalmente dirigió don José Sánchez Guerra; algunos pequeños incidentes ocurridos en la Armada con motivo de las reformas del señor García de los Reyes, y el proyectado pronunciamiento de finales de enero de 1930, que no llegó a producirse por haber caído la Dictadura, son pruebas justificativas de la tesis expuesta.

Lo que ocurría en la familia militar era un pálido reflejo del ambiente de hostilidad que existía en el orden civil contra el dictador, al punto de que éste, en un artículo oficioso publicado a finales de 1929, reconocía faltaban ya a la Dictadura y a su evolución las necesarias asistencias públicas. Este convencimiento fue, sin duda, uno de los motivos que le indujeron a redactar la famosa nota del 26 de enero.

La impopularidad del general Primo de Rivera alcanzaba también a la persona del rey, porque la opinión le acusaba de querer sostener a todo trance el régimen de excepción.

El general Berenguer tomó el Poder cuando se hallaba el pueblo español en marcha decidida hacia la revolución, lo que pude apreciar personalmente al hacerme cargo de la Dirección general de Seguridad en el mes de febrero de 1930, como consta claramente expuesto en la primera parte de las Memorias que sobre mi gestión al frente de dicho centro publiqué no hace mucho[40]. A pesar de los pesares, esperaba el conde de Xauen —esperábamos todos— que con las medidas puestas en práctica desde el primer momento se lograría, por lo menos, devolver la tranquilidad espiritual a la colectividad castrense y renacería la calma en los cuartos de banderas y estandartes, lo cual hubiera sido un paso decisivo para atajar cualquier intento revolucionario.

No fue así. Acordado a los pocos meses de caer la Dictadura, por los elementos antimonárquicos, ir a la conquista del Poder en forma violenta, sus primeros cuidados fueron buscar el apoyo de aquellas organizaciones que, por sus masas propicias o por su fuerza efectiva, pudieran ayudarles en sus propósitos. El Ejército y la Marina fueron objeto de especial atención, iniciándose trabajos sobre los individuos que, por no haber sido satisfechos en sus ambiciones, hallarse por su conducta bajo la amenaza de ser juzgados por tribunales de honor o a las resultas de algún proceso, ser de carácter inquieto o díscolo, o haber sufrido sanciones —no siempre justas— durante el período dictatorial, eran terreno abonado para laborar por un nuevo estado de cosas, en el cual, respectivamente, se les ofrecía colmar sus deseos, consolidar su situación, disciplina más en armonía con sus temperamentos o rehabilitarles resarciéndoles de los perjuicios sufridos. Luego, conseguidos tales individuos —que no podían por menos

---

[40] LO QUE YO SUPE... se titula la primera parte de dichas Memorias.

de ser entusiastas colaboradores de la revolución—, la propaganda se extendió a los "amargados" por no haber podido prosperar en la guerra y a los que, sin haber tomado parte en ella, sentían envidia de los que habían hecho carrera a fuerza de jugarse el pellejo. Por último, cuando ya hubo tentáculos revolucionarios en casi todas partes, el número de simpatizantes aumentó con el núcleo de los que, por lo que pudiera suceder, encendían una vela a Dios y otra al diablo; y así pudo ocurrir que mientras de un oficial me informaba del servicio secreto —y era cierto— había ofrecido la compañía de ametralladoras que mandaba a los revolucionarios, por otro conducto se me aseguraba era un adicto incondicional a la persona de don Alfonso; que hubiese jefe que, al mismo tiempo que coqueteaba con las organizaciones republicanas, escribía a un alto funcionario de Palacio solicitando imperiosamente le fuera otorgada la llave de gentilhombre para pasearla a todas horas por las calles de la ciudad en que se hallaba de guarnición; y que a cierta información mía respecto a la inteligencia de determinado militar de alta graduación con el Comité revolucionario — información comprobada—, contestase el ministro del Ejército diciendo tenía en su poder una carta haciéndole protestas de lealtad... Es más, aun deben andar rodando por mi archivo cartas confidenciales poniéndome en antecedentes de hechos y personas, cuyos autores luego he sabido —¡no acabo de salir de mi asombro!— eran "republicanos de toda la vida".

Es digno de hacer constar que la labor de captación revolucionaria obtuvo sus mayores éxitos en aquellas Armas, Cuerpos u organismos donde la disciplina se hallaba más relajada, lo que ocurría precisamente en los que el alto mando actuaba con menor rigor, por contar con la simpatía del monarca o por incomprensible e injustificada debilidad. La Aviación, el Arma de Artillería y la Marina fueron casos típicos: la primera gozaba de la predilección real; la segunda disfrutó siempre de privilegios excepcionales; la tercera contaba con ambas cosas.

A título de curiosidad a continuación van algunos párrafos de un estudio sobre la situación del Ejército en 1931, documento que estaba preparando para entregarlo al Gobierno del almirante Aznar cuando sobrevino el cambio de régimen:

El caso de nuestra Aviación es quizá el problema de disciplina militar más grave planteado en nuestro Ejército. Las causas del desbarajuste que en ella reina tienen su origen en las formas anómalas de su creación y desarrollo; además, la permanencia durante años y más años de S. A. el infante don Alfonso en el servicio, a pesar de sus buenos deseos, ha sido en extremo perjudicial. La indisciplina que existe en Aviación, agravada por las ambiciones desmedidas de algunos, facilita la labor de los revolucionarios.

Son muchos los que atribuyen la actitud actual del Arma de Artillería a su choque con el marqués de Estella. Esto contribuyó, indiscutiblemente, a exacerbar los ánimos, pero no ha sido la determinante principal: los artilleros siempre, por razones especiales, han estado en lo que pudiéramos llamar "la oposición". Ya en época de don Amadeo de Saboya hubo que disolver el Cuerpo, con el apoyo de las Cortes; posteriormente, las reformas del general Cassola hirieron a sus componentes en lo más íntimo. Jamás, salvo en Barcelona, con motivo del movimiento del 1º de junio de 1917, se mostraron identificados con el personal de las demás Armas; los que hemos convivido con ellos en campaña sabemos perfectamente se complacían en hacer siempre rancho aparte... El general Orgaz, el día 15 de diciembre, no fue secundado como es debido por las baterías de Carabanchel. El Arma de Artillería está hoy casi integra al servicio de la revolución.

En cuanto a los marinos, su espíritu de Cuerpo sobrepasa con mucho al de los artilleros. Con ellos no pudo contar la oficialidad del Ejército ni aun con ocasión de lo de las Juntas de Defensa (1º de junio del 17), y poco después, al ser detenido Marcelino Domingo en Barcelona, con motivo de su participación en la huelga revolucionaria, ante el incidente ocurrido en el cuartel de Atarazanas, fue trasladado a un barco de guerra por tener la seguridad el capitán general de la Región no había inteligencia entre los elementos de la guarnición y los de la escuadra... No se le alcanzan al que informa los motivos de disgusto que pueda haber en el Cuerpo general de la Armada, siempre distinguido por S. M. y los Gobiernos; pero es lo cierto que no hace todavía un año en un buque fondeado en El Ferrol, con motivo de una fiesta, hubo gritos subversivos, se cantó la **Marsellesa** *y hasta se me ha asegurado fue objeto de menosprecio cierto atributo real que adornaba la cámara. Hoy son bastantes los jefes y oficiales que simpatizan con los enemigos de la Monarquía.*

El malestar en los Cuerpos auxiliares de la Armada obedece al pleito que, desde hace tiempo, por cuestiones de prerrogativas, mantienen con el Cuerpo general; dichos Cuerpos auxiliares y las clases subalternas (buena prueba de ello son los informes procedentes de Málaga que se acompañan a este escrito) están casi en su totalidad comprometidos a secundar cualquier movimiento de rebelión.

La activa propaganda efectuada entre la oficialidad fue favorecida por el desconocimiento que ésta tenía de la historia del siglo pasado y de las artes políticas; en cambio los directivos de la revolución estaban muy al corriente de los pleitos internos que minaban las instituciones armadas, y se dieron maña para explotarlos. Todas estas circunstancias contribuyeron a que los ingenuos creyeran de buena fe que, cambiado el régimen, íbamos a tener, por arte de magia, el Ejército y la Marina mejor dotados de Europa; a que los ambiciosos soñasen que de capitanes saltarían a los primeros puestos del generalato; a que los Cuerpos que se creían postergados vieran inmediato su predominio sobre los demás, y otras pamplinas por el estilo. Nadie sospechó que las primeras medidas revolucionarias iban a ser: una reducción brutal, condenando a numerosos jefes y oficiales al retiro o a la excedencia forzosa perpetua con los cuatro quintos del sueldo; la limitación de facultades en todos órdenes a las autoridades militares; la supresión casi absoluta del fuero de guerra, empezando por la disolución del más alto Tribunal castrense; la restricción de los derechos ciudadanos, que en una democracia deben ser iguales para todos; la pérdida de sagrados derechos adquiridos; que las carreras quedaran a merced de cualquier soplón y los destinos en manos de unos Comités formados, en su mayor parte, por indeseables; el encumbramiento de quienes eran famosos entre sus compañeros por el número de acreedores o por su escasa escrupulosidad administrativa, y algunas cosas más.

Contra lo que parecía lógico, la idea revolucionaria no encontró gran ambiente entre el personal de las clases de tropa del Ejército, o, por lo menos, ésa era la impresión que dominaba en la Dirección de Seguridad. En cambio, en la Armada sucedía todo lo contrario, pese a los informes tranquilizadores de los jefes de los departamentos; es más, la tendencia del personal subalterno y aun de la marinería era francamente comunista: quizá ésa fuese la razón por la cual se desistió de que la escuadra tomase parte en el movimiento de diciembre.

A finales de noviembre no existía cuerpo, centro o dependencia militar cuyo personal no hubiese sido explorado por los delegados del Comité revolucionario. El número de comprometidos era de importancia, pero escaso el de decididos a dar el pecho. No es raro, por tanto, que, llegado el momento de la prueba —12 y 15 de diciembre—, fallasen todas las guarniciones de provincias, menos la de Jaca, y en Madrid sólo pudiese intentarse algo en el aeródromo de Cuatro Vientos[41].

---

[41] En mi obra TEMPESTAD, CALMA, INTRIGA Y CRISIS encontrará el lector expuesto con todo detalle lo ocurrido durante los movimientos militares de diciembre de 1930.

Fracasado el movimiento de diciembre, muchos de los comprometidos rompieron sus relaciones con los delegados del Comité revolucionario y otros se apresuraron a hacer protestas de adhesión a la Monarquía; no fueron pocos los que, valiéndose de amigos, hicieron gestiones para averiguar si existían antecedentes desfavorables suyos en la Dirección de Seguridad, y no faltó tampoco quien, por tenerlos, rogó se hicieran desaparecer. Casi todos los que habían actuado intensamente durante los meses anteriores cesaron en sus trabajos de propaganda.

Así las cosas, llegó el 12 de abril, fecha en que se celebraron las elecciones municipales. El Ejército y la Marina permanecieron en actitud correcta hasta la tarde del día 14, que, visto el desarrollo de los acontecimientos políticos, hubo en algunas guarniciones actos expresivos de simpatía hacia el nuevo régimen. La única nota discordante la dio un grupo perteneciente a cierto regimiento de Artillería que, en Barcelona, proclamó por su cuenta la República catalana. ¡¡¡LA REPUBLICA CATALANA!!!

Proclamada la República, todo el elemento armado la aceptó sin reservas. Se ha discutido mucho sobre si ésta debió ser o no la conducta a seguir. Yo entiendo que, acatados por el Gobierno e incluso por el rey los que, con grandes visos de realidad, parecían ser los deseos del pueblo español, no cabía otra actitud. Nadie debe olvidar que tanto el Ejército como la Marina, del pueblo salen y al pueblo se deben: son el pueblo mismo. Y éste, precisamente éste, es su mayor orgullo.

CAPÍTULO II

El carácter de las reformas militares del señor Azaña

Fue bandera de la revolución extirpar el fantasma del militarismo: "¡Hay que meter el Ejército en los cuarteles!", se repitió hasta la saciedad. Eso no obstante, se estuvo alentando constantemente al Ejército para que se saliera de la disciplina en apoyo de la revolución: "En esta hora suprema —se decía en el manifiesto del 15 de diciembre— todos los soldados, ciudadanos libres son, y todos los ciudadanos, soldados serán de la revolución al servicio de la Patria y de la República."

Ya dije que en España no ha existido ni existe militarismo; pero eso es lo de menos. Lo importante era entonces que, como punto de un programa revolucionario, la idea de "meter al Ejército en los cuarteles" constituía un propósito en extremo simpático al elemento civil. No quiero añadir, a los argumentos expuestos en la primera parte de este libro, otros nuevos en confirmación del juicio que acabo de exponer. No hacen falta.

Desaparecida la Monarquía, a pesar de la actitud correcta del Ejército durante las jornadas del 13 y 14 de abril y de las espontáneas manifestaciones de adhesión al nuevo régimen que por parte de muchos militares, y aun de guarniciones enteras, siguieron a la marcha del rey, el encono de la opinión pública contra las instituciones armadas se hizo más patente, adquirió mayor violencia. Ello obedeció a la creencia equivocada de que éstas habían sido el más firme sostén de cuanto acababa de desaparecer y las únicas capaces de darle nueva vida[42]. Tan falso

---

[42] Hoy la opinión pública ha reaccionado en favor del Ejército: el señor Azaña la ha hecho reaccionar con sus dislates y sus persecuciones. Hombre tan poco sospechoso de "militarista" como Cristóbal de Castro escribió un artículo, que fue publicado en el periódico *Informaciones* correspondiente al día 3 de noviembre pasado, cuyos son los siguientes párrafos:

"Al calor del ansia civil que por oposición a la dictadura militar fraguó el advenimiento de la República, pudo el ministro de la Guerra, Azaña, invocar en sus aspiraciones de dramaturgo a Pedro Crespo, y citar, aunque trabucándolos, los versos de "la silla y la mesa".

"En condición de cadete "in puribus" puede la psiquiatría comprobar un complejo de refracción. Obsesionado por su militarismo juvenil, su antimilitarismo de madurez es buena prueba del refrán: "No hay peor cuña que la

concepto, si era disculpable existiese en el ánimo de quienes desconocían la realidad, no podían en forma alguna compartirlo las personas que se hicieron cargo del Poder; así, al menos, hay que suponerlo después de la activa propaganda realizada en los organismos militares y de los informes por ellas recibidos como consecuencia de dicha propaganda. Sin embargo,

---

de la misma madera". Su tragedia política proviene del conflicto entre el joven aspirante a cadete y el maduro aspirante a revolucionario.

"Al instalarse en Buenavista, ya con las manos en la masa, dos fuerzas iguales y contrarias se lo disputan: su vocación de organizador y su profesión de "triturador". La primera le impulsa a transigir, y por ello mantiene de subsecretario a un profesor de don Alfonso, gestilhombre de cámara de su majestad. La segunda a hacer tabla rasa de los cuadros del viejo régimen, y por ello, tras un decreto coreado, desplaza del Ejército a cinco mil jefes y oficiales.

"Este decreto de los retirados marca la apoteosis del "triturador". Los diarios de casa y boca y los diputados de boca y "quorum" proclaman al ex aspirante a cadete estadista militar máximo; entre Vegecio, por la ciencia, y Carnot, por la diligencia. Y para que lo aclame el pueblo propalan que ha hecho economías por centenares de millones (!!).

"Cuanto a su ciencia militar, ahí queda el resultado de su labor, resumida por él mismo al discutirse el presupuesto de Guerra en las Cortes, donde dijo: "No tenemos ni personal eficiente ni material suficiente." Y en otro párrafo: "No tenemos Ejército."

"En cuanto a economías, el vigente presupuesto de Guerra *es el mayor que ha existido en España desde la paz marroquí*. Es decir, que habiéndose reducido las plantillas a la mitad, como quiera que los retirados siguen cobrando todo el sueldo, los centenares de millones de economías quedan en agua de borrajas. Si esto no es asar la manteca, que venga Marte y lo vea.

"¿Qué cómo se pueden aumentar los gastos reduciendo los efectivos? Por la gracia de Marte y la revolución. Porque, en cambio, tenemos un estadista militar entre Vegecio, por la ciencia, y Carnot, por la diligencia.

"¿Una evidente prueba del Azafia-Vegecio? El trasiego de generales en los dos años de República; a saber:

"Sanjurjo, director de la Guardia Civil, destituido.

"Cabanellas, que le sustituyó, relevado.

(Siguen los nombres de siete generales más.)

"¿Una prueba magnífica del Azaña-Carnot? El descontento, público y porfiado, entre las clases del Ejército. Esa foto, con centenares de suboficiales y sargentos ante Prisiones Militares, después de visitar en su celda al presidente del Casino de Clases, suboficial señor León—recluido por protestar ante el actual ministro, en nombre de todos sus compañeros, de la ley de Suboficiales de Azafia—puede ilustrar el texto aquel donde los oficiales de asalto suscribieron la formidable acusación de Casas Viejas..."

a pesar de lo expuesto, se permitió por los elementos sensatos del Gobierno provisional fuera a encargarse del Ejército un individuo que, si bien años antes había publicado un libro exponiendo ideas de otros sobre asuntos militares, era evidente se hallaba ayuno de todo cuanto con la milicia tuviera relación.

No se me oculta que entre los señores que constituían dicho Gobierno era difícil encontrar uno que hubiese dedicado sus ocios a empaparse en materia tan árida y poco grata a los profanos como es el estudio de los problemas castrenses; pero aun así, debió confiarse tal misión a persona que, por su inteligencia despierta, su acendrado patriotismo e imparcialidad, pudiera haber realizado una labor constructiva, dentro de los límites impuestos por la política militar de la República. Desgraciadamente, el encargo fue a parar a un hombre que, sobre no reunir las cualidades expresadas, efecto de haber pasado la mayor parte de su vida entre las salvaderas y el balduque de cierta covachuela del Ministerio de Gracia y Justicia sin lograr la aureola de popularidad a que se consideraba acreedor como intelectual —pomposo título este último que, a falta de otros, suelen otorgarse los pedantes a sí mismos para satisfacción de su vanidad— y ni aun siquiera un mediano éxito editorial en sus publicaciones literarias, fue poco a poco saturando su corazón de otros sentimientos muy distintos a los que necesita un gobernante cualquiera y en mayor dosis el llamado a regir un organismo como el Ejército, cuyo prestigio radica en su fuerza moral, y ésta en el amor de todos, y muy especialmente en el de quienes están llamados a organizarle, regirle y utilizarle.

Don Manuel Azaña, hombre frío, sectario, vanidoso y con más bagaje de odios que de buenos deseos, desde el mismo instante que tomó posesión del palacio de Buenavista se dio a la tarea de "triturar" el Ejército; más todavía: de pulverizarlo. Sería injusto si dejase de consignar que sus primeras medidas fueron tomadas con el beneplácito de sus compañeros de Gobierno y obedecieron a un plan político previamente acordado en el seno del Comité revolucionario. Es posible que en la actualidad algunos de los que con el señor Azaña compartieron la responsabilidad en los primeros meses de República —de ello hay bastantes pruebas— estén arrepentidos de haber colaborado en aquellas primeras medidas ante la obra demoledora y difícilmente reparable que durante su gestión al frente del Ministerio de la Guerra ha realizado el citado ministro, pues ningún político amante de su Patria puede aprobar una conducta que nos ha llevado al más lamentable estado de desorganización, indisciplina e impotencia militar. Hay que decirlo bien claro: las llamadas reformas del señor Azaña no pueden reputarse como "militares", sino como exclusivamente "políticas", y no han tenido otra finalidad que dar satisfacción a sus sentimientos antimilitaristas y a sus rencores.

Que el señor Azaña es un rabioso antimilitarista, que lo fue siempre, no es preciso demostrarlo: quienes le conocen lo saben; el discurso de Valencia a raíz de proclamarse la República sobre sus proyectos de "trituración" es inequívoca prueba; sus actos como gobernante lo abonan. Que el corazón del señor Azaña es un nido de rencores, está a la vista: basta para convencerse repasar el *Diario de Sesiones* de las Cortes constituyentes; recordar el refinamiento empleado en el castigo de sus adversarios; su obstinada oposición a conceder una amnistía...

Nadie ha hecho como César González-Ruano un retrato más acabado del siniestro personaje que nos ocupa; de ese retrato son los párrafos que inserto a continuación[43]:

"La personalidad ¡literaria y política de este hombre, siempre vigilante y personaje de un trágico destino —dice el ilustre escritor—, me parece digna de una especial atención. Surge de un mundo tenebroso y triste profundamente español. Crece entre la aspiración literaria y la realidad burocrática, desnivelado y rencoroso de todo un ambiente que juzga sordo para su voz excepcional. Quizá en parte tiene razón. No es Larra para llorar en España, pero es Azaña para empalidecer y afilar el hacha de su venganza. Un día salta al Poder. Se ha cumplido más allá de sus límites el mundo de sus sueños de hombre gris, y aun así ni el Poder puede calmar su agonía monstruosa, su sed de represalia.

"Mantiene desde el Poder una línea de política personal, característica en un dictador fracasado. No quiere alzar ni crear nada; quiere hundir y destruir todo lo que fue su convivencia desdeñosa. Desde sus primeras actuaciones sorprende desagradablemente en Azaña un no sé qué de *Segismundo* trágico de inteligencia envenenada por el rencor.

"Hay sin duda en este hombre una inteligencia fina; un alma impaciente que reniega de un Dios que no ha acudido pronto a salvarle del Diablo; un clásico y un monstruo. ¿Qué necesitó para redimirse y poner su espíritu en paz? ¿Poder? Lo tuvo, y no supo encontrarse en el Poder, porque el Poder es grandeza. Media España confió en este hombre, extracción deformada de los cafés madrileños. Y toda España se le empezó a ir de las manos por ese sudor frío que escapaba de ellas, por esa antipatía que se complació en imponer a cada uno de sus actos...

---

[43] Publicado en el *ABC* del día 4 de octubre de 1933.

"Rencor y rencor. ¡Qué espectáculo más triste! Quien más necesita del perdón de los españoles no sabe perdonar. Hay que compadecer a este hombre, que no hubo de alegría en la existencia."

La política de trituración militar iniciada por el señor Azaña, y seguida después por él mismo con implacable tenacidad, fue acogida con general satisfacción por la opinión española. Los que, con fines egoístas e inconfesables, se hallaban interesados directamente en la cosa pública, veían en ella la garantía de que, por muchos que fueran los desaciertos cometidos, jamás podría el pueblo volver sus ojos al Ejército para que, con su fuerza y prestigio, le ayudase a sacudirse de quienes los cometían; los demás se sentían complacidos en ver maltratada la colectividad que tanta antipatía les inspiraba. Cada nuevo latigazo a los militares —que la Prensa extremista se apresuró siempre a recoger y comentar con fruición— aumentaba el regocijo del elemento civil; al mismo tiempo, el señor Azaña, en desenfrenada carrera de velocidad, pasaba de ministro improvisado a ser la figura más destacada del Gobierno provisional, y más tarde, para muchos, genial estadista. Y ya que no en lo de "estadista", pues jamás despuntó como versado y práctico en negocios de Estado o instruido en materias políticas, en lo de "genial" tenían razón, porque es preciso reconocer que no hubo hombre alguno en el mundo que, sin más armas que una buena dosis de mala intención y una pluma de acero, lograse, como él, en escaso tiempo, destrozar un ejército, dejándolo convertido en una verdadera piltrafa. Lo sensible del caso es que en esta tarea le ayudaron algunos individuos que vestían uniforme militar, y hasta puede asegurarse fueron éstos quienes le sugirieron determinadas medidas encaminadas a separar del Ejército generales competentes, jefes dignos y oficiales pundonorosos por el solo hecho de no serles simpáticos o haberse negado a colaborar en la revolución.

Esos individuos fueron los que, desde el primer momento, integraron un organismo de la invención del señor Azaña que se designó oficialmente con el nombre de "Gabinete militar", aun cuando en los Cuartos de banderas y estandartes fuera más conocido por el de "Gabinete negro", lo que prueba el concepto elevado que de él tenía la oficialidad y la misión odiosa que le estuvo encomendada.

Parecía lógico que un organismo, cuya misión debía ser la de asesorar al ministro en aquellos asuntos de orden técnico que ignoraba, lo constituyeran jefes y oficiales de reconocido mérito y competencia; pero no fue así, sino todo lo contrario. Al Gabinete militar fueron destinados destacados elementos revolucionarios, entre los que figuraba alguno que, por su conducta equívoca y poca escrupulosidad administrativa, había estado en más de una ocasión rozando los linderos del Código penal o bajo la amenaza del Tribunal de honor. Mas, por lo visto, a estos pequeños detalles el señor Azaña no les concedía gran importancia, sin duda por ser una de las características del "nuevo estilo" por él puesto en práctica.

Obra de este Gabinete fue la creación, en las guarniciones, de los "Comités de destinos" para elegir el personal que debía formar los cuadros de mando de los Cuerpos; comités que en muchas de ellas cayeron en manos de indeseables de toda laya, los cuales aprovecharon la oportunidad que les brindaba su situación privilegiada para satisfacer odios y ruines venganzas. Todo esto, según el señor Azaña, eran los primeros pasos para "republicanizar" el Ejército. Mala republicanización era ésa.

De nada sirvió que el Cuerpo de oficiales, cumpliendo lo ordenado en uno de los primeros decretos del Gobierno provisional, firmase sin reservas de ningún género su adhesión al nuevo régimen, ya que a los pocos días se procedió por sorpresa, y en algunos puntos con notoria vejación, a renovar los mandos y la oficialidad de los Cuerpos activos, a los cuales fueron llevados individuos elegidos por el Gabinete militar y Comités de destinos. Todo esto ocurría a raíz de haberse dictado una disposición en cuyo preámbulo se decía lo siguiente: "La arbitrariedad en la provisión de destinos militares, puesta demasiadas veces al servicio del favor personal o de otros motivos contrarios al bien público y a la interior satisfacción de las instituciones armadas, ha contribuido por modo incalculable a producir en la oficialidad la persuasión de no ser siempre atendida con un mismo criterio en circunstancias iguales. Esta persuasión produce el desánimo y la desconfianza en el buen oficial, o, ante repetidas denegaciones de justicia, pierde amor a su carrera o bien invita a otros a hacerse valer por medios muy distintos del cumplimiento riguroso de sus obligaciones. Con el presente decreto se pone término a una situación inconveniente, y reservando el Gobierno la indeclinable facultad de elección para proveer ciertos destinos, se establece un riguroso principio de antigüedad en la provisión de todos los demás, en espera de que las Cortes, al votar la ley orgánica, resuelvan definitivamente el problema."

La conducta observada por el ministro de la Guerra, no obstante el decreto que acabo de citar, máxime después de haber sido relevadas durante la noche del 14 al 15 de abril las principales autoridades militares, unida a los términos en que estaba redactado el artículo 7° del decreto sobre retiros, en el cual se manifestaba que, terminado el plazo de admisión de instancias, dictaría el Gobierno las normas complementarias que hubieran de observarse para la amortización forzosa "y sin opción a beneficio alguno" del personal que aun resultase sobrante, marcaban bien claramente los propósitos del señor Azaña y la finalidad exclusivamente política de las reformas que pensaba emprender. Pero como, a pesar del ambiente propicio para que fueran jaleados toda suerte de desatinos, era conveniente dar al país la sensación de que no iba a quedar indefenso, alternó las medidas políticas con espontáneas declaraciones sobre la futura eficiencia del Ejército, hablando de cuerpos nutridos de personal como nunca, divisiones bien pertrechadas de material moderno, grandes maniobras y motorización.

Después de dos años y pico de gestión azañesca, los hechos, más elocuentes que las palabras, dicen: que jamás han estado las unidades activas prácticamente más desnutridas de tropa como durante el tiempo que el autor de *La Corona* permaneció al frente del Ministerio de la Guerra; que, con las reducidas plantillas de jefes, oficiales y clases de su descabellado plan de reorganización, se hacía imposible poner en pie de guerra las unidades que constituían el ejército permanente; que las divisiones, sobre no haber aumentado su poder ofensivo, carecieron de los más elementales servicios de mantenimiento; que las únicas maniobras ordenadas por él —las denominadas del Pisuerga—, pese al trabajo desarrollado por el Estado Mayor Central, fueron un verdadero fracaso; que en cuanto a elementos de transporte mecánico anduvimos peor que en tiempos de la Monarquía, aparte de que es completamente estúpido hablar de "motorizar" en un país tan accidentado como el nuestro, falto, además, de una vasta red de comunicaciones adecuadas y sin tener resuelto el problema del sustitutivo del petróleo; y, por último, que el desbarajuste administrativo fue tan enorme que hasta ropa llegó a faltar para vestir a los soldados, los cuales todos hemos visto circular por esas calles de Dios tan llenos de remiendos como faltos de limpieza.

A lo expuesto hay que añadir que la oficialidad, efecto de las campañas de difamación de que se la hizo objeto, incluso por parte de elementos que, por colaborar sus representaciones en el Gobierno, tenían la obligación de producirse con sensatez, llegó a carecer de moral y de prestigio. Todo ello obedeció a un plan premeditado y puesto en ejecución con la tenacidad y sangre fría de quien no ha tenido otro norte en su vida que la de destrozar por el gusto de destruir, como si en su corazón no anidase otro sentimiento que el de un odio implacable a todo lo divino y humano, productor de un deseo vehemente de aniquilación.

Hay que reconocer que para la labor demoledora emprendida —de "trituración" la llamó él mismo—, sobre el ambiente propicio y la Prensa adicta, tuvo la colaboración entusiasta de las fracciones políticas que en las Cortes constituyentes integraban la mayoría gubernamental. Sólo así se concibe pudiera votarse una ley restringiendo los derechos de ciudadanía de los militares; sólo así se explica se otorgaran a su Gobierno poderes para privar del sueldo a los retirados que le viniese en gana, para suprimir la Prensa militar y para separar del servicio activo, pasándolos a la segunda reserva contra lo determinado en la ley constitutiva del Ejército, a los generales que no le fueran gratos; sólo así pudo suceder que, so pretexto de unas responsabilidades política muy discutibles, tolerase con complacencia las vejaciones de que se hicieron objeto a quienes colaboraron con el general Primo de Rivera; y sólo así cabe comprender las razones por las cuales ordenó que la primera figura de nuestro Ejército, el glorioso caudillo de Marruecos, y otros beneméritos soldados fueran a extinguir una condena impuesta por un delito puramente militar a penales comunes, confundidos con los autores de los más repugnantes crímenes, violando lo dispuesto en el párrafo 2° del artículo 641 del Código de Justicia Militar. Todo ello también no era más que la ejecución meditada de una política de odio y de venganza; de su política.

Esta política de persecución no es la política militar de la República, sino la de un hombre que se dice republicano o, cuando más, la de un grupo de energúmenos, que no es lo mismo. La política militar de la República se condensa en los párrafos del preámbulo del decreto de 22 de abril de 1931, en el cual, después de afirmarse que con el cambio de régimen quedaba extinto el juramento de obediencia y fidelidad que las fuerzas armadas de la nación habían prestado a las instituciones monárquicas, pues no podía entenderse en modo alguno estaban ligadas dichas fuerzas por un vínculo de adhesión ni a la dinastía borbónica ni a la persona del rey, ya que la ley constitutiva, en su artículo 2°, determinaba claramente que la misión del Ejército no era otra que la de sostener la independencia de la Patria; para remachar más el clavo y justificar la parte dispositiva, decía: "Esta doctrina tan sencilla y tan clara, sobre la cual fundará la República su política militar, va a tener ahora un desarrollo completo y su perfección. El Ejército es nacional, así como la nación no es patrimonio de una familia. La República es la nación que se gobierna a sí misma. El Ejército es la nación organizada para su propia defensa". Y más adelante, después de otras consideraciones, agregaba: "Al tender hoy la República a los generales, jefes y oficiales de su Ejército la fórmula de una promesa de fidelidad, de obediencia a sus leyes y de empeñar su honor en defenderla con las armas, les brinda la ocasión de manifestar, libre y solemnemente, los sentimientos que, como a todos los ciudadanos españoles, dirigen hoy su conducta. El Gobierno de la República se complace en declarar su satisfacción por el comportamiento de los militares en los días que acaban de transcurrir, y asegura a cuantos desde ahora la sirvan, que en el régimen y gobierno del Ejército seguirán las mismas normas de legalidad y responsabilidad, de severa disciplina, de benigna consideración a los sentimientos respetables y de recompensa a las virtudes cívicas que se propone aplicar a todos los organismos e institutos del Estado. Respetuosa la República con la conciencia individual, no exige la promesa de adhesión. Los que opten por servirla otorgan la promesa; los que rehúsen prestarla será que prefieren abandonar el servicio. La República es para todos los españoles, pero sólo pueden servirla en puestos de confianza los que sin reservas y fervorosamente adopten su régimen. Retirar del servicio activo los que rehúsen la promesa de fidelidad no tiene carácter de sanción, sino de ruptura de su compromiso con el Estado".

Es difícil, por no decir imposible, encontrar en toda la gestión del señor Azaña, a partir del Decreto anterior, una sola disposición que no lleve el sello de su política demoledora y antimilitar, pues aunque algunas de ellas dan la sensación de que son producto de una idea constructiva, esto sólo es en apariencia, ya que hecho un análisis detenido y sereno aparece siempre el espíritu destructor y sectario de su autor. La reorganización de las unidades activas, la creación del Consorcio de industrias militares, el reclutamiento y ascensos de la oficialidad y clases de tropa, el plan de enseñanza y la creación del Cuerpo auxiliar subalterno son del tipo expuesto.

Cuando, pasado el tiempo, serenos los ánimos por la lejanía de los acontecimientos, pueda hacerse la crítica objetiva de toda la labor de ese hombre funesto, seguro estoy de que quien acometa tal empresa habrá de usar en sus comentarios unos términos tan duros como jamás empleara ninguno de los historiadores pretéritos y presentes al enjuiciar a otros personajes de triste recuerdo que intervinieron en la vida política española.

CAPÍTULO III

La trituración

Ha sido un lamento constante en nuestro país la desproporción entre los cuadros de mando y los efectivos totales del ejército permanente. Nadie se ha sustraído a esta idea e incluso el propio Cuerpo de oficiales llegó a participar de ella: "Sobramos muchos", se decía y se repetía hasta la saciedad en el seno de la sociedad militar. Había razón: sobraban muchos aquí, en España; en cambio, faltaban en África. Ya he dicho en otro capítulo las causas de este contrasentido.

Terminada la campaña de Marruecos se cayó en la cuenta que no sólo la oficialidad profesional era excesiva, sino también que el propio ejército permanente, con sus diez y seis divisiones orgánicas, sus tres de Caballería, sus dos brigadas de Cazadores y demás unidades no divisionarias era demasiado aparato bélico para las necesidades de la nación, por lo menos en aquellos momentos. No dejaron de influir en este juicio las corrientes pacifistas de la postguerra y el espíritu que reinaba, al menos aparentemente, en el seno de la Sociedad de las Naciones. Entonces ya surgió la iniciativa de reducir el Ejército, que más tarde llevó a efecto en forma tan radical y desdichada el señor Azaña.

Decidida la disminución de los efectivos y examinado el problema serenamente se vio que en España no podía reducirse la oficialidad, por ser toda ella profesional, empleando procedimientos análogos a los de otras naciones, en que el mayor contingente movilizado lo constituían personal de complemento, reserva o compromiso limitado. No quedaba más solución, sin recurrir al atropello, que estimular a los componentes del Cuerpo de oficiales a apartarse voluntariamente del servicio activo, mediante determinadas concesiones, y ello fue lo que se intentó por dos Gobiernos anteriores al Provisional, si bien tales intentos quedaran inéditos, no pasando de proyectos más o menos perfilados las disposiciones correspondientes.

Según mis noticias, fueron tres los estudios hechos con el indicado fin, siendo el más completo el último que se redactó, que lo llegó a estar ya en la forma articulada en que suelen publicarse las disposiciones de tal índole.

El primero de ellos fue en tiempos del general Primo de Rivera, siendo ministro de la Guerra el duque de Tetuán. Lo hicieron dos jefes de Estado Mayor, por encargo expreso del rey, con conocimiento del Gobierno, y formaba parte de un vasto proyecto de reorganización militar, mediante el cual se pensaba reducir el Ejército en no muy gran proporción, modernizándolo en su estructura de acuerdo con las enseñanzas de la Gran Guerra, no acogidas en la ley de 1918, que era la que hasta entonces y no en toda su amplitud había estado rigiendo. En la parte correspondiente a la reducción del Cuerpo de oficiales, se estimulaba la eliminación voluntaria del personal mediante la entrega por una sola vez de una cantidad en metálico, proporcionada a la edad y empleo que disfrutase cada uno en el momento de solicitar el pase a la situación pasiva, ajustándose los cálculos a los que rigen en el Instituto Nacional de Previsión. La capitalización que de las carreras se hacía era absoluta y definitiva la situación de los acogidos a la reforma, de tal suerte, que los afectados por ella no tenían derecho a haber pasivo alguno, incluso en el caso de ser llamados a prestar servicio en tiempo de guerra, pues, aun así, únicamente podrían percibir los pluses o sobresueldos de los jefes y oficiales del ejército activo en análogas circunstancias.

El coste inicial de la reforma era grande, y desde luego superior a los recursos que podían disponerse sin producir extraordinarios comentarios en la opinión pública, ya que se daba por descontado que unos cinco mil jefes y oficiales se acogerían a ella; pero se estimó viable y hacedera mediante una operación de crédito concertada con algún Banco o Compañía de Seguros, sobre la base de que adelantase la cantidad necesaria a cambio de percibir cierto número de anualidades que se consignarían en los presupuestos de la Guerra hasta la total amortización de lo anticipado, con sus intereses. Desde luego el importe de tales anualidades era inferior al de los sueldos devengados cada año por la totalidad de los partícipes de la reforma. El proyecto no pasó a vías de hecho, ni aun creo llegó a discutirse en el seno del Gobierno.

En tiempos del marqués de Estella también, siendo ministro el primero que lo fue del Ejército, el general Ardanaz, se volvió a poner sobre el tapete el asunto de la reducción del Cuerpo de oficiales y se estudio una disposición que la facilitase, basada, como el anterior proyecto, en la entrega de cantidades en metálico, aunque con la diferencia de que en vez de capitalizar la carrera probable del individuo acogido, con arreglo a su empleo y edad, se le asignaba una indemnización, variable según las circunstancias personales, pasando a la situación de reserva, en la cual habría de percibir los haberes pasivos correspondientes a los años de servicio. El coste de esta reforma era más reducido que el anterior, si bien para llevarla a efecto se precisaba una cantidad que forzosamente obligaba a recurrir a una operación de crédito análoga. Este proyecto tampoco pasó de ser eso: un proyecto.

Finalmente, durante el Gobierno del general Berenguer —que como es sabido desempeñaba además de la presidencia la cartera de Ejército—, se redactó un borrador de real decreto con el mismo fin, aun cuando con la diferencia de los anteriores de que los acogidos a él no percibirían ninguna cantidad en metálico como indemnización. Se estimulaba el pase a la reserva mediante ascensos y bonificaciones en los haberes pasivos, según la situación y edad de los solicitantes.

El contenido de este decreto ofrecía algunas semejanzas con los preceptos que para excitar a separarse del servicio activo se consignaban en la Ley de 1918, salvándose los defectos garrafales de ésta, como fue no disponer se diesen a la amortización todas las vacantes producidas por los pases voluntarios a la situación de reserva y no limitar la edad de los peticionarios. En el proyecto del general Berenguer todas, absolutamente todas las vacantes se daban a la amortización y se excluían de sus beneficios a los que, según sus categorías, estaban próximos en uno, dos o tres años a obtener el pase a la reserva por edad. El proyecto corrió igual suerte que los anteriores, quizá porque el conde de Xauen estimó más oportuno someterlo al examen de las Cortes que ponerlo en vigor por un decreto-ley.

Estos tres proyectos fueron los precursores del famoso decreto de retiros del señor Azaña. Alguno de ellos tengo la seguridad lo conoció antes de dictar el de su iniciativa; pero atento única y exclusivamente al fin que perseguía, lejos de asesorarse primero y procurar después armonizar los intereses del Estado con los de los funcionarios, redactó la disposición más descabellada que pudiera a nadie habérsele ocurrido, aunque no hay que negar colmó las aspiraciones de los más exigentes, pues hizo un verdadero derroche de generosidad, de una generosidad parecida a la que el verdugo tiene con los reos cuando suben las escalerillas del patíbulo. Dicha disposición, unida a la que en términos análogos dictó poco después su compañero de Marina, han costado a la nación, en el año 1933, la "insignificante" cantidad de 115.129.429,64 pesetas[44].

---

[44] Los datos oficiales son los siguientes:

	Pesetas
Presupuestos de 1933.—Créditos para haberes de retirados extraordinarios de Guerra y Marina, cruces y personal de reserva	111.083.792,00
Crédito suplementario solicitado en el mes de octubre por ser insuficiente lo consignado en los Presupuestos	4.045.637,64
Total de créditos que se precisaron en el año 1933 para las atenciones extraordinarias de Clases Pasivas	115.129.429,64

¡Oh, generosidad del señor Azaña! Generosidad tratándose, desde luego, de los fondos del Estado. Antes, sacar unas pesetas a un ministro, era más difícil que hacer una raya en el agua; en tiempos del señor Azaña, no. Y así se explica que en otras épocas fuera casi imposible se abonaran al personal los devengos legales una vez pasados a ejercicios cerrados, y, en cambio, durante la gestión del "genial estadista" (?), se hayan cometido verdaderos atracos a las disponibilidades del Ministerio de la Guerra, por supuestos o exagerados perjuicios, al punto de llegarse a cotizar voluntarios alejamientos del servicio activo achacándolos a disconformidad con el régimen monárquico o Gobiernos, alejamientos espléndidamente retribuidos en ocupaciones particulares.

El decreto sobre retiros, del señor Azaña, concediendo a cuantos lo solicitaran el pase a la segunda reserva o situación de retirado —según se tratase de oficiales generales o particulares—, disfrutando de los mismos sueldos, gratificaciones y demás devengos que en activo, obtuvo un éxito rotundo, definitivo. ¿Cuáles fueron las causas? El convencimiento ya arraigado en el Cuerpo de oficiales de que existía un exceso de personal para las necesidades ordinarias del Ejército permanente; la impresión que en el ánimo de muchos ocasionaron las amenazas que encerraba el artículo 7° de la disposición, y la falta de verdadero amor a la carrera. A los factores anteriores hay que añadir la depresión de espíritu que en un gran sector produjo la incógnita que para su porvenir representaba el cambio de régimen, máxime viendo en qué alto estado se colocaba por la revolución al autor de cierto programa de reorganización militar que se hizo público a raíz del movimiento sedicioso de diciembre de 1930; el temor a que volvieran a reproducirse las desagradables escenas ocurridas en muchas guarniciones durante la primera República y el que pudiese estallar una guerra civil; y, por último, la desilusión de algunos, pocos, ante la desaparición de un estado de cosas que para ellos no era circunstancial ni mucho menos, No cabe, por tanto, atribuir exclusivamente al señor Azaña el éxito de su decreto sobre retiros, aunque sería pecar de parciales no reconocer logró con creces lo que se propuso. Y digo que logró con creces lo que se propuso, porque además de conseguir separar del servicio activo a buen número de generales, jefes y oficiales, que era lo que en primer término deseaba, el proceder atropellado e irreflexivo de gran parte de éstos llevó al ánimo del elemento civil el convencimiento de que el Cuerpo de oficiales no era más que una partida de muertos de hambre, cuya única ilusión consistía en vivir sin trabajar; y es de justicia reconocer que la conducta observada abonaba tal creencia. Todo esto no habría ocurrido si todos, absolutamente todos, hubieran sentido verdadero amor por la carrera, pues entonces no hubiesen estado tan prestos para abandonarla; pero en el Ejército, por desgracia, ha existido siempre —y lo peor es que seguirá existiendo— un núcleo al cual lo único que le interesa es la nómina, y esto se da de puñadas con los principios de sana moral militar.

La desbandada de tantos y tantos cientos de militares ante el cebo de una cumplida remuneración y las escenas que en su propio despacho presenciara el señor Azaña en los primeros días de gestión, en que la dignidad no pocas veces se transformó en servilismo para arrastrarse a sus plantas, le hizo ver claro la realidad, y fue entonces, no antes, cuando descubrió que el camino estaba expedito para poner en práctica sus planes de trituración; planes que, posiblemente, sobrepasaban los proyectos del Comité revolucionario, pues no puedo creer que algunos de los que de él formaron parte, cuyo patriotismo no cabe poner en duda, quisieran dejar a España completamente desarmada y desguarnecida, y a merced de la voracidad o de las tendencias imperialistas de otros pueblos.

Desde el punto de vista de la conveniencia nacional, el decreto sobre retiros no pudo ser más desdichado, porque sobre recargar el presupuesto de Clases Pasivas en forma que a duras penas puede soportarlo la economía nacional, llevó a la situación definitiva de "retirados" un considerable número de jefes y oficiales, cuyos servicios serían indispensables tan pronto se hiciera necesaria una movilización. Y es preciso que todo el mundo sepa, para que nunca nadie pueda llamarse a engaño, que para atender en ese caso a los cuadros de mando del reducido Ejército activo que ha dejado el señor Azaña, aun contando con la oficialidad de complemento que figura disponible en la actualidad, harían falta unos 4.000 jefes y oficiales más, que habría que improvisar, mientras diez o doce mil profesionales no podrían legalmente ser llamados a las armas, dadas las condiciones en que se les separó del servicio activo. Y para que se vea con un ejemplo el disparate realizado, basta decir que después de ese licenciamiento en bloque, en Sanidad Militar, ha habido necesidad de abrir varios concursos para cubrir el servicio que dejaron sin atender los que se fueron, amparados en el famosísimo decreto; así es que hoy, muchas plazas de teniente médico, cuestan doble que antes, ya que hay que pagar a un mismo tiempo el sueldo del que se fue y el del que ha venido a sustituirle. ¡Bonito negocio para el Estado!

Yo creo que detalles como el citado y otros muchos que pudieran citarse los ignora la opinión pública, pues de no ser así no me explico, entre otras cosas, que un hombre tan ecuánime como el señor Ortega y Gasset (don José), por muy antimilitar que sea, pudo haber recabado de la

Cámara constituyente un aplauso para el ministro de la Guerra por la obra realizada en el Ejército[45].

A pesar de todo, ni el decreto sobre retiros, ni siquiera la reducción del ejército permanente a ocho divisiones y una de Caballería, constituyeron la verdadera "trituración"; es más, uno y otra pudieron ser la base de un Ejército más potente y eficaz, como estuvo en el ánimo del general Primo de Rivera hacerlo, si la rapidez con que se sucedieron los acontecimientos políticos no lo hubieran impedido.

En confirmación de lo que acabo de exponer, diré lo siguiente:

Sé, positivamente, que a mediados del año 29 una persona, a la que me une estrecha amistad y era muy querida del general, hubo de requerirle respetuosamente para que se ocupara del Ejército, bastante abandonado por él, a lo que contestó: que tan pronto otras urgentes atenciones se lo permitieran, lo haría, adelantando su opinión de que con tal motivo forzosamente habría que ir a una reducción, ya que estimaba no podrían sostenerse en lo sucesivo los efectivos que se determinaban en la Ley de 1918. Y dijo más; dijo: que, a su juicio, con cuatro divisiones bien nutridas de hombres y perfectamente dotadas de material en el interior del país, unas tropas de montaña de rápida movilización y muy entrenadas, una aviación potente y unas bases navales bien defendidas, tendríamos el Ejército que los recursos del país permitían y el que la política internacional nos obligaba; pero que era indispensable para ello se completase el plan con una instrucción premilitar muy intensa, que fuera de la escuela a la universidad, y un reglamento de movilización, tan perfecto, que permitiera rápidamente desdoblar las grandes unidades y encuadrar las reservas.

Como se ve por lo que acabo de decir, de cuya veracidad respondo, el general Primo de Rivera iba más allá que el señor Azaña en lo de la reducción de unidades; sin embargo, nadie podrá negar que, a pesar de que su visión del problema militar en lo que se refiere al número de unidades distaba mucho de ser acertado, él no pensó jamás en deshacer el Ejército.

Afirmar que ni el decreto de retiros ni la reducción del ejército permanente constituyó la "trituración", no quiere decir no estuviese en el ánimo del señor Azaña fueran éstos los primeros pasos de ella, y aun es seguro entrase en sus propósitos hacer mucho más de lo que hizo; me

---

[45] Se me ha dicho, y yo lo repito con las naturales reservas, que la retirada del Parlamento de don José Ortega y Gasset, fue sanción que a sí mismo se impuso por haber cometido la ligereza de elogiar el proceder del señor Azaña. *Si non e vero...*

afirma en mi creencia, entre otros muchos detalles, el hecho de haber aconsejado a una persona de su intimidad, y hasta creo que allegado suyo, abandonara el servicio activo, porque como sus propósitos eran los de hacer un Ejército nuevo de pies a cabeza, estimaba que otros métodos exigían otros hombres, aunque fueran —esto ya es de mi cosecha— de la moral e incapacidad de algunos de los que le rodeaban.

Aclarado extremo tan interesante, diré que la verdadera, la efectiva "trituración" del Ejército, dimana de la labor anárquica y de indisciplina que dentro de él se ha hecho; del desprecio de los valores morales de sus componentes y del aprecio de los que no lo eran; de haber encumbrado a individuos cuya vida se deslizó sorteando los artículos del Código de Justicia sin caer de milagro en ellos; de tolerar con complacencia y hasta llegar a favorecer los ataques más denigrantes contra el Cuerpo de oficiales; de la parcialidad y del favor que han imperado en la elección de personas para ciertos cargos y destinos; de la beligerancia otorgada al inferior cada vez que de sus jefes hablaba mal; de estimular servicios inadecuados o inconfesables; de la publicidad dada a las sanciones impuestas a determinados generales y jefes, porque no eran gratos o se negaban a doblegarse a las exigencias del ministro o sus secuaces; de las vejaciones de que se hicieron objeto a militares de todas las categorías por los esbirros y genízaros al servicio del equipo de gobernantes, de sobra conocido, que la opinión pública hoy, con rara unanimidad, rechaza; de anteponer el ideal nacional o puramente militar al partidista o personal, etc., etc. ¡Todo esto es lo que ha constituido la verdadera, la efectiva "trituración"!

Pero lo más triste, lo más doloroso, es que en el propio Ejército se hayan encontrado ambiente e instrumentos para llevarla a cabo. De nada hubiera servido la intención del señor Azaña si la oficialidad, formando un bloque, se hubiese mostrado impermeable a cuanto tendía a rebajar su valor moral y a dividirla. Es curioso registrar con qué facilidad se ha pasado de aquella hiperestesia del espíritu de Cuerpo, que nos llevó a las Juntas de Defensa y a la disolución del Arma de Artillería, a la docilidad presente. Cuando se reflexiona sobre todo esto, cabe pensar si no era tan hondo y sentido aquel espíritu corporativo o si su fuerza radicaba en las debilidades de los mandos y del Poder público, y a este respecto cabe citar, en apoyo de esta última hipótesis, lo sucedido con un jefe de un Arma, siempre distinguida por su espíritu de clase, el cual, al preguntarle por qué ellos, que tan enérgicos se mostraron con Primo de Rivera por la apertura de la escala, se allanaban ahora ante medidas que sin punto de comparación pugnaban más con sus tradiciones, contestó cínicamente: "Es que éstos pegan"...

Esta respuesta, unida a otras frases desdichadas que se atribuyen a militares de significación, alguna de las cuales, de estamparla aquí produciría sonrojo a su propio autor —quiero tener la delicadeza de creerlo así—, demuestran de modo indubitable que hoy existe en el Cuerpo de oficiales una crisis del sentido ético que le coloca en bastante mal lugar ante la opinión pública. De este lamentable estado de cosas son muchos los que se vanaglorian, y hasta es posible crea el señor Azaña, en su megalomanía de estadista, que con ello ha democratizado y republicanizado el Ejército.

La labor demoledora que en el Ejército se ha realizado, por su profusión y persistencia, no ha dado tiempo ni a la reflexión: ha sido un proceso continuo, sin treguas. Podría citar buen número de órdenes, decretos y hasta leyes que no han tenido otro objeto que reducirlo a la impotencia como fuerza y aniquilar su moral. Hacer un análisis crítico de todo cuanto se ha legislado en ese sentido sería labor interminable; por eso he de concretarme a citar aquellas disposiciones que a mi juicio más han contribuido a la "trituración".

El restablecimiento de la antigua denominación de "Ministerio de la Guerra", abolida por el marqués de Estella para sustituirla por la más lógica y menos belicosa de "Ministerio del Ejército", fue sin duda el primer cartucho quemado en el fuego graneado de disposiciones que tendían a realizar la trituración. En el primer momento pudo creerse equivocadamente que tal cambio de título era síntoma de una política de tendencia imperialista; pero no: lo que tal decisión quiso indicar fue que se iba a proceder contra todo cuanto recordase lo anterior, y especialmente contra las iniciativas del general Primo de Rivera, aunque se juzgasen buenas, pues en buen principio triturador nada debe escapar a la acción del desmenuzamiento.

El equivocado concepto que a ciertos incautos pudo sugerir el cambio de denominación indicado duró poco, porque aún no iniciados los primeros comentarios sobre el mismo, con motivo de la vergonzosa quema de iglesias y conventos, el Gobierno Provisional, por razones políticas que no entran en mi ánimo discutir, adoptó una serie de medidas, que si bien unas estaban justificadas por el deseo de aplacar a la chusma y evitar mayores males, otras andaban tan distantes de tener relación con los hechos ocurridos como pueda tenerlo el binomio de Newton con la cría del gusano de seda: a esta categoría perteneció la disolución del Consejo Supremo de Guerra y Marina, institución tradicional militar que había sobrevivido a todos los temporales políticos del pasado siglo. Tal fue el primer acto de trituración sin finta, al que inmediatamente sucedió el segundo: desposeer de la función judicial a los capitanes generales de región, que quedó vinculada en los auditores, a quienes con posterioridad se les ha hecho perder su condición militar. Estos hechos unidos a la intervención que a la jurisdicción ordinaria se le ha dado en delitos que aun siendo de apariencia común no lo son en realidad por razón de las personas responsables, lugares en que se cometen y otras circunstancias especiales, han asestado un golpe fatal a la disciplina militar, cuyas consecuencias habrán de tocarse muy pronto y serán funestas si algún día nos vemos, por desgracia, metidos en un conflicto armado, como muy bien podría ocurrir.

Otro paso hacia la trituración fue la supresión de los capitanes generales de las regiones, porque, según opinión expuesta por el señor Azaña en el preámbulo del decreto del 16 de junio de 1931, dichas autoridades conservaban "cierta sombra de los virreyes, como se usaron en tierras coloniales" y la demarcación y elevado rango "no son ya adecuados a la verdadera misión del Ejército ni a un sano concepto del equilibrio interno del Estado, y es preciso concluir en lo político y gubernativo, cuando se roza con las fuerzas armadas, una reforma equivalente a la ya realizada en orden a la justicia militar". Y la concluyó de un plumazo, pues quedaron suprimidos la dignidad superior del Ejército y el empleo de teniente general, poniendo al frente de las extinguidas Capitanías Generales las cabeceras de las ocho divisiones orgánicas a que había dejado reducido el Ejército, y a las órdenes del jefe de cada una de éstas un Estado Mayor tan raquítico que ni podría atender a un desdoblamiento en caso de movilización general, ni tan siquiera al servicio de la propia unidad en pie de guerra.

No se contentó el señor Azaña con quitar la jurisdicción territorial a las primeras autoridades militares, sino que incluso la denominación de "Gobernador militar" le pareció sospechosa y la substituyó por la de "Comandante militar", dándose el caso absurdo de que en los conflictos de orden público las fuerzas militares quedaran a disposición de los gobernadores civiles y alcaldes, con completo apartamiento de sus jefes superiores naturales, como determinan los reglamentos y marca el sentido común, que por lo que irá viendo el lector por esto y otras cosas va resultando el menos común de los sentidos.

También quiso el ministro dar una satisfacción a los "junteros" y "amargados", que en buen número le prestaron apoyo antes y después de la proclamación de la República, y con el expeditivo desenfado que le caracterizó" durante su gestión de gobernante, depuso de empleo a los ascendidos por elección —olvidando que los empleos, por la ley Constitutiva del Ejército, son una propiedad de la que no puede despojarse al que la posee más que en virtud de resolución judicial— y otro tanto pensó hacer con los ascendidos por méritos de guerra, lo que al fin llevó a efecto, aunque no en los términos radicales que con los que lo habían sido por elección; se contentó con que marquen el paso en el escalafón *per sæcula sæculorum*. Ambas medidas constituyeron un atropello inaudito, sin otra finalidad que complacer a unos cuantos intrigantes y darse el gustazo de poder añadir de un solo golpe buen número de nombres a la lista incalculable de las víctimas de sus atropellos.

Mientras a los buenos se les despojaba de sus empleos o se les postergaba, se abrían las puertas para que pudieran ingresar en el Ejército los expulsados por tribunales de honor... ¡Menuda medida democrática!

La disolución del Cuerpo Eclesiástico fue una consecuencia lógica de la separación de la Iglesia y el Estado y del carácter laico de éste; pero, en cambio, la del Cuerpo de Estado Mayor, de la que ya he hablado en otro capítulo, tuvo por móvil dar una nueva satisfacción a los citados "junteros", y quizá más que nada complacer a persona de la confianza del señor Azaña, "diplomado" por más señas, a quien se señala como uno de los que más se distinguieron en sugerirle procedimientos trituradores y de persecución.

Estas y otras iniciativas soportadas con mansa resignación por la colectividad hicieron cambiar rápidamente el sentido moral del Cuerpo de oficiales. La delación y la "soplonería" se pusieron de moda, y como hubo quienes sufrieron las consecuencias de ellas y no todos, por circunstancias económicas, falta de entereza u otras causas por el estilo, se sintieron con fuerzas para poner la dignidad sobre el cocido, ocurrió que hubo cola para entrar en las logias y afiliarse en los partidos políticos simpáticos al ministro entre los que figuraba en primer término el de Acción Republicana —para lograr una cierta garantía de seguridad; no faltó tampoco quien dejó de ir a misa por si le veían y de comprar el *ABC* por si se enteraban. Jamás los militares fueron más políticos que en tiempos del señor Azaña, eso que constantemente se pregonaba a bombo y platillos que el Ejército nunca estuvo tan alejado de la política.

Ya en plena trituración, nuestro hombre se creyó dueño y señor de vidas y haciendas, iniciando entonces la era de as "invitaciones" para que abandonaran el servicio activo los generales que no le parecían guapos; mas como no fue complacido en toda la extensión que deseara, llevó a las Constituyentes— a esas Cortes que según el señor Alcalá Galiano, "pese a los juristas con gato y a los revolucionarios con enchufes, su larga actuación demoledora constituye uno de los períodos más bochornosos de la Historia de España" —la famosa Ley del 9 de marzo de 1932 en virtud de la cual al ministro se le concedían facultades para pasar a la reserva los generales que durante seis meses no le diera la gana de colocar, para dar de baja en las nóminas a los retirados con todo el sueldo cuando cometieran alguno de los actos definidos en el artículo 1° de la ley de

Defensa de la República o le pareciese al Gobierno los habían cometido, y para suprimir "las publicaciones periódicas que por sus títulos, subtítulos, lemas, emblemas u otro medio cualquiera" manifestasen o indujeran a creer representaban "la opinión de todo o parte de los Institutos armados". Claro está que dicha Ley se daba de trompadas con el Código fundamental de la República; pero el señor Azaña no se paraba en barras.

Todo esto pareció aún poco: había que arrastrar los fajines de los generales y los uniformes de la oficialidad por el lodo. La ocasión se la brindó el suelto de *El Socialista* del día 30 de julio de 1932 y la Comisión de Responsabilidades[46].

En septiembre de 1933 el Ejército, más que triturado, estaba pulverizado. El gobernante-ateneísta había cumplido su programa de deshacerlo en todas sus partes.

---

[46] Como es un deber de los que no formamos parte de la media docena de indeseables que rodearon y arrullaron al señor Azaña recordar a la oficialidad del Ejército lo que bajo el título de "Glosas ingenuas" y subtítulo "Psiquiatría militar", decía el número 7.326 del órgano del socialpolienchufismo, ahí va el parrafito que tanto contribuyó a agotar la paciencia de los dignos. Decía así:

"... Pregonemos nuestro orgullo: tenemos médicos para los soldados y médicos para los jefes, cada uno de ellos especialmente capacitado para sus funciones respectivas. A veces, sin embargo, el médico de un capitán especializado en capitanes y preparado para vigilar la salud de los capitanes, se ha visto en el caso de tener que asistir de parto a la señora del capitán. ¡Terrible conflicto! Terrible, porque, por muy psiquiatra que el médico sea, no había previsto que los capitanes pudieran llegar a estos trances. En estos casos debería establecerse una competencia de jurisdicción entre el médico de los jefes y el médico de los soldados; en definitiva tendría que intervenir este último, *porque podría demostrarse que la culpa de todo era del asistente.*"

CAPITULO IV

Sobre la reorganización del Cuerpo de oficiales

He expuesto en el capítulo anterior la obra de destrucción realizada por el señor Azaña en cuanto a los organismos militares concierne y justo es también diga lo que, al parecer, con ánimo de construir hizo, aunque no lo lograse, ignoro si por falta de acierto o preparación o porque de sus pecadoras manos nada bueno es capaz de salir a derechas. He de referirme exclusivamente al proyecto que el día 3 de mayo de 1932 presentó a las Cortes relativo al reclutamiento y ascensos de la oficialidad, que con algunas variaciones se convirtió en Ley el 12 de septiembre siguiente, pues ello fue, a mi entender, lo único constructivo que intentó.

Precedió a la parte dispositiva de dicho proyecto una *Exposición* en la cual comenzaba por referir cuanto había hecho y tenía aún por hacer "el Gobierno de la República"[47] para venir a parar, sin duda por carecer de abuela que le alabase, que es "justo proclamar que tan sólo la malquerencia impotente podría desconocer lo vasto y profundo de las reformas cumplidas". (Se refiere, indiscutiblemente, a lo que él mismo designó con el nombre de "trituración".) Pero, no satisfecho con este autobombo, después de ponderar los resultados "plenamente satisfactorios" que con la reorganización de las clases de tropa se habían logrado y los que, por lo visto, esperaba obtener con la creación del Cuerpo Auxiliar Subalterno del Ejército, se metía de lleno a hablar del presupuesto, diciendo textualmente: "es la proyección fidelísima de la organización y servicios militares de la Península e islas; se han distribuido de nuevo los capítulos, se han cifrado todos los servicios (y con la operación de cifrarlos *se han obtenido economías importantes...*)", afirmación que, sin duda, hizo sin tener a la vista el presupuesto del año 1929[48] y el que pensaba presentar para 1933; pues, de haberlos tenido, hubiera observado que, mientras en el primero lo calculado para el Ejército— abstracción hecha de las fuerzas de África y personal a

---

[47] Menos mal que no dijo "República" a secas, porque es público y notorio que se obstinó en confundir intencionada y lamentablemente una cosa con otra.

[48] Para los estudios comparativos he de referirme casi exclusivamente al presupuesto de 1929, porque fue el que rigió también, por haberse prorrogado, en 1930, último año de la Monarquía.

amortizar y extinguir —importaba 366.884.809,61 pesetas, en el segundo las mismas obligaciones se elevaron a 443.594.360,80 pesetas, o sea nada menos que 76.709.551,19 pesetas más, si es que yo no me he olvidado ya de restar, que creo que no, dado lo mucho que he tenido que practicar esta operación aritmética de algún tiempo a esta parte; y nada digo si a esta cantidad le añadimos el puñadito de milloncejos que en los Presupuestos del Estado, correspondientes a 1933, pesaban sobre las Clases Pasivas, efecto de la ley de retiros y que en 1929 estaban incluidos en los 366 y pico apuntados [49].

Sigue en la *Exposición* poniendo de manifiesto las excelencias de cuanto ha hecho y tiene en proyecto hacer para deducir unas cuantas

---

[49] Para que el lector se dé perfecta cuenta de en qué consistía esa "proyección fidelísima" y la nueva distribución de capítulos del presupuesto mencionados en la *Exposición,* a continuación le sirvo lo que Cristóbal de Castro dice en su notable libro *Fariseos de la República* (páginas 192 y 193) a propósito de ello:

"Presupuesto confuso, embarullado, con la preocupación de un "estilo nuevo", de un "orden nuevo", apenas deja en pie la forma de expresión sencilla, perceptible al ciudadano contribuyente. El lector puede hacer la prueba, *Gaceta* en mano. Se quedará "asperges". Como si le hablaran en chino.

"Si desea saber, por ejemplo, cuánto se gasta en material, hallará en la "Administración Central":—"Material—capítulo 2°" dos artículos tan confusos como éstos: Uno: "Material ordinario de Oficinas: 444.000"; otro: "Material de demás gastos: 800.000." ¿Quieren decirme ustedes qué es eso de "demás gastos"? No de "los demás gastos", sino "de demás gastos", sin el artículo, sin el "los", en una jerga superliteraria. ¿Se queda usted, lector, "asperges" o no?"

Luego sigue:

"Pues este capítulo 3° tiene otros artículos por el estilo. (Por el estilo nuevo.)

"Uno dice: "Material ordinario de Oficina: 725.000." Y otro: "Material de demás gastos: 101.000."

"Ya apareció de nuevo el peine. "¡Demás gastos!" ¿En qué pre supuesto del mundo ha visto alguien cosa igual? Eso de "demás gastos", ¿no será un reóforo? ¿Usted, lector, lo entiende? ¿No, verdad?"

Por último, comenta:

"Capítulo 8°:—"Gastos comunes a la Administración Central y divisionaria. Material." Y otros dos capítulos de un orden nuevo. Uno dice: "Fondo de material: 4.281.000." Y otro: "Material de demás gastos: 7.674.000 pesetas."

"¡Señores, una cifra así, en un epígrafe así, "Material de demás gastos", que no se dice, ni siquiera se insinúa cuáles sean, con una dotación de 7.674.000 pesetas! ¿Quién puede dudar ya del "estilo nuevo", del "orden nuevo"? El "estilo nuevo", "demás gastos". El "orden nuevo", ese gongorino "material de demás gastos". El "presupuesto nuevo" consignar, con sólo estas palabras ultravagas la cifra, contante y sonante, de 7.674.000 pesetas."

consecuencias, entre las que figura la de que el proyecto "mira resueltamente al porvenir del Ejército, que es el mismo de la nación y de la República", lo que nos descubre en lo que hubiera parado, en manos del señor Azaña, la República y, lo que es más sensible, la nación si continúa algún tiempo más usufructuando el Poder. Y después de decir la labor que las Cortes están llamadas a efectuar, mientras el Estado Mayor Central, en sus funciones propias, estudia y traza las normas para la movilización general —sobre la que asegura se han dictado parte de las instrucciones correspondientes—, hace mención de su proyecto de crear un órgano que "mantenga la continuidad de la política de guerra de la República", y termina: "Este programa inmediato, que no excluye el de perfeccionar cotidianamente los servicios, muestra en toda su amplitud la empresa en que estamos comprometidos, señala sus repercusiones nacionales, porque no se trata de la modesta reforma de un ramo de la Administración, y, una vez que se vote, habremos puesto el coronamiento lógico de un edificio rehecho desde los cimientos."

La ley sobre reclutamiento y ascensos de la oficialidad, que a su proyecto sirvió de presentación la *Exposición* que acabo de comentar, tiene aciertos indiscutibles y también graves errores; quizás sea, en conjunto, lo menos malo realizado por el señor Azaña mientras estuvo al frente del Ejército, lo cual no quiere decir pueda conceptuarse, ni tan siquiera, como pasadera, como voy a demostrar inmediatamente.

Entre los aciertos figura, en primer término, el obligar a los alumnos de las Academias militares a servir un período de seis meses en un Cuerpo activo antes de dar comienzo a los estudios, si bien mejor hubiera sido que dicha práctica la realizaran siempre antes de su ingreso y no antes o después, como el artículo 4° determina, por la sencilla razón de que, haciéndolo como digo, los jefes de Cuerpo se hallarían en mayor libertad de acción para librar el certificado de aptitud, ya que no es lo mismo decir de un paisano que no reúne condiciones para militar que afirmar lo mismo de un individuo que ha logrado vencer en unas oposiciones y se encuentra de hecho dentro del Ejército, pues es natural que habrá de poner la familia del interesado todo su esfuerzo para conseguir no se le deje en la calle. Es digna de elogio también la reservación que en cada convocatoria se hace de un cierto número de plazas —el 60 por 100 de las convocadas— para los suboficiales y sargentos, aun cuando, para lograr el resultado que se pretende —"ampliar la carrera de las antiguas clases de segunda categoría y evitar que vuelva a producirse el recargo y el estancamiento de las escalas", según reza en la *Exposición*—, lo primero sería poner a dichos sargentos y suboficiales en condiciones económicas para hacer frente a los gastos que la carrera les origine y en las de poder estudiar, lo que el señor Azaña no hizo ni parece tuvo gran interés en hacer.

La creación del Arma de Aviación —asunto que ningún Gobierno de la Monarquía se atrevió a afrontar decididamente— era una necesidad sentida desde hace muchos años, sobre todo desde que se vio, durante la guerra europea, la gran importancia que el dominio del aire tenía; sin embargo, mucho me temo, por lo que los artículos de la ley a ella dedicados dejan adivinar, no se sepa desarrollar la idea conforme conviene a nuestra idiosincrasia particularista, bien entendido que, si lo que se pretende es nutrir el Arma de Aviación en forma análoga a las demás, mejor sería no hacer nada, pues lo único que se conseguirá con dicho sistema es tener un Cuerpo de "voladores" excesivamente caro, con los mismo vicios, posiblemente aumentados y corregidos, que los llamados Cuerpos facultativos, pero no una Aviación de las característica que España necesita: económica, eficiente y estrechamente sujeta a los mandos terrestre y marítimo.

La organización del Cuerpo de Tren y supresión de las tropas de Intendencia y Sanidad —como ya desde antiguo existe en otros ejércitos— es iniciativa que sólo elogios merece y, a mi modesto entender, lo mejor que la ley tendría de haberse expuesto cómo serán atendidos en campaña los servicios de panificación, carnicería, suministro de víveres, almacenes, etc., por lo que respecta a Intendencia, y el de hospitales móviles, enfermerías de ganado, desinfección, etcétera, en cuanto a Sanidad. ¿Ha pensado el señor Azaña o quienes le han asesorado en todo esto?

Los cursos de perfeccionamiento de capitanes y coroneles es cosa que se venía haciendo, aunque sin darles la importancia que en la actualidad.

Voy a señalar a continuación, si bien someramente, los que se me antojan errores.

En primer término veo se persiste en la idea de mantener el sistema de las Academias especiales, a pesar de sus graves inconvenientes; inconvenientes ya apuntados en otro capítulo de este libro y que fueron el punto inicial de irreducibles antagonismos y del exagerado espíritu de Cuerpo que trató de atajar el general Primo de Rivera con la Academia General, que tan buena acogida tuvo en la opinión militar, excepción hecho de los viejos artilleros y negociantes de libros de texto. Téngase presente que es de todo punto necesario en España, dado nuestro particularismo incorregible, que la base de la educación militar profesional se dé en un centro único, de donde salga la juventud preparada para todas las especialidades —Aviación inclusive— luego de haber convivido juntos todos los futuros oficiales en un mismo ambiente y en una edad en que el verdadero compañerismo arraiga en forma indestructible; ese compañerismo tan necesario en el Ejército, sobre el que escribió un ilustre general, no hace mucho tiempo, lo siguiente: "Compañerismo que lleva en sí el socorro al camarada en desgracia, la alegría por su progreso, el aplauso al que destaca y la energía también con el descarriado o el perdido, pues vuestros generosos sentimientos —se dirige a los cadetes— han de tener como valladar el alto concepto del honor, que de este modo evitaréis que los que un día y otro delinquieron, abusando de vuestra benevolencia, que es complicidad, de compañeros, mañana, encumbrados por un azar, puedan ser en el Ejército ejemplo pernicioso de inmoralidad e injusticia." Yo ignoro si al egoísmo partidista que impera en la política conviene ese compañerismo que ha de traducirse en una estrecha unión del Cuerpo de oficiales. A juzgar por la prisa que se dio el señor Azaña en enterrar la Academia General de Zaragoza, parece que no; mas lo que sí afirmo es que a la nación le conviene, y la nación está por encima de todos y de todo. El problema queda hoy agravado por el carácter que me aseguran quiere dársele a la Academia de Aviación.

No podía faltar en la recluta de la oficialidad el sello demostrativo del espíritu antimilitarista del ministro, y así vemos que, so pretexto de una mayor cultura, se exige a los aspirantes a militar —salvo a los suboficiales que ingresen por riguroso orden de antigüedad— la aprobación de ciertas asignaturas en una Facultad universitaria[50]. Procuraré explicarme:

Es creencia muy generalizada entre los enemigos del Ejército que el Cuerpo de oficiales constituye una "casta": la casta militar. El señor Azaña, aprovechando esa creencia —aunque estoy seguro no participa de ella— y la oportunidad que le brindaba la ocasión, estableció en la ley no pudiera ingresarse en las Academias hasta después de haberse saturado bien, los aspirantes a militar, del ambiente universitario; indudablemente pensó para sus adentros, y no pensó mal, que en jóvenes de veinte años acostumbrados a la indisciplina e intoxicados de toda clase de ideas disolventes era difícil arraigasen las virtudes militares que constituyen la base fundamental de todo Cuerpo de oficiales: tal es la razón de obligar al previo paso por una Facultad universitaria. La insensatez del propósito salta a la vista, y por él se colige lo que cabe esperar en lo sucesivo de una colectividad en la cual, desde su nacimiento, se persiguen con saña las principales cualidades que deben adornarla.

Si malo es el sistema impuesto para las Armas (Infantería, Caballería, Artillería, Ingenieros y Aviación), peor, inmensamente peor era el proyectado por don Manuel Azaña en colaboración con el señor Casares Quiroga para reclutar la oficialidad del Instituto de la Guardia Civil,

---

[50] Las asignaturas que se exigen son las siguientes: Primer curso de Análisis matemático, Geometría métrica, Trigonometría rectilínea y esférica y Química experimental.

sistema que se ha ido al hoyo junto con ellos. Y como es interesante que el lector se entere de todo, le diré que habían discurrido que la tercera parte de las vacantes de oficial fueran cubiertas con licenciados en Derecho (¡!).

Otro grave error, tal como están las cosas, es desposeer al personal del Cuerpo Jurídico de toda asimilación militar. Este error es complemento de la llamada "unidad de fueros", que trajo consigo la disolución del Consejo Supremo de Guerra y Marina, la creación de la Sala sexta del Tribunal Supremo y vincular la autoridad judicial militar en los antiguos auditores de las Capitanías Generales. A mi entender —y al de muchos— los fueros deben unificarse cuando una sociedad llega a un grado de perfección tal que pueda reputársela como estable y situada en la meta del progreso político de su época: en España, por desgracia, no estamos en ese caso, ni mucho menos; tanto es así que, pese a los optimismos de los modernos juristas, en estos últimos tiempos, en vez de un avance, más parece hemos dado un salto atrás, como lo demuestra, entre otros detalles, haber tenido que sustraer el propio Gobierno Azaña al conocimiento del Jurado determinados delitos comunes y, de una manera muy significativa, el pegote monstruoso llamado ley de Defensa de la República con que se adornó, aún no nacida, nuestra flamante y archidemocrática Constitución. Además, desde un punto de vista teórico, la "unidad de fueros" y las consecuencias de ella es posible puedan ser defendidas, pues la dialéctica —que, según estudié, es la ciencia filosófica que trata del raciocinio y de sus leyes— da para todo; pero, desde un punto de vista práctico, de ninguna manera. Tienen las instituciones armadas una fisonomía específica que no es posible desvirtuar, por ser función de sus principios fundamentales, de su propia esencia, que sólo pueden sentir intensamente y apreciar en todo su valor quienes han vivido dentro de ellas sometidas a su disciplina y ejerciendo mando. Antes de entregar la Justicia castrense a unos señores que desconocen la vida militar en su intimidad y, por ende, la importancia que, dentro de sus diversos organismos, tienen los diferentes delitos, cuya gravedad dista mucho de ser la que se les asigna en la sociedad civil, si es que se consideraba esencial la desmilitarización del Cuerpo Jurídico y que éste exclusivamente ejerciese la administración de Justicia, hubiera sido más positivo haber reclutado sus funcionarios entre los pertenecientes al Cuerpo de oficiales, con título de abogado, que voluntariamente lo hubieren solicitado, y mejor aún crear, como en otros ejércitos han existido y tengo entendido todavía existen, un Consejo de Guerra permanente por región, es decir, una especie de Audiencia militar, en la que recayera la autoridad judicial, el cual Consejo de Guerra podría estar integrado por una parte permanente, reclutada en la forma que acabo de exponer, y otra que no lo fuera, constituida por elementos exclusivamente militares, con una función análoga a la del actual Jurado en la jurisdicción ordinaria, pues, aunque los juristas se empeñen en lo contrario, los verdaderos técnicos en las cuestiones que afectan a la disciplina militar son los militares[51]. ¿Qué pasará el día que, desaparecidos los actuales jefes que quedan del Cuerpo Jurídico antiguo, vengan a formar parte de éste y a tener en su mano toda la administración de la Justicia militar esa pléyade de abogados incubados en el ambiente disolvente de las actuales universidades? Menos mal que en esto y en otras muchas cosas no será el señor Azaña ni sus colaboradores inmediatos a los que toque decir la última palabra, porque si así fuera... ¡apañados estábamos!

Lo que tampoco me explico es por qué la Dirección del Servicio Automóvil ha de ser desempeñada "por jefes y oficiales de Artillería e Ingenieros que tengan esta especialidad". En justicia, esa Dirección ha debido ser confiada al personal de la última Arma citada o, en otro caso, al de todas las del Ejército, ya que en todas es dado encontrar jefes y oficiales especializados en automovilismo. ¿A qué es debida la excepción en favor de los artilleros? ¡Misterio!... Del secreto es seguro estén al tanto el señor Azaña y el que fue jefe de su Gabinete militar, que para eso era teniente coronel de Artillería.

Nada nuevo nos descubre el articulado a que se refiere el epígrafe *Ascenso de la oficialidad*. Se ve en él falta de decisión en acometer una reforma fundamental, sin duda alguna por temor de disgustar a los partidarios de la escala cerrada, entre los que tantos admiradores y hasta colaboradores encontró la obra del implacable triturador. Los ascensos por méritos de campaña pasan a la historia, con lo cual los que no van jamás a la guerra o los que yendo ocupan lugar donde las balas no silban están de enhorabuena: es el mejor sistema para matar el estímulo y castrar la honrada ambición: Azaña, aun sin quererlo, lamina, tritura, pulveriza... Hay, sin embargo, en la ley una innovación de importancia, cual es la de que para que los capitanes puedan ascender a comandantes habrán de seguir "los cursos que se establezcan en la Escuela de Tiro o aplicación del Arma correspondiente" y, al terminarlos, "serán clasificados por orden de conceptuación, rectificándose la antigüedad que hasta entonces hubiesen tenido". La ley es tan vaga, que no dice si esos cursos serán por

---

[51] Tengo entendido que el diputado radical señor Peire presentó una enmienda al discutirse la ley, proponiendo fueran preferidos para ingresar en el Cuerpo Jurídico los jefes y oficiales con título de abogado. Esta enmienda, como todas las que se presentaron con intención de mejorar la ley, fue rechazada por la Comisión.

promociones enteras o eligiendo un determinado número de los que se encuentren a la cabeza de la escala; pero, sea uno u otro el sistema adoptado, nada práctico habrá de conseguirse con la rectificación de la antigüedad, porque siempre resultará que los más listos de un grupo quedarán detrás de los más pollinos del anterior, que no es lo que, al parecer, se trata de lograr.

Los artículos 16 y 17 de la ley ponen en manos del ministro un arma formidable: el ascenso de los coroneles a generales de brigada y el de éstos a generales de división. Éste ha sido un abuso tradicional en nuestro Ejército. El sistema sería aceptable si los inspectores, de común acuerdo, hicieran las propuestas de ascensos; pero es dado a que, más que al mérito, se atienda a la amistad o a la intriga, quedando la elección de personas al libre albedrío del ministro que, en fin de cuentas, será siempre un hombre político y, por serlo, difícilmente podrá sustraerse al partidismo y a la pasión. Aparte de esto, el ministro no tendrá, por lo general, motivos para saber por sí las aptitudes de los coroneles y generales, ni para conocer de cada uno las condiciones morales evidenciadas a lo largo de su vida profesional. Aceptada como buena la aptitud revelada en el curso seguido en el Centro de Estudios Superiores, no cabe más, en recto espíritu de justicia, que la antigüedad entre los declarados aptos o el orden en que resulten clasificados.

Omito hablar, por haberlo hecho con anterioridad, de la disolución del Cuerpo de Estado Mayor. Estimo que nuestro Ejército no está en estado de perfección, ni lo estará en muchos años, para acometer una reforma de esa índole, que cabe calificar de perfil de una organización acabada, reforma que, si tiene muchas ventajas, no carece en estos momentos de peligrosos inconvenientes. No debemos fijarnos demasiado en lo que hacen fuera de casa, y sobre todo en Francia, que es ahora nuestro espejo, ya que las circunstancias no son las mismas. Recuerde el lector lo que digo en este mismo capítulo sobre la "unidad de fueros", porque tiene algo de aplicación a este asunto.

En resumen: Ley confusa y de tal amplitud, que se presenta con pujos de Constitutiva; ley con aciertos y con errores, éstos de tal calibre, que anulan aquéllos. Si el buen criterio llega a imponerse algún día, no persistirá en el *Diario Oficial* mucho más tiempo de lo que se mantuvo en los carteles teatrales el drama *La Corona*.

CAPÍTULO V

Sobre la reorganización de las clases de tropa y Cuerpos político-militares

Tampoco las sufridas clases de tropa se libraron de la obsesión renovadora del señor Azaña, el cual, aun cuando en un principio dictó una disposición sobre retiros análoga a la de la oficialidad para reducir todo lo posible el personal de sargentos y suboficiales, liquidado este asunto, dedicó sus actividades a complacer los elementos que se decían representativos de dichas clases, para poner en ejecución, si las circunstancias se lo permitían, un plan más enérgico de trituración que el iniciado a raíz de implantarse la República[52].

Mas como para legislar con acierto lo esencial es tener conocimiento de la materia sobre la que se ha de dictar jurisprudencia y, por lo que a milicia se refiere, daba la casualidad que el ministro estaba más limpio que una patena, y otro tanto les ocurría a sus consejeros de la camarilla negra y al icosaédrico subsecretario que le legó el último Gobierno de la Monarquía, pues todos ellos anduvieron más tiempo alejados de filas que conviviendo con las tropas, resultó que, muy lejos de conquistar voluntades con las trascendentales reformas —entre las que figura como principal la creación del Cuerpo de suboficiales—, lo que se consiguió fue restarlas, porque los interesados se dieron bien pronto cuenta habían sido objeto de un fraude, toda vez que, a cambio de satisfacer la vanidad de algunos, en realidad la colectividad salió perjudicada en su porvenir e intereses, ya que de una parte se les ponía a sus componentes harto difícil

---

[52] A mi modesto entender —y creo no andar muy descaminado—, fue proyecto del señor Azaña licenciar casi íntegras las escalas de jefes y totalmente la del generalato, para reorganizar el Cuerpo de oficiales sobre la base de las escalas de capitanes, subalternos y clases de tropa, otorgando los mandos superiores a sus colaboradores del Gabinete militar, ayudantes y contados jefes que por razones especiales tenía la seguridad le eran incondicionalmente adictos; es decir, su objeto fue crear un ejército personal, con el cual sin duda creía podría asegurarse en el Poder hasta que le fuera llegada la hora de ser conducido, convenientemente empacado, a lo que se ha dado en llamar la última morada, aunque no siempre lo sea, sobre todo cuando se trata de hombres que han alcanzado las categorías de héroes o ilustres. (Claro es que los restos del señor Azaña no es probable tengan que sufrir tales molestias.)

el ascenso a oficial y de otra las nuevas obligaciones les exigían sacrificios económicos superiores proporcionalmente a los aumentos de haber. El legislador nunca debe olvidar, para no incurrir en graves errores, que en las clases modestas la olla del cocido, por la imperiosa necesidad de tener que llenar los estómagos de la prole, es siempre más apremiante que los dictados, las consideraciones de orden social y la elegancia del indumento.

El desencanto que sufrieron las clases de tropa al conocer las alabadas reformas del señor Azaña no es para descrito; pero ello no debió cogerles de sorpresa, ya que desde hace la friolera de veintitantos años han sido siempre el obligado campo de experiencias de todos los ministros reformadores, de quienes hay que decir que el éxito acompañó pocas veces a sus buenos deseos. Lo único que se ha conseguido con tanta innovación es llevar la intranquilidad al personal y que desaparezcan definitivamente del Ejército aquellos veteranos sargentos de primeros de siglo, que si bien no eran un dechado de elegancia, pues todas sus aspiraciones en el vestir se reducían a llevar la franja de los pantalones más o menos ancha y sustituir los galones de panecillo por los de cordoncillo, en cambio eran excelentes militares y unos poderosos auxiliares del mando, que lo mismo servían para un fregado que para un barrido.

Comentar una por una todas las disposiciones referentes a clases de tropa que se han dictado desde la proclamación de la República hasta la caída del Gobierno Azaña sería tarea no difícil para mí, pero sí pesada para el lector; por eso voy a referirme casi exclusivamente, y en términos muy generales, al reglamento para cumplimiento de la ley de 4 de diciembre de 1931 —creación del Cuerpo de suboficiales—, que, como he dicho anteriormente, es la principal de todas las disposiciones relativas a dicho personal. De paso, intercalaré algunos numeritos para demostrar que las cacareadas economías se han convertido en un aumento de algunos millones de pesetas. No comento la ley, porque al analizar el reglamento implícitamente va comprendida y porque, además, lo está ya en el interesante libro del inteligente y culto teniente coronel retirado don Nazario Cebreiros, titulado *Las Reformas Militares,* al que remito a cuantos curiosos deseen enterarse de cosas sabrosas.

El citado reglamento se inicia con una "advertencia preliminar" para decir que cuantos preceptos se consignan en él tienden a reglar la conducta del Cuerpo de suboficiales "de un modo genérico, pero sin pretender detallar todas las modalidades de su proceder en la función, que han de estar reguladas, en los casos imprevistos, por las disposiciones de los jefes de Cuerpo e inspiradas en el propio espíritu de la nueva clase, con el principal empeño de prestar estrecha colaboración con los cuadros de la oficialidad", lo que no ha de ser óbice para que desdeñen "la realización de cometidos que incumban propiamente a las clases de tropa —de las que proceden— en ausencia de éstas, o cuando convenga servirles de estímulo o modelo en prestarlos". Debo advertir que es contrario a los buenos principios de disciplina militar no precisar los deberes y derechos de cada cual, dejando a la buena voluntad de jefes y subordinados la interpretación de las relaciones de mutua dependencia.

Acto seguido, y ya en la parte dispositiva del reglamento, se dice que el Cuerpo de suboficiales constituye una categoría intermedia entre el de oficiales y las clases de tropa —soldados, cabos y sargentos—; que dicho Cuerpo está integrado, ¡ahí es nada!, por los sargentos primeros, brigadas, subayudantes y subtenientes, categorías que, sobre ser en número excesivo, sólo una de ellas, la primera, tiene tradición en nuestro Ejército. A todos estos señores, además de adjudicárseles el dictado de don —lo que me parece muy bien, entre otras razones, porque no cuesta nada y lo merecen—, prestar servicio en turno especial, disponer de salas de estar, cumplir arrestos y dormir independientes —¡como si ya no hubiera bastantes rinconcitos en los cuarteles actuales!—, podrán, salvo los sargentos primeros, ejercer las funciones de los oficiales y se les saludará por todas las clases de tropa y categorías inferiores del Ejército, salvo a los pobrecitos sargentos primeros y brigadas, que no tienen derecho al saludo del personal de banda, porque, por lo visto, eso de soplar o darle al parche merece consideraciones especiales que yo, la verdad, no acierto a discernir.

Sólo crear el Cuerpo de suboficiales ha hecho subir el presupuesto de la Guerra en cerca de SIETE MILLONES DE PESETAS, como voy a demostrar en el acto.

Antes de la ley del 4 de diciembre de 1931 existían en el Ejército las que se denominaban "Clases de segunda categoría", integradas por suboficiales y sargentos, cuyos haberes, incluidas las gratificaciones, calculados sobre la base del tercer período de reenganche para los primeros y el segundo para los últimos, importaban la cantidad de pesetas 24.201.208[53].

---

[53] Sirve de base para mis cálculos el presupuesto de 1929. En éste se consignaban para 1.393 suboficiales, en concepto de haberes, 3.684.630 pesetas y para 6.081 sargentos, 10.935.408. A estas cantidades había que agregar, en concepto de gratificaciones (pan, casa, vestuario y combustible), 127,50 pesetas por cada suboficial y 125 por sargento, o sean 459.690 y 9.121.500 pesetas respectivamente. La suma de las cuatro partidas dichas asciende a la cantidad de 24.201.208 pesetas.

A partir de la ley citada, los haberes de los que integran el Cuerpo de suboficiales, unidos al de los sargentos —según las plantillas que han regido en 1933—, ascienden a la cantidad de 30.404.360 pesetas, suma a la que hay que agregar los devengos del personal de clases de segunda categoría no acogido a dicha ley, que siguen cobrando los sueldos y gratificaciones que tenían, aun cuando no cubren plantilla. El importe de lo que éstos últimos perciben se eleva a la cantidad de 792.872 pesetas. Así, pues, resulta que el importe total del personal del Cuerpo de suboficiales, sargentos y clases de segunda categoría cuesta a la nación 31.197.232 pesetas[54].

Si comparamos los gastos de ahora con los de antes, tendremos que en la actualidad cuesta el personal de las clases procedentes de tropa 6.996.004 pesetas más, como puede verse fácilmente en el siguiente

RESUMEN

	Pesetas
Importe de los haberes del Cuerpo de suboficiales (plantillas de 1933)	30.404.360
Importe de los haberes y gratificaciones de los no acogidos a la ley del 4 de diciembre de 1931	792.972
Suman	31.197.232
Costaban antes las clases de segunda categoría (presupuesto de 1929)	24.201.228
Diferencia	**6.996.004**

---

[54] El detalle de lo expuesto es el siguiente:

Los haberes de 231 subtenientes, a razón de 5.750 pesetas, importan 1.318.250 pesetas; los de 743 subayudantes, a 5.000 pesetas, 3.715.000; los de 1.483 brigadas, a 4.250 pesetas, 6.515.250; los de 1.727 sargentos primeros, a 3.500 pesetas, 6.042.500, y los de 4.872 sargentos, a un promedio de 2.630 pesetas, 12.813.360. Estas partidas, sumadas, son las 30.404.360 pesetas dichas.

Quedan no acogidos a la nueva ley 141 suboficiales y 64 sargentos (deben ser algunos más, porque me faltan los datos de Ingenieros), cuyos haberes, a razón de 2.630 pesetas por suboficial y 1.783 por sargento, importan 481.262 pesetas, a las que hay que agregar la partida de gratificaciones, que se eleva a 311.610 pesetas, o sean, en total, las 792.872 pesetas mencionadas.

Si a esta cantidad agregamos el importe de los haberes de las clases de Ingenieros, no acogidas —sobre las que no poseo datos—, y el de los suboficiales y sargentos que se retiraron, sacaremos la consecuencia que las economías proyectadas por el señor Azaña se han traducido en un aumento, por diversos conceptos, de más de SIETE MILLONES DE PESETAS, de los cuales una parte va a parar a un personal —el retirado— que no rinde beneficio alguno.

Pero es el caso, además, que antes de dichas reformas, cuando el Ejército estaba organizado sobre la base de dieciséis divisiones, el número de suboficiales y sargentos era de 7.404, y después de ellas, reducidas las divisiones a la mitad, el número de clases de dichas categorías es de 9.261; es decir, que, lejos de eliminar personal, lo que se ha hecho es aumentarlo en 1.787 individuos[55]. ¿Para qué, pues, retirar a tantos suboficiales y sargentos que hoy siguen cobrando sus sueldos íntegros sin prestar ningún servicio? El señor Azaña es probable sea un buen escritor y hasta un gran dramaturgo; pero lo cierto es que como administrador de los intereses del Estado no se ha acreditado.

Dejo los números y sigo con el reglamento. Por él nos enteramos que, tras un calvario que a muchos, por consideraciones de índole económica, les será imposible recorrer, los subtenientes podrán ascender a oficial; y que todos los pertenecientes al nuevo Cuerpo vestirán el mismo uniforme que los oficiales, de los que sólo se diferenciarán en las divisas, con lo cual van a salir muy mal librados, puesto que la "adquisición y entretenimiento del uniforme correrá a cargo de los interesados"[56]. Del

---

[55] La cuenta es ésta:
1.393 suboficiales y 6.081 sargentos, que constituían la plantilla en el presupuesto de 1929, suman 7.474 individuos.
231 subtenientes, 743 subayudantes, 1.483 brigadas, 1.727 sargentos primeros y 4.872 sargentos acogidos a la ley del 4 de diciembre de 1931, más 141 suboficiales y 64 brigadas no acogidos, hacen un total de 9.261.
Diferencia entre ambas partidas: 1.787.

[56] Antes de la creación del Cuerpo de suboficiales las clases de segunda categoría podían llegar hasta el empleo de coronel, lo que en la actualidad les es impasible. Además, para obligarles a acogerse a la nueva ley, se dispuso que los que no optasen por ella figurarían en escalafón aparte, conservando sus derechos de reenganches y ascensos hasta suboficial; y que los de este empleo ya declarados aptos para el ascenso, si lo solicitaban, se les concedería el de alférez en la misma proporción que anteriormente, pero pasando *ipso facto* a la situación de retirados. En el Ejército siempre se tuvo gran cuidado, para conservar la interior satisfacción, de respetar los derechos adquiridos; en esta ocasión, no.

perjuicio que esto representa, ya se irán dando cuenta cuando tengan que ir a las sastrerías particulares y pagar por uniforme el cuádruple de lo que antes les costaba, cuyo importe satisfacían casi sin darse cuenta; de otros perjuicios ya están advertidos.

Lo que más confusión produce del reglamento es el capítulo referente a "faltas y correcciones", el cual está dedicado en gran parte a tratar de los "delitos" y las "penas", que no es lo mismo. Y es en él precisamente donde la crítica tendría mayor campo en que extenderse, porque resulta que a esos humildes y fieles servidores del Estado para unas cosas se les considera como oficiales y para otras como tropa, con lo que llega uno al convencimiento de su cualidad de "anfibios", que, lejos de favorecerles, les perjudica, como sucede, pongo por caso, al no serles de aplicación el párrafo segundo del apartado quinto del artículo 223 del Código de Justicia Militar, que se refiere a las penas en que incurren los que, en plaza sitiada o bloqueada, cometan determinados delitos; asunto, además, que, por su gravedad, estimo hubiera sido más propio de una ley que no de un reglamento aprobado por decreto, pues, ¡caramba!, puede ir en ello la vida de los delincuentes.

Si disparatada y onerosa para el Estado es la reforma que atañe a las clases de tropa, mucho mayor es la referente a los llamados Cuerpos político-militares, convertidos hoy en "Cuerpo Auxiliar Subalterno del Ejército" por ley del 13 de mayo de 1932, porque, sin reportar beneficio alguno positivo a la nación en cuanto al servicio, en cambio, cuesta, en números redondos, muy cerca de DIECIOCHO MILLONES DE PESETAS más que antes, como demostraré oportunamente.

Un mal pensado —sobre todo sabiendo que el personal de dicho Cuerpo se afilió en Madrid, casi por completo, al partido de Acción Republicana— podría suponer que las concesiones de todo orden otorgadas tenían una finalidad exclusivamente política. Yo más bien creo que quien tuvo la feliz inspiración de parir tal engendro se propuso únicamente armar un lío; y justo es reconocer que lo armó, y gordo. Veamos:

Con todo el personal de los antiguos Cuerpos político-militares se han organizado las cinco secciones siguientes: Auxiliares administrativos; Subalternos periciales; Auxiliares de Obras y Talleres; Taquimecanógrafas, y Conservación y servicio de Edificios. Los individuos pertenecientes a las dos primeras perciben, de entrada, 4.000 pesetas de sueldo, que pueden elevar, según los años de servicios, a 9.000; los de la tercera entran con 3.500 pesetas y pueden llegar a 8.000; las de la cuarta, 3.000 pesetas y pueden alcanzar hasta 7.000, y los de la quinta, 2.750 pesetas, susceptibles de aumentarse también hasta la misma cantidad.

El personal del Cuerpo Auxiliar Subalterno del Ejército no tiene asimilación militar alguna, aunque sí consideración de oficial o suboficial con arreglo al sueldo que disfruten los de las secciones primera y segunda (Auxiliares administrativos y Subalternos periciales) para todos los efectos, incluso los jurídicos; concesión muy estimable que, si bien la determina la ley, a la caída del Gobierno Azaña sólo se les había reconocido para lo referente a descuentos, pero no para cartera, saludos, transportes por vías férreas y marítimas, dietas, alojamientos, hospitalidades, etc., etc., que es precisamente lo más importante.

A los que integran las secciones antes dichas y a los de la tercera (Auxiliares de Obras y Talleres) se les ha provisto de un uniforme común y se les dio un plazo de dos meses para adquirirlo, sin determinar a quiénes debían saludo ni por quiénes debían ser saludados, lo que ha dado lugar a lamentables incidentes, porque se dejó de aclarar extremo tan interesante como el de especificar si dicho personal es civil o militar, ya que la falta de asimilación no excluye puedan ser militares y aun es lógico que lo sean, por lo menos los que prestan servicio en tropas. Si a esto añadimos que pueden llegar a percibir el sueldo máximo de 9.000 pesetas, nos encontramos con el caso peregrino de que el herrador de un escuadrón, que no es más que un simple obrero, cabe disfrute de un sueldo superior al del capitán del mismo, que en fin de cuentas es un hombre de carrera y con una gran responsabilidad, y todavía con el más peregrino de que colocar una herradura a un caballo le va a salir al Estado por un ojo de la cara[57]. Todo esto no cabe duda que desde el punto de vista marxista está muy bien, pero lo que yo aseguro es que en orden a ética militar está muy mal.

Por otra parte, de concederse ciertas prerrogativas que determina la ley —las inherentes a la consideración de oficial—, se hace posible que buen número de individuos, especialmente de los pertenecientes a las dos primeras secciones, puedan solicitar su pase a una situación pasiva con derecho a gran parte del sueldo y seguir colocados en el mismo sitio donde estaban, percibiendo un jornal remunerado, lo cual les coloca en una situación de privilegio sobre los demás funcionarios del Estado.

Además, por la ley referida, se obliga el Estado a unos compromisos que no tenía por qué contraer. El caso de las taquimecanógrafas es uno de ellos. ¿No hubiera sido más práctico, por todos conceptos, contratar directamente el personal, reservándose el derecho de despedirlo cuando

---

[57] El sueldo de un capitán es de 7.500 pesetas; el de un herrador puede llegar a 8.000.

conviniera? ¿Qué necesidad había de contraer la obligación de sostener unas señoritas hasta que por la edad les corresponda jubilarse, cuando quizás se compruebe en la práctica del servicio que algunas de ellas carecen de la debida capacidad y discreción? El señor Azaña tampoco ha estado acertado en esto.

Si se analiza la reforma que nos ocupa desde el punto de vista económico, el desastre es todavía mayor. Basta saber que el importe de los haberes del personal perteneciente a los antiguos Cuerpos político-militares, según mis cálculos, hechos sobre la base del presupuesto de 1929, importaba la cantidad de 11.313.689 pesetas. Ahora bien, en septiembre pasado —fecha en que hice el estudio de esta cuestión—, que todavía estaba sin constituir la sección cuarta (Taquimecanógrafas), los sueldos del Cuerpo Auxiliar Subalterno del Ejército ascendían a 23.230.252 pesetas, y éstas incrementadas en 5.901.255 pesetas que sumaban los del personal a extinguir, hacían un total de pesetas 29.131.507, lo que nos lleva a la conclusión de que el aumento que se ha producido llega muy cerca de los DIECIOCHO MILLONES DE PESETAS, como puede verse por el siguiente

RESUMEN

	Pesetas
El Cuerpo Auxiliar Subalterno del Ejército importa, según el presupuesto de 1933	23.230.252
Los Cuerpos político-militares a extinguir, según los mismos	5.901.255
Suman	29.131.507
Los Cuerpos político militares importaban según el presupuesto de 1929	11.313.689
Diferencia[58]	17.817.918

---

[58] A continuación van los datos que me han servido de base para llegar al *Resumen* indicado:

CUERPO AUXILIAR SUBALTERNO DEL EJÉRCITO

1.ª Sección (Auxiliares administrativos).—695 individuos, cuyos haberes importan 4.146.094 pesetas.

2.ª Sección (Subalternos periciales).—1.431 individuos, cuyos haberes importan 8.764.408 pesetas (Topógrafos, 304.500 pesetas; Artes Gráficas, 120.500; Maestros de Fábrica, 7.000; Maestros de Taller, 384.256; Maestros

Armeros, 2.108.500; Ajustadores-herreros-cerrajeros, 1.388.500; Ajustadores-carreteros-carpinteros, 347.000; Delineantes de Artillería, 87.000; Ayudantes de Obras Militares, 7.500; Celadores de Obras Militares, 547.500; Ayudantes de Taller, 20.500; Auxiliares de Taller, 555.162; Dibujantes de Ingenieros, 192.500; Practicantes de Medicina y Farmacia y Enfermeras, 2.061.930; Picadores Militares, 575.000; Auxiliares Oficina Laboratorio, 37.880; Sirvientes de ganado, 14.180, y Vigilantes oficios Artes varias, 5.000).

3.ª Sección (Auxiliares de Obras y Talleres).—2.070 individuos, cuyos haberes importan 9.430.500 pesetas (Silleros-guarnicioneros-basteros, 1.431.500 pesetas; Obreros filiados de Artillería, 3.625.000; Obreros filiados de Ingenieros, 436.000; Maestros herradores-forjadores, 3.938.000).

5.ª Sección (Conservación y servicio de edificios).—201 individuos, cuyos haberes importan 889.250 pesetas.

TOTAL: 23.230.252 pesetas.

NOTA.—En las 23.230.252 pesetas indicadas no está incluido el importe de los haberes del personal de la Sección cuarta (Taquimecanógrafas), porque cuando se hizo el estudio aún no estaba organizada dicha sección.

PERSONAL DE LOS CUERPOS POLÍTICO-MILITARES A EXTINGUIR

Oficinas Militares.—2 Archiveros primeros, 26.000 pesetas; 4 Archiveros segundos, 44.000; 20 Archiveros terceros, 180.000; 85 Oficiales primeros, 637.500; 165 Oficiales segundos, 825.000; 89 Oficiales terceros, 356.000; 176 Escribientes, 1.012.000.—Total: 3.080.500 pesetas.

Intendencia.—30 Auxiliares principales, 225.000 pesetas; 56 Auxiliares de primera, 280.000; 31 Auxiliares de segunda, 155.000; un Auxiliar de tercera, 5.750—Total: 665.750 pesetas.

Intervención.—14 Auxiliares mayores, 105.000 pesetas; 12 Auxiliares de primera, 60.000; 6 Auxiliares de segunda, 30.00.—Total: 195.000 pesetas.

Maestros de Fábrica.—15 Maestros principales y de primera, pesetas 112.500; 32 Maestros de segunda y tercera, 160.000.—Total: pesetas 272.000.

Maestros de Taller.—16 Maestros principales, 110.000 pesetas; 62 Maestros de primera y segunda, 310.000; 20 Maestros de tercera, 80.000.—Total: 500.000.

Auxiliares de Almacén—Un Auxiliar mayor, 7.500 pesetas; 12 Auxiliares principales y de primera, 60.000.—Total: 67.500 pesetas.

Auxiliares Oficina de Artillería.—11 Auxiliares mayores, 82.500 pesetas; 12 Auxiliares principales y de primera, 60.000.—Total: pesetas 142.500.

Ayudantes de Obras de Ingenieros.—6 de 8.410 pesetas, 50.460 pesetas; 23 de 7.500 pesetas, 117.500; 10 de 5.785 pesetas, 57.850; 10 de 5.345 pesetas, 53450; 9 de 5.000 pesetas, 45.000.—Total: 384.260 pesetas.

Brigada Obrera.—Un Subinspector de Talleres, 9.000 pesetas; 4 Jefes de Taller, de primera, 30.000; 10 Jefes de Taller, de segunda, 5.910 pesetas, 17.730; 11 de 5.535 pesetas, 16.885; 13 de 5.160 pesetas,

Auxiliares de Taller.—8 Auxiliares, 40.000 pesetas.—Total: pesetas 40.000.
Dibujantes.—Uno de 6.910 pesetas; 6 de 5.345 pesetas, 32.070; 8 de 5.035 pesetas, 40.280; 3 de 4.500 pesetas, 13.500.—Total: 92.760 pesetas.
Ayudantes de Taller.—4 de 7.500 pesetas, 30.000 pesetas; 3 de 5.910 pesetas, 17.730; 11 de 5.535 pesetas, 16.885; 13 de 5.160 pesetas, 67.080; 15 de 5.000 pesetas, 75.000.—Total: 206.695 pesetas.
Auxiliares de Oficinas de Ingenieros.—Uno de 7.500 pesetas; 4 de 5.000 pesetas, 20.000; uno de 5750.—Total: 33.250 pesetas.
Celadores de Obras.—2 de 7.500 pesetas, 15.000 pesetas; 12 de 5.535 pesetas, 66.420; 7 de 5-160 pesetas, 36.120; 2 de 5.000 pesetas, 10.000.—Total: 127.540 pesetas.
TOTAL: 5.901.255 pesetas.

CUERPOS POLÍTICO-MILITARES SEGUN EL PRESUPUESTO DE 1929

Jefes y Oficiales de Oficinas Militares, 2.068.500 pesetas.
Jefes y Oficiales de la Brigada Obrera, 93.000 pesetas.
653 Escribientes de Oficinas Militares, 1.967.400 pesetas; 315 Auxiliares de Intendencia, 1.159.000; 124 Auxiliares de Intervención, 427.500; 483 de Personal pericial de Artillería, 1.814.750; 49 Ayudantes de Ingenieros (cálculo aproximado), 249.375; 87 Celadores de Obras militares (cálculo aproximado), 323.250; 45 ayudantes de Talleres militares (cálculo aproximado), 177.000; 83 auxiliares de taller (cálculo aproximado), 228.500; 57 auxiliares de Oficinas de Ingenieros (cálculo aproximado), 170.000; 43 dibujantes (cálculo aproximado), 160.500; 40 practicantes de Sanidad (cálculo aproximado), 120.000; 53 porteros y mozos del Ministerio, 123.000; 9 porteros y mozos del Consejo Supremo, 26.000; 33 conserjes y ordenanzas de Intendencia, 80.000; 29 conserjes y ordenanzas de Intervención, 70.500; 108 picadores militares, 270.000; 267 maestros armeros (base para el cálculo, 3.500 pesetas), 938.000; 182 ajustadores y carpinteros (base para el cálculo, 2.875 pesetas), 523.250; 194 silleros-guarnicioneros- basteros (base para el cálculo, 2.500 pesetas), 485.000; 352 herradores, 791.827,50; 88 forjadores, 187.701; 105 celadores de edificios militares, 91.250; practicantes de Farmacia, 665.584,50; 78 suboficiales y sargentos de la Brigada obrera, 102.801.
TOTAL: 11.313.689 pesetas.
NOTA.—Conviene hacer resaltar que los obreros filiados y algunos otros que hoy figuran en el Cuerpo Subalterno del Ejército cobraban antes por diferentes conceptos del presupuesto de la Guerra, que por su confección se hace muy difícil desglosar las cantidades exactamente, por lo que me he visto precisado a tomar por base un cálculo aproximado.

Parece lógico que después de tal derroche de millones los elementos del flamante Cuerpo Auxiliar Subalterno vivieran felices y contentos y hasta hubiera quien tuviese colgado a la cabecera de la cama, como íntimo homenaje al benefactor, el laico retrato del señor Azaña, en sustitución de la cristiana pila de agua bendita; pero no es así, ni mucho menos. Y como para muestra basta un botón, ahí va el siguiente:

El personal de la Sección primera está que trina. Por una orden de 17 de septiembre de 1932 *(D. O.* núm. 222) se le niegan unos derechos concedidos por el Reglamento de 26 de junio de 1889 *(C. L.* núm. 284), y por un decreto de 1° de marzo pasado *(D. O.* núm. 50) se le reconocen. Entre ambas disposiciones se organiza el Cuerpo Auxiliar Subalterno, y efecto de la situación que crea a los auxiliares administrativos la orden de 17 de septiembre se acogen a él; mas a los dos meses aparece el decreto de 1° de marzo, y entonces la inmensa mayoría elevan instancia solicitando volver a la situación de procedencia, petición que les es denegada. Ante esta resolución, los interesados se creen víctimas de un engaño, y justo es reconocer que si no lo es, al menos lo parece, dando lugar a que se produzca malestar: es la consecuencia inevitable de desconocer los asuntos del departamento que se rige, de haberse rodeado de gente indocta y de meterse uno en camisa de once varas.

Creo que con lo expuesto el lector se habrá dado perfecta cuenta, por lego que sea en la materia, que las reformas relativas a las clases de tropa y personal político-militar no han podido ser más desdichadas; y como no es de presumir que los nuevos ministros de la Guerra persistan en las ideas trituradoras del primero de la República, habrán de deshacer lo hecho..., que ya es tarea. Que la Providencia les ilumine y les dé facultad de hacer milagros, pues únicamente así podrá componerse lo que el señor Azaña descompuso.

CAPÍTULO VI

Sobre las actuales dotaciones de personal, ganado y material

Al hacerse cargo el señor Azaña de la cartera de Guerra encontró que el Ejército tenía una organización, desde luego deficiente; pero aunque deficiente, era una organización. Mejorarla no hubiera sido cosa difícil, máxime contando, como contaba, con la confianza de sus compañeros de Gabinete, con crédito ilimitado para proceder y con la entusiasta asistencia de la opinión pública. Jamás un gobernante español tuvo en sus manos medios tan extraordinarios para emprender la obra de una reorganización castrense, y, sin embargo, jamás un gobernante español hizo más por destruir lo bueno y acrecentar lo malo.

Pero voy a lo que importa a mi libro. Lo que importa es poner de manifiesto el estado verdaderamente lastimoso en que el señor Azaña dejo el Ejercito al abandonar el Ministerio de la Guerra, eso que a los pocos días de proclamarse la República afirmo rotundamente, con motivo de un desfile de fuerzas en Madrid, que al cabo de algunos meses aquellas unidades raquíticas, escasas de ganado y faltas de material, íbamos a verlas poco menos que en pie de guerra y espléndidamente dotadas de toda clase de elementos.

Empecemos por el personal:

Examinadas las plantillas[59] del Ejército de la Península, Baleares y Canarias, insertas en el Extracto de Organización militar correspondiente al 1º de julio de 1933, un profano pudiera creer que, por lo menos en hombres, poseemos un núcleo en servicio activo lo suficientemente elevado para inspirar respeto: 7.773 generales, jefes y oficiales; 5.427 funcionarios del Cuerpo Auxiliar Subalterno; 4.088 suboficiales, y 109.607 clases y soldados, constituye un efectivo no despreciable. Así es. Alemania tiene menos y preocupa lo suyo a Francia.

---

[59] Advierto que el vocablo "plantillas" no es del agrado del señor Azaña, que intentó sustituirlo por el de "plantas", por estimar éste más correcto. Por fin, transigió; pasiblemente por haber visto en el Diccionario de la Academia Española que uno de los significados de "plantilla" es "planta", en su octava acepción, o sea: "Plan que determina y especifica las diversas dependencias y empleados de una oficina, universidad u otro establecimiento" (segunda columna de la página 959 de la edición de 1925). Por eso el odiado vocablo se salvó milagrosamente de la trituración.

Si fuera verdad que todos esos hombres estuvieran perfectamente instruidos; si su distribución entre las distintas Armas, Cuerpos y Servicios, y aun dentro de ellos, se ajustara a una proporcionalidad racional; y, por último, si existiesen, no cabe la menor duda que el señor Azaña habría puesto algunos jalones para cumplir lo ofrecido. Pero no hay tal: la considerable burocracia, la falta de estímulo, las pléyades de destinos, los frecuentes licenciamientos, las bajas naturales y otras incidencias, hacen que ni la instrucción de los cuadros —al menos de la tropa— sea perfecta, ni exista personal técnico apto para el desempeño de su cometido en la proporción que corresponde, ni menos las unidades se hallen al completo de sus efectivos.

Tomando como tipo un regimiento de Infantería, y refiriéndonos exclusivamente al elemento tropa, puedo afirmar que, no obstante ser hoy la plantilla superior a la que existía antes de las reformas de 1931, los hombres disponibles son menos. No hay que quebrarse mucho la cabeza para demostrarlo; en primer lugar, los destinos de plaza, que antes pesaban sobre dos regimientos, en la actualidad los soporta uno; los de Cuerpo, si bien parece han debido disminuir por la reducción de jefes y oficiales, esto es sólo en apariencia, pues a cambio de éstos se les ha dotado de un número mayor de suboficiales y sargentos que distraen de hecho —aunque no tengan derecho— no pocos soldados; acrece el contingente de los exceptuados de la instrucción diaria las nuevas dependencias de que se está dotando a los cuarteles y los nuevos servicios instalados en ellos, pues todos los que conocemos la vida cuartelera sabemos que cada local, sea el que fuere, necesita personal de confianza y, por tanto, fijo, para su limpieza, conservación y custodia, si es que se quiere evitar que los efectos golosos vayan poco a poco pasando, por arte de magia, de su emplazamiento en el cuartel a las prenderías de la localidad. Vemos, pues, que los soldados que aparecen de más por un lado, por otro se esfuman[60].

---

[60] En confirmación de lo dicho, ahí va lo que en su sección de "Información militar" insertaba, extractando una orden del ministro, el periódico *La Nación*, unos días antes de caer el Gobierno Azaña:

"*Agregados a los Cuerpos de maniobras.*—Con el fin de remediar con la rapidez posible las faltas que en personal de jefes, oficiales, Cuerpo de suboficiales, clases, contratados y tropa existen actualmente en los Cuerpos y unidades que han de asistir a las maniobras del próximo otoño, se ha resuelto autorizar al general jefe de la segunda Inspección general del Ejército, director de las maniobras, para que, de acuerdo con los generales de la tercera y sexta divisiones orgánicas y de las divisiones correspondientes, por lo que respecta al personal especializado, se efectúen las agregaciones del que se considere

En cuanto a la instrucción, aun suponiendo en la oficialidad y clases el mejor deseo, fue en tiempos de Azaña más deficiente que nunca, porque jamás se prodigaron los permisos como entonces, ni la permanencia en filas fue menor, ni se trabajó menos.

Pero con ser graves los males apuntados, no fueron los peores; los peores fueron de índole moral. En efecto: las persecuciones, el sectarismo, la arbitrariedad, el apoyo al delator y el cultivo de la soplonería llevaron, no sólo la intranquilidad al Cuerpo de oficiales y a los cuadros de clases, sino que fomentaron la indisciplina en la tropa de modo tan alarmante, que de verdadero milagro no se repitieron hechos vergonzosos de época pretérita, aunque no faltaron escenas de escándalo en la vía pública y plantes en los cuarteles, delitos todos ellos o no sancionados o corregidos con lenidad[61].

La falta de policía es también consecuencia de todo la expuesto, agravado por el absurdo sistema de adquisición y administración del vestuario, más deplorable que nunca en los tiempos a que me vengo refiriendo, pues jamás se había tenido que recurrir antes de ellos a ordenar, como se ha ordenado hace unos meses, se extremase en todo lo compatible con el decoro preciso la economía en las prendas suministradas, aprovechando todo lo posible las que en los licenciamientos dejaran los individuos en los almacenes, las cuales, "desinfectadas, lavadas y recosidas", debían aplicarse a salir del apuro, que a lo que colijo debía ser de padre y muy señor mío. "He aquí, simbólicamente —dijo un periódico

---

necesario, procurando que los Cuerpos que han de facilitarlo queden dotados del suficiente para que sufran el menor perjuicio posible, debiendo para ello explorarse previamente la voluntad de los interesados que deseen serlo voluntariamente, y, a falta de éstos, con carácter forzoso."

Si para unas maniobras en las que sólo habían de intervenir parte de dos divisiones, y no en pie de guerra, ya se hacía necesario desnudar a un santo para vestir a otro, ¿qué no sucedería en el caso de una movilización, aunque fuera parcial?

[61] En los plantes recientes han tenido gran parte de culpa los jefes de Cuerpo que, en su deseo de congraciarse con la tropa unas veces y con la galería revolucionaria otras, han pretendido engañar el estómago del soldado con filigranas de cocina, que si llenan cumplidamente su objeto cuando se sirven abundantes y a buen precio en un restaurante, en cambio, no satisfacen en los casos en que tales alardes culinarios se hacen teniendo por tope la exigua cantidad de 1,65 pesetas—unos céntimos más que en tiempos de la Monarquía—, que es lo que por plaza se dedica en nuestro Ejército para desayuno y las dos comidas.

de la noche—, el magnífico colofón de las reformas militares. Esa estupenda realidad corona la obra pretérita."

Y vamos con el ganado:

Nada quiero decir del disparate que representa haber despojado al Arma de Caballería de la Cría Caballar después de tanto luchar para conseguir unos ejemplares selectos, ora mejorando la raza nacional con atinados cruces, ora aclimatando otras exóticas. Al señor Azaña no deben interesarle estas cosas en las que se barajan vocablos tan poco literarios como "semental", "recela", "cubrición" y "mamporrero"; él sólo sabía —y a sus fines era lo bastante— que los depósitos de sementales y las dehesas de recría podrían ser lugares muy a propósito para "enchufar" desde los noveles "ingenieros pecuarios" militantes en los partidos de extrema izquierda, hasta "ugetistas desconectados". Lo único que he de hacer constar, es que para conocer el aumento efectivo que han acarreado a la nación las tan cacareadas como desacreditadas economías del señor Azaña en el presupuesto de la Guerra, hay que añadir, al correspondiente a 1933, incrementado en las nóminas de retirados, sus buenos diez y ocho millones (18.000.000) de pesetas, que es lo que costaba la Cría Caballar y hoy paga Fomento, según declaración hecha por él mismo ante las Cortes constituyentes el día 2 de diciembre de 1931.

Voy a tratar exclusivamente de la dotación, asunto harto antipático, ya que todo ha de ser a base de números; mas para no cansar al lector con plantillas y estadísticas, procuraré emplear un razonamiento sencillo, al par que breve, que tengo la pretensión habrán de entender perfectamente aun aquellas personas más legas en la materia.

Según el Extracto de Organización militar de 1° de julio de 1933, el total de ganado en servicio era —y es en la actualidad todavía— de 32.123 cabezas, distribuidas en la siguiente forma: 3.432 caballos de oficial, 9.660 de tropa, 1.101 de carga, 9.269 de tiro, 6.686 mulos de carga y 2.275 de tiro.

Para los que no tengan noción de las necesidades de las tropas, la cantidad de 32.123 quizá les parezca fantástica; muy pronto han de salir de su error. Pongamos un ejemplo: el Cuerpo de Intendencia. Este cuenta para todos los servicios que le incumben (víveres, panificación, transporte de material, etc.) con 110 mulos de carga y 470 de tiro —detalle del Extracto citado—, insuficientes no ya para una campaña, sino incluso para atender a las unidades sin movilizar y en el reducido pie de paz actual, como vamos a ver en seguida[62]:

Supongamos por un momento —que es mucho suponer— que ni en las tropas de las Comandancias, ni en las compañías de Baleares y Canarias, ni en las de plaza a pie se necesita un solo mulo de carga, y que las secciones afectas a las Bases navales quedan bien servidas con un total de diez. Distribuyamos los restantes por partes iguales entre las dos compañías a lomo de las Brigadas de Montaña: tocan a 50 mulos cada una. Volvamos a suponer que por una causa imprevista tiene que moverse una de estas brigadas y, como es lógico, con ella la compañía de Intendencia que le está afecta. Convengamos que por mandar dicha compañía un excelente capitán no excede la enfermería del 4 por 100;

---

[62] En la actualidad, los servicios divisionarios de Intendencia no estabilizados y los afectos a Baleares, Canarias, Bases Navales y Brigadas de Montaña, son los siguientes:

Primera división.—Primer grupo divisionario de la primera Comandancia, con tres compañías: una montada (víveres), otra automóvil (panadería) y una de plaza, a pie.

Segunda división.—Segundo grupo divisionario de la primera Comandancia, con dos compañías: una mixta (automóvil) y otra de plaza, a pie.

Tercera división.—Segundo grupo divisionario de la segunda Comandancia, con dos compañías: una mixta (automóvil) y otra de plaza, a pie.

Cuarta división.—Primer grupo divisionario de la segunda Comandancia, con tres compañías: una montada (víveres), otra automóvil (panadería) y una de plaza, a pie.

Quinta división.—Primer grupo divisionario de la tercera Comandancia, con tres compañías: una montada (víveres), otra automóvil (panadería) y una de plaza, a pie.

Sexta división.—Segundo grupo divisionario de la tercera Comandancia, con dos compañías: una mixta (automóvil) y otra de plaza, a pie.

Séptima división.—Primer grupo divisionario de la cuarta Comandancia, con tres compañías: una montada (víveres), otra automóvil (panadería) y una de plaza, a pie.

Octava división.—Segundo grupo divisionario de la cuarta Comandancia, con dos compañías: una mixta (automóvil) y otra de plaza, a pie.

División de Caballería.—Una compañía automóvil.

Baleares y Canarias.—Dos compañías: una en Mallorca, con un destacamento en Mahón; otra en Tenerife, con un destacamento en Las Palmas.

Bases navales.—Una sección en cada una: Ferrol, Cádiz y Cartagena.

Primera Brigada de Montaña.—Una compañía, a lomo (Figueras).

Segunda Brigada de Montaña.—Una compañía, a lomo (Burgos).

quedan para formar 48. Ahora bien: toda unidad a lomo, de Intendencia, necesita para sus propias necesidades —según sabemos de memoria todos los que hemos mandado columna en África— la cuarta parte de su efectivo, o sean, en el caso concreto de la compañía que nos ocupa, 12 acémilas; las 48 se reducen a 36. Como en la montaña habrá que asegurarse el suministro de pan, pues pinos y alcornoques no dan panecillos, dicho se está que habrán de llevarse algunos elementos de horno, una tienda amasadería y demás material de panificación, menos leña, que convendremos —nada nos cuesta— que se ha de encontrar abundante en el monte; a esto habrá que añadir unos saquitos de harina; todo ello consumirá sus 16 acémilas, pero me conformo con que sean sólo 12 [63]; las 36, se convierten en 24. Estas 24 acémilas tienen una capacidad útil de transporte de unos 3.000 kilogramos (la carga normal de un mulo no debe exceder de 100). Con esas 24 acémilas habrá que llevar víveres para cuatro batallones de Infantería, un regimiento de Artillería, una sección de Ambulancia de Sanidad y una sección móvil de Evacuación de Veterinaria, con un total, tirando muy por lo bajo, de 3.000 hombres y 350 cabezas de ganado —considero las unidades sin movilizar y con efectivos todavía inferiores a los que tienen en la actualidad— o sea, que toca por hombre a un kilito de víveres de reserva, y para el ganado de la columna, que da la casualidad que también come, no se puede cargar ni una brizna de paja, ni tampoco material de castramentación y otros efectos indispensables...[64]. Consecuencia: que la Brigada de Montaña no podría salir para la ídem.

---

[63] El horno desmontable de montaña reglamentario, modelo 1893, se transporta en ocho cargas, pero como sólo tiene un rendimiento de 50 raciones de 700 gramos por hornada, es insuficiente y por ello siempre se monta, por lo menos, un doble horno. Cuando el horno está bien caldeado—lo que no ocurre si se cambia de emplazamiento constantemente—cada hornada tarda en cocer de veinte a veinticinco minutos. En montar el horno, caldearlo y preparar la primer hornada, se tarda, prácticamente, de seis a ocho horas.

[64] Para que el lector pueda darse mejor idea, le facilitaré unos interesantes datos:

Ración normal de tropa (sin pan).—250 gramos de carne o pescado fresco; 200 gramos de legumbres secas; 60 gramos de grasa (manteca, tocino o aceite); 15 gramos de sal; 10 gramos de café molido; 25 gramos de azúcar; 500 mililitros de vino.

Ración normal de pienso.—Cinco kilogramos de cebada y cinco de paja gramíneas.

Lo expuesto es un pequeño pero significativo detalle de la obra de reorganización militar del insigne estadista.

Omito hacer cálculos sobre el rendimiento de los 470 mulos de tiro, pues aun asignando el menor número posible de carros modelo 1907 a las cuatro comandancias de Intendencia, divisiones segunda, tercera, sexta y octava, compañías de Baleares y Canarias y secciones de las Bases navales, para reforzar en lo posible las unidades montadas de las divisiones primera, cuarta, quinta y séptima, el resultado es todavía más desconsolador.

Ahora comprenderá el lector por qué en las maniobras del Pisuerga todo hubo que darlo por supuesto, y aun así, salió un buñuelo. Quizá por la misma razón se suspendieron las que debían realizarse el otoño pasado. Se me podrá argüir que en caso necesario se acudiría a la requisa; pero a eso he de contestar que, además de ser una operación siempre lenta, en España, por desgracia, no hay nada preparado en serio sobre tal particular, y eso que es el de las requisiciones uno de los asuntos que más preocupan en otros países.

Paso ahora a examinar el estado de nuestro Ejército en cuanto a armamento se refiere[65]. La situación es francamente angustiosa y de una gran responsabilidad para todos, y muy especialmente para quien ofreció dotar a la nación de un elemento eficaz de defensa, y pudiéndolo haber hecho, únicamente se dedicó a gastar el dinero de los presupuestos, sin haber atendido en lo más mínimo a tan interesante asunto. Nada he de decir de su cuantía, a todas luces insuficiente; me limitaré a dar una ligera idea de su estado de servicio y utilidad en el momento presente, que muy bien se resume en el siguiente juicio, cuya paternidad no me pertenece: "La eficiencia actual de nuestro armamento es el que corresponde a uno que fue útil, potente y eficaz al principio de este siglo, sometido al desgaste de una guerra de diez y ocho años de duración, en la que la

---

Ración normal de galleta (pienso).—3,750 kilogramos, descompuestos en 75 pastillas de 50 gramos cada una. (Por lo insuficiente no puede suministrarse diariamente.)

[65] En tecnicismo militar se entiende con el nombre genérico de material, todas las armas, municiones, carros, hornos, pontones, tiendas de campaña y demás efectos que se utilizan por un Ejército, tanto como medios activos y pasivos de acción en la batalla como para uso de los distintos servicios de mantenimiento. Pero destinado este libro a ser leído principalmente por personas ajenas a la profesión militar, he creído conveniente, para mayor claridad, establecer una separación entre los dos primeros conceptos citados y los restantes, clasificándolos en armamento y material.

penuria de medios sólo permitía atender al reemplazo del que se perdía o inutilizaba, cuando imperiosas circunstancias del momento lo exigían, sin renovarle, ni mucho menos transformarle, con arreglo a los progresos de la técnica militar en todo ese período."

Como complemento de lo dicho, he de añadir: que durante la campaña de Marruecos, no sólo se utilizó armamento ya en servicio en 1909 y el construido o adquirido con los créditos especiales para ella concedidos, sino también el correspondiente a las partidas consignadas en los presupuestos ordinarios anuales y en los extraordinarios de 1914, 1918 y parte del de 1926, que, a mi modesto entender, debieron dedicarse, en su mayor parte, a mejorar las dotaciones del ejército de la metrópoli, que buena falta hacía; afirmación esta última que me permito hacer porque creo entiendo de estas cosas un poquitito más que el señor Azaña, que seguro estoy a estas alturas ignora, a pesar de sus inolvidables dos años y pico de ministro de la Guerra, que de todo el armamento que el Ejército poseía a fines de 1931, solamente no habían sufrido el desgaste de la campaña marroquí unos 40.000 fusiles, mosquetones y carabinas, unas 300 ametralladoras, ocho o diez grupos de obuses de montaña y las baterías de obuses de campaña construidas después de 1927 —aún no terminadas entonces—, aparte de los cañones de costa emplazados o en vías de emplazarse en las Bases navales de Ferrol, Cartagena y Mahón, por iniciativa del general Primo de Rivera. (Hago esta aclaración para impedir que el día menos pensado aparezca por ahí alguien diciendo que fue don Manuel Azaña el hombre previsor a quien se le ocurrió la idea de poner en estado de defensa los tres principales puertos militares de la nación.)

Si todo el armamento en perfecto estado de servicio fuera al menos eficaz, cabría hacer una revisión que permitiera conservar el que mantuviese sus características técnicas y tácticas sin realizar en él modificaciones o sometiéndole a las necesarias para ponerlo en condiciones de enfrentarse sin desventaja notoria con los análogos de otros ejércitos; mas tan importante cuestión se halla agravada por la remota antigüedad de algunos tipos, que ya no hay más remedio que calificar de inservibles. Y como no me gusta hacer afirmaciones gratuitas, a continuación voy a dar pormenores de las armas principales para que el lector se dé perfecta cuenta del estado de indefensión en que nos encontramos. Vamos allá:

Es base de nuestra artillería de campaña el cañón Schneider de 7,5 cm. que, nacido ya con corto alcance, hoy ofrece, respecto a los modelos que usan los demás ejércitos europeos, una enorme inferioridad [66]. Y a tal punto es lo que digo cierto, que en las operaciones de avance en Alhucemas se dio en más de una ocasión el caso de que nuestras tropas sufrieran los efectos de la artillería mora, cuando utilizaban cañones franceses de 7,5 cm., modelo 1918, cinco mil metros antes de que nosotros pudiéramos emplazar nuestras baterías para, utilizando las piezas a su alcance máximo, con tiro incierto y, por tanto, ineficaz, poder neutralizar los efectos del fuego enemigo. Si los moros hubieran contado con cañones de esa clase en abundancia y personal instruido debidamente, nuestro avance los días 8, 9, 10 y 11 de mayo se hubiese hecho poco menos que imposible.

Basta lo dicho para que se comprenda la urgente necesidad de sustituir el cañón de campaña actualmente reglamentario, y aunque tengo entendido se hicieron hace tiempo estudios para un cambio de montaje, la solución, sobre onerosa, resultaría imperfecta, ya que únicamente se podría lograr un aumento de alcance que quizá no rebasara al actual en dos mil metros, lo que no resolvería ningún problema. Decididos al gasto —si alguna vez existe ese propósito—, mejor que cambiar el montaje sería comprar la patente de construcción de un modelo moderno, fabricarlo nosotros, e ir así, poco a poco, haciendo el cambio del cañón actual por el nuevo.

En cuanto al de montaña de 7 cm., es ineficaz como elemento artillero en una guerra regular, dado su corto alcance y escasa potencia, e impropio como pieza de acompañamiento de la Infantería, objeto para el cual está hoy destinado. Para completar el material de los regimientos de artillería de montaña, dotados en la actualidad de obuses de 10,5 cm., exclusivamente, se hace necesario además adoptar otro modelo de cañón, transportable a lomo, de 6 a 7 cm., de calibre, tiro rápido y trayectoria rasante, pues ambos se complementan y son indispensables en las operaciones llevadas a cabo en terrenos montañosos. Para la Infantería hace falta un cañón ligero, de pequeño calibre, afuste apropiado y proyectil perforante, cargado con alto explosivo; el ideal sería que esta

---

[66] El cañón a que me refiero he dicho que ya nació con corto alcance, y así es, en efecto; pues por razones hasta cierto punto justificadas se aceptó uno de los modelos más ligeros presentados por la casa constructora. Es, por tanto, inexacto, que los cañones fueran recortados. Me extraña que el señor Azaña dijera en pleno Congreso tamaño desatino, máxime siendo su mentor nada menos que un teniente coronel de Artillería.

pieza pudiera ser transportada con facilidad por los mismos sirvientes, como ocurre con la ametralladora Hotchkiss y el mortero Lafitte.

El armamento modelo 1891, de artillería pesada, es inservible. En cambio, son excelentes los obuses Schneider de 15,5 cm., de los que poseemos escaso número de baterías. Los regimientos pesados, si realmente han de responder a su misión, deben estar dotados de obuses de 15,5 cm. y cañones de 12 a 15 cm., porque ambas armas también se complementan.

Carecemos de artillería de ejército (gran potencia) y sólo contamos — ésas son mis noticias— con unos cañones Skoda, antiaéreos, de 8 cm., anticuados, ya que pertenecen a un modelo anterior al año 18, y ha sido después de la Gran Guerra cuando esta clase de armamento se ha desarrollado y perfeccionado[67].

He de consignar, en cambio, el hecho halagüeño de que las piezas que se están montando para la defensa de las Bases navales son modernas, potentes y de gran eficacia[68].

El armamento de la Infantería es en extremo deficiente. El fusil actualmente en uso es un modelo del año 1893, en cuya fabricación se emplea un acero que no es apto para resistir las presiones y desgaste que la bala P (en punta) produce en su recorrido por el ánima[69]. Es, sin embargo,

---

[67] Debo hacer constar que en el presupuesto extraordinario anexo a la Ley de 1918, se asignaron para piezas de artillería pesada (divisionaria, de ejército y automóvil) 143.220.000 de pesetas, ignorando el destino que se dio a este crédito, aunque es probable que alguna parte se aplicase a adquirir los obuses de 15,5 cm., de campaña, y los de 10,5 cm., de montaña, antes citado. Para artillería antiaérea nada figuraba en dicho presupuesto.

En el extraordinario de 1926, se asignaban 24.200.000 de pesetas para artillería de ejército (dos baterías de obuses de 24 cm. y una batería de 21 cm.), y 21.800.000 para organizar tres unidades de artillería antiaérea con su completo de material, armamento y municiones en pie de guerra. Tales créditos no se habían invertido en 1931, ni tengo noticia se hubiera formalizado estudio alguno precursor de la adquisición de material.

[68] Los calibres de las piezas que defienden las Bases navales son: el de cañones: 38,1 cm., 15,24 cm. y 10,5 (antiaéreo); obuses: 24 cm. Existen además otros cañones y obuses de costa de modelos anticuados.

Ni el número, ni las características, ni otros detalles de las modernas piezas de costa considero oportuno decirlas; al lector le basta con saber son excelentes.

[69] Recientemente se han hecho experiencias con otro proyectil en punta, de forma ahusada, que parece no desgasta el ánima, como el de tipo P. De todos modos el calibre de 7 mm. resulta pequeño para los proyectiles trazadores y para

un fusil de manejo sencillo y muy sufrido, mas en forma alguna responde a las características que modernamente se exigen a esta clase de armas; además, salvo los fusiles, mosquetones y carabinas de que antes hablé y los que con posterioridad se hayan podido construir, el resto no conserva sus cualidades balísticas, lo que se traduce en una menor velocidad inicial y, como es consiguiente, disminución de alcance y fuerza de penetración.

Es cierto que la mayoría de los ejércitos extranjeros conservan fusiles contemporáneos del nuestro, pero no es menos cierto que todos ellos han sido perfeccionados. Puedo citar, como ejemplo de lo que la técnica puede alcanzar modificando un arma, el caso de la carabina Lebel (la que los moros designan con el nombre de *arbaía*), de una precisión, alcance y penetración que la colocan a la cabeza de sus hermanas de otros sistemas.

Si del fusil pasamos a la ametralladora hoy reglamentaria, nos encontramos con que es un arma útil y eficaz; mas requiere también una modificación para poder usar la bala puntiaguda. Fusiles ametralladores tenemos pocos y casi todos ellos en muy mal estado, por haber sido empleados durante la campaña de Marruecos[70]. También forma parte del armamento de la Infantería el mortero Lafitte, de escasa eficacia, en la actualidad en trámite de ser reemplazado por el nacional modelo Valero, de gran alcance y potencia. Por último, contamos con algunos carros de combate anticuados que no sirven ya ni para exhibirlos en las paradas y desfiles, de asmáticos que están los pobrecitos.

Carecemos en absoluto de ametralladoras pesadas y cañones contra tanques, indispensables aquéllas en la guerra campal y en el tiro antiaéreo. Respecto a municiones, basta decir que casi no se disponen ni aun de las precisas para los ejercicios y escuelas prácticas anuales, ni de industria capaz de producir las indispensables para las necesidades de las ocho divisiones orgánicas, en pie de guerra. He de indicar también —y esto es de suma gravedad— que no tenemos ninguna clase de medios ofensivos ni defensivos para la guerra de gases, ni conocimiento sobre el empleo táctico, ni aun siquiera una rudimentaria organización preventiva. Nada hay hecho sobre tal asunto, como no sean estudios experimentales y de gabinete que no se han traducido todavía en disposiciones o preceptos que,

---

conseguir un aumento sensible de velocidad inicial, aun utilizando una pólvora de mayor fuerza expansiva.

[70] En 1928 se declaró reglamentario el fusil ametrallador nacional.

aunque sólo tuvieran el carácter de previsión, fueran siquiera el embrión de tan importante elemento de la guerra moderna[71].

De material no estamos mejor que de armamento. Este es mal endémico en nuestro Ejército, que en no pocas ocasiones le ha llevado de situaciones ridículas a las más angustiosas y trágicas. En la actualidad, no obstante la reducción de unidades, pueden contarse con los dedos de una mano los cuerpos o dependencias de servicios que tienen el indispensable para poderse desenvolver en la paz. Sobre esta carencia de medios, en gran parte agravada por el abandono y la desidia de quienes los tienen a su cargo, habría mucho que hablar; pero por hoy basta sepa el lector, que con todo lo que tenemos es posible no pudiera dotarse como es debido a un solo cuerpo de ejército. Así estamos.

Antes de hacer un bosquejo de análisis del material, conviene distinguir las dos clases en que puede dividirse: una, la integrada por todos los elementos técnicos necesarios a las organizaciones combatientes para el cumplimiento de su misión en la batalla; otra, la constituida por aquellos precisos en todas las Armas y Cuerpos para asegurar la vida y el movimiento de sus unidades.

El mal en el material técnico radica principalmente en su escasez y en la carencia de modelos apropiados a las características de la guerra moderna, hoy en uso hasta en los ejércitos más modestos. El peor de todos es el material de Aviación; del de Aerostación, ni hablar: contamos con un solo globo útil para todo un señor regimiento que ha de atender al servicio de las ocho divisiones.

La otra clase de material, el que pudiéramos llamar administrativo, además de ser escaso se halla en un estado de desgaste verdaderamente lamentable, al punto de que en gran parte de él se hace imposible toda reparación.

Como remedio para la primera clase no puede ofrecerse más que uno: su adquisición, empezando por el más necesario; en cuanto al segundo, cabe hacer una revisión minuciosa para saber cuál es susceptible todavía de ser recompuesto y cuál otro debe ser reemplazado. Hemos llegado a

---

[71] Un inteligente capitán de Infantería, don Eduardo de los Reyes Sanz, que quizá por dedicarse más al estudio que a bullir es desconocido, ha publicado no hace mucho un trabajo que titula *Teoría general de la guerra química,* que es en extremo interesante. En él, entre otros muchos temas, hace una síntesis razonada y profunda de cuanto se ha hecho en otros países en orden a la organización de las industrias químicas para su aplicación en la guerra de gases... y de lo que falta por hacer en el nuestro. Es un libro de divulgación, documentado y digno de ser leído.

esta situación lamentable porque el dinero presupuesto para estas atenciones, sobre ser exiguo, se ha venido empleando mal.

Si todo lo dicho, por su extraordinaria gravedad es desconsolador, el pesimismo aumenta hasta lo inconcebible al reflexionar seriamente sobre lo que ocurriría si por una causa imprevista tuviera que llevarse a cabo una movilización general, considerando el personal y elementos que tendrían que improvisarse. Es de esperar del patriotismo de todos rápido remedio a estas cosas, pues en ello va, en primer término, la seguridad de la Patria.

CAPÍTULO VII

Industria militar

Llega el momento de tocar un asunto delicado: la industria militar. He de ser parco en la crítica para que nadie pueda creer dominan en mí prejuicios de procedencia.

Ante todo hay que hacer justicia: la industria militar, desde tiempo inmemorial, ha sido un verdadero desastre; desastre que ha ido aumentando en progresión creciente hasta llegar a la situación verdaderamente caótica de hoy. Al señor Azaña se le puede imputar haber agravado el mal; pero en forma alguna haberlo provocado. La industria militar es culpable, en primer término, de las deficiencias que nuestro material ha presentado siempre y de modo muy especial el armamento y las municiones.

El estar las fábricas productoras de tales elementos en manos de un Cuerpo militar ha hecho imposible que las iniciativas privadas y aun las mismas oficiales en favor de dotar al Ejército de armas modernas dieran resultado. Si algún ministro intentó romper viejas normas, fracasó rotundamente.

Una idea errónea del tecnicismo propio de cada Arma o Cuerpo, considerando como fundamental lo que sólo era accesorio, por creer que esto acrecentaba el buen concepto público, ha desviado Armas y Cuerpos de sus verdaderos objetos; y efecto de ello el prestigio de buena parte del Cuerpo de oficiales se ha venido basando en la práctica de actividades científicas que, sin regatearles cumplidos méritos, poco o nada tenían que ver con la verdadera especialidad militar. Así, hemos visto considerado como el mejor oficial de Estado Mayor al que descolló en Geodesia o en Topografía; como más esclarecido artillero al que se dedicó con fruto a la Química; como más famoso ingeniero al "hacha" en Matemáticas, y hasta como más ilustrado infante al que logró —pongo de ejemplo un caso padecido por mí— hacer de un pelotón de reclutas un equipo gimnástico ambidiestro. También esto es síntoma del antimilitarismo que ya dije anteriormente se ha venido infiltrando en el Ejército.

Por esa idea errónea del tecnicismo se comprende que todo el espíritu de Cuerpo se haya mantenido concentrado alrededor de los centros o de las actividades en que los prestigios se desarrollaban y que fuera poco menos que imposible remozar o cambiar la estructura de determinados organismos; pues el solo intento de llevar las cosas a su justo medio equivalía a hurgar en un avispero en extremo peligroso para el osado que lo pretendiera. Así hemos vivido y seguimos viviendo.

Por otra parte, razones económicas, cuando no exigencias de índole político-social, han impedido que el *outillage* de las fábricas fuera modernizado convenientemente para producir mejor y con más rapidez y economía, y que en no pocas ocasiones, por justificar salarios del personal obrero, se haya fabricado lo que no hacía maldita la falta. Efecto del atraso en los sistemas de fabricación, cuando, por exigencias de la campaña de Marruecos, se hizo necesario intensificar la producción, se apreciaron grandes deficiencias en el armamento y muy especialmente en las municiones, deficiencias que costaron sensibles bajas, como sucedió con las dichosas espoletas de las rompedoras del cañón de 7 cm., que les dio por funcionar antes de tiempo y más veces estallaban los proyectiles dentro del ánima que no fuera de ella, y eso en época en que ya había terminado la guerra europea y todas las fábricas extranjeras disponían de espoletas acreditadas por el uso. La misma cartuchería de fusil fue, en ocasiones, tan defectuosa que no pudieron ser utilizadas en el fuego de ametralladora partidas recién recibidas de la Península, y aun las hubo tan pésimamente cargadas, que el proyectil se quedaba en el ánima por no poder vencer el forzamiento de las estrías y al segundo disparo volaban las manos y narices del desgraciado tirador, produciendo el accidente en la tropa que lo había presenciado la depresión moral que puede suponerse.

En repetidas ocasiones nos quejamos los jefes de columna de tales defectos, pero nada se hizo nunca por corregirlos. Recuerdo que un general se lamentó de todo esto en la Prensa, allá por el mes de septiembre de 1921, y tengo entendido que a punto estuvo de costarle la lamentación un rapapolvo, porque se tomó como cosa de Cuerpo lo que no era más que un abandono incalificable de las fábricas o la consecuencia de utilizar maquinaria en malas condiciones[72].

Existe además en nuestros técnicos una incomprensible repugnancia a recurrir al mercado extranjero para adquirir lo que la industria oficial no está en condiciones de producir. Si el duque de Tetuán viviera podría contar las resistencias que tuvo que vencer para lograr se adquiriesen en Inglaterra las potentes piezas de 38,1 cm. para el artillado de nuestras Bases navales, pues hubo un decidido empeño en que el crédito concedido se empleara en la construcción de obuses de 24 cm., modelo 1900, so

---

[72] Las máquinas de carga y comprobación de la cartuchería de fusil son en la actualidad tan perfectas que eliminan automáticamente los cartuchos que no resultan terminados con la carga y tolerancias reglamentarias.

pretexto de dar trabajo a la dotación obrera de la fábrica de Trubia, cuyo *outillage* no permite fundir ni tornear piezas de mayor calibre. Y todo ello ocurrió a pesar de que fue una comisión de artilleros la que aconsejó el armamento de 38,1 centímetros, aunque buenos disgustos creo se llevaron los que la integraban.

Otro defecto grave que ha venido ofreciendo la industria oficial es su falta de armonía con el Estado, verdadero dueño y señor de ella, produciéndose desavenencias que han dado lugar a incidentes tan peregrinos como el de fijarse de orden superior el coste de ciertos elementos, no sin la protesta de los directores de las fábricas; pero, como "el que manda, manda", para cumplir las órdenes terminantes recibidas y no rectificadas, tenían dichos directores que recurrir a tomar recursos de asignaciones para otro material que, claro está, quedaba sin construir.

Y si de lo que acabo de decir resultaba víctima la industria oficial, que se veía obligada a realizar verdaderos milagros para satisfacer imposiciones de la superioridad, en cambio era responsable directa del *dumping* que ejercía, para evitar que la privada pudiera competir con ella en precios, procurando por todos los medios anularla, haciendo imposible el desarrollo de una riqueza nacional en que tanto empeño puso don Antonio Maura, que fue un gobernante que supo lo que se traía entre manos y tenía una visión clara de estos problemas y del porvenir.

Los males expuestos se han agravado con la creación por el señor Azaña de la entidad mercantil llamada "Consorcio de Industrias Militares", integrada, según determina la ley de 6 de febrero de 1932, por la Fábrica Nacional de Toledo, de Artillería de Sevilla, de Pólvoras y Explosivos de Granada, de Pólvoras de Murcia, de Armas Portátiles de Oviedo y de Cañones de Trubia.

Organizar con unas fábricas que son propiedad del Estado un negocio cuyos beneficios no sean íntegros para él, parece algo extraordinario; pero más extraordinario parece todavía que ese negocio se rija por un Consejo de Administración que, sobre tener su retribución por sesión y algunos de sus componentes, como los consejeros gerente y secretario, gratificaciones de 10.000 y 8.000 pesetas, respectivamente (artículo 28 del reglamento), también pueda disfrutar de las ganancias líquidas en cuantía de un cinco a un diez por ciento (artículo 27)[73].

---

[73] El Reglamento básico para el régimen de Consorcio de Industrias Militares fue aprobado por orden de 25 de abril de 1933 y publicado en el *Diario Oficial*, número 101, correspondiente al 3 de mayo.

No es extraño que con tal organización de la industria militar se hayan encarecido los precios de los productos elaborados, al punto de que, según me informa persona que está muy al tanto de estas cuestiones, el millar de cartuchos, que antes costaba poco más de 200 pesetas, importa en la actualidad 316.

Todo esto podría darse por bien empleado si los clientes tuviesen derecho a presenciar las pruebas y rechazar lo que no considerasen en condiciones de recibo; pero no, el reglamento —harto detallado en algunos extremos— sólo indica (artículo 36) que "de toda entrega de material construido se levantará la correspondiente acta", y que "el ministro de la Guerra se reserva la facultad de sancionar, exigiendo responsabilidades, cuando las entregas de material contratado no reunieran las debidas condiciones o no hubieran sido hechas en la forma y condiciones determinadas en las órdenes ministeriales, por las que los pedidos se hicieron" (artículo 39), sanciones que no podrán aplicarse hasta que el mal se haya producido y a veces con grave daño. Tampoco veo la forma de cómo los clientes podrán reintegrarse cuando por su mala calidad el género no sea utilizable, ya que, según determina otro artículo del reglamento (el 34), al hacer el pedido habrán de abonar la mitad de su importe, un 25 por 100 cuando el Consorcio "comunique tener acopiados la mitad de los materiales", y otro tanto, o sea el total, cuando lo haga del resto.

Con el Consorcio de Industrias Militares se ha dado, además, un definitivo golpe de gracia a la industria privada, pues, sobre disponerse (artículo 30) se procure "encomendar al citado organismo, a ser posible, la totalidad de las construcciones para que esté capacitado", la autorización que tiene para fabricar productos de orden puramente civil —aun cuando con ciertas limitaciones—, es serio obstáculo para el desarrollo de las iniciativas particulares. Y que no ando descaminado al hacer tal afirmación, está en que, a su debido tiempo, la Federación de Industrias Nacionales elevó al Parlamento un extenso y razonado escrito exponiendo su opinión, análoga a la mantenida para combatir otros proyectos de la Dictadura, concretada en reuniones que en época de ésta celebraron los directores y técnicos de la industria militar y civil[74].

---

[74] Las bases o normas que propusieron las conclusiones de la Federación de Industrias Nacionales fueron, en síntesis, según copio literalmente del *ABC* del día 17 de enero de 1932, las siguientes:

"Fabricación de productos que no se obtienen en España y convenga nacionalizar. Anunciar en la *Gaceta* la lista de los productos para que las

Dicen los entusiastas del Consorcio y panegiristas del señor Azaña, que la nueva "estructuración" dada a la industria militar representa un avance de orientación modernísima, casi soviética, ya que, sobre tener el personal obrero un representante en el Consejo de Administración (artículo 9°), puede disfrutar todo él de los beneficios líquidos en cuantía de un cincuenta a un sesenta por ciento (artículo 27); pero lo que yo digo es que todos los que tengan relación con el Consorcio, empezando por el Estado, van a salir con las manos en la cabeza, y que no debo andar muy descaminado me lo indica que ya se ha iniciado una reacción, contra él y contra todo lo que produce, que me está haciendo caer en la cuenta no ha de tardar mucho en dar al traste con la duración indefinida de la entidad mercantil (artículo 6°) y con los consejeros "nuevamente nombrados o reelegidos indefinidamente" (artículo 19)[75].

---

industrias civiles lo estudien y acepten o rechacen al encargarse. En caso negativo, el Gobierno encargaría al Consorcio.
"Fabricaciones insuficientes.—El Consorcio podría dedicarse "eventualmente", pero anunciándose antes en la *Gaceta* con expresión detallada de los productos.
"Acción comercial.—No es propio de la industria militar. Se debería adjudicar, mediante concurso, anunciado en la *Gaceta*. Si hubiere Sindicatos adecuados, las fábricas militares podrían ingresar en ellos.
"Coordinación de las fábricas civiles y militares en la fabricación de un producto.
"Reparación y suministro de elementos sueltos.—Bastará el acuerdo de las partes interesadas, aprobado por la superioridad.
"Transformación de productos.—Si las fábricas militares no estuvieren en condiciones para transformar algún producto, y sí las civiles, se llegará a un acuerdo con éstas para realizarlo en sus máquinas.
"Por último, como preparación militar en servicio nacional, se propone: Primero. Que anualmente se encargue por el Estado a cada fábrica civil una cantidad de los productos que se le habría de pedir llegado el caso de guerra. Segundo. Que el personal técnico y obrero de las fábricas civiles pueda prestar su servicio militar en las factorías militares y acudir después a los cursillos teóricoprácticos que se establecen en las mismas para difundir la enseñanza de la técnica militar."
[75] En la Memoria del Consorcio, correspondiente al año 1932 (página 27), se dice:
"En el ejercicio de 1932, se ha obtenido un beneficio de 717.802,24 pesetas, y considerando que de este beneficio ya se han deducido los gastos de administración Central y toda clase de impuestos, toda vez que de los que correspondería satisfacer al Consorcio como Entidad Mercantil por tales

Lo dicho y mucho más que pudiera decirse conduce a la conclusión de que es imprescindible variar el sistema de suministro del material de guerra en nuestro Ejército, aunque sin volver al anterior, tan desacreditado como el presente. A mi entender, la solución estaría en que la industria militar se limitase a la construcción de plantillas y modelos, ensayos de tipos, comprobación de calidad de los materiales, a la construcción de lo estrictamente indispensable para que el *outillage* no se deteriorara con la inacción y a la fabricación de cuanto, por su carácter reservado, no conviniera entregar a la industria privada. Existe, de otra parte, para que así sea, una razón ética y otra de orden práctico. La primera se funda en que no parece correcto que una industria del Estado negocie con el propio Estado; la segunda, que como no es posible, dada la modestia de nuestras necesidades militares, vivan simultáneamente la industria oficial y la privada, es más conveniente fomentar ésta para que esté en condiciones de ser movilizada en caso de guerra, sin que en la paz se imponga a la nación el sacrificio económico que representa el mantenimiento de unas fábricas en actividad, que forzosamente, aunque no sea más que por el obligado entretenimiento del material en uso en Armas y Cuerpos, han de pesar directamente sobre los presupuestos en cuantía superior al importe de lo producido.

Adquirido el compromiso por el Estado de dar a la industria privada la construcción de todas las armas y municiones, podría exigírsele sin dificultad una capacidad de producción muy superior a la normal, para que, en caso de guerra, en unión de la oficial, que entonces habría de trabajar con toda intensidad, hacer frente a la situación en tanto se

---

beneficios, se halla exento, conforme dispone el decreto de 27 de octubre de 1932 (*Gaceta* núm. 306), cumpliendo lo preceptuado en el artículo 26 del Reglamento, el Consejo acuerda dedicar un 20 por 100 para fondo de amortización y un 10 por 100 para fondo de reserva, o sean, 143.560,44 pesetas para el primero, y 71.780,22 pesetas para el segundo, quedando, por tanto, para líquido a repartir, la cantidad de 502.461,56, de la que, con arreglo al artículo 27, se acordó la siguiente distribución:

	Pesetas
10 por 100 al Consejo de Administración	50.246,15
20 por 100 al personal directivo, técnico, administrativo y auxiliar de Fábricas	100.492,33
60 por 100 al personal obrero	301.476,95
10 por 100 al Estado	50.246,15
Total	504.461,58

movilizaba y transformaba la industria civil, mediante un plan previsto y concienzudamente meditado.

La industria privada, puesta en esas condiciones, probablemente buscaría mercados extranjeros, y con ello adquiriría un gran desarrollo, que, sobre sernos en extremo beneficioso en caso de un conflicto bélico, tomáramos o no parte en él, contribuiría, además, a aumentar el volumen de nuestro comercio de exportación, que en los actuales momentos, como de todos es sabido, pasa por una aguda crisis. No olvidemos tampoco que, si bien nos faltan muchos elementos indispensables para la vida de un ejército en campaña, en cambio en la cuestión de minerales metálicos tenemos una situación de privilegio, y más económico resulta trabajarlos por nuestra cuenta que no venderlos al extranjero para después importarlos, una vez elaborados, como sucede con muchos de ellos y muy especialmente con el hierro.

CAPÍTULO VIII

Marruecos

Marruecos es y será, hasta Dios sabe cuándo, un avispero internacional; para nosotros, además, un motivo de constante preocupación. Conviene en él caminar con pies de plomo; es peligroso poner en práctica experiencias atrevidas.

En la Zona de Protectorado español, por su proximidad a la metrópoli, repercuten extraordinariamente las incidencias de nuestra política interior: esto es conveniente no olvidarlo. Hoy es difícil que en el Rif y en Yebala pueda recrudecerse la guerra, pero no imposible si los errores se suceden como hasta hace poco.

No descubro ningún secreto al decir que el comunismo se dedica con gran intensidad a crear estados propicios a la insurrección en los territorios sujetos a mandatos o protectorados, excitando los sentimientos nacionalistas de los naturales del país. Gustavo Gautherot, hace unos tres años, publicó un documentado estudio titulado *Le Bolchévisme aux Colonies et l'Imperialisme Rouge*, en el que explicaba, con toda clase de detalles, cuáles eran los propósitos y táctica del Gobierno soviético, estrechamente ligado a la III Internacional. En las principales poblaciones marroquíes ya han aparecido focos de nacionalismo, o mejor dicho, de panislamismo, fomentados por agentes europeos y fanáticos e intelectuales indígenas, cuyas actividades siguen muy de cerca nuestros vecinos los franceses y procuran contrarrestar con sabia política y estrecha vigilancia.

Durante un buen período del Gobierno Azaña, tan interesante cuestión ha estado desatendida, y si algo se ha hecho ha sido más para fomentar rebeldías que para salir al paso de propagandas. Citaré hechos concretos:

Un día apareció por allí un elevado personaje perfectamente caracterizado para inspirar simpatías a los judíos: barba negra corrida y mirada triste; le faltaba el significativo detalle de ir tocado con negro gorro doblado bajo la coronilla, pero esto es lo de menos. Este personaje, desconocedor del concepto que a los indígenas merecen los descendientes de Israel, hizo algunas manifestaciones insensatas; tan insensatas, que un prestigioso musulmán hubo de exclamar: "¡Qué lástima! Esto nos ha cogido como a un hambriento con un plato de *cuz-cuz* sin cuchara." Lo cual quería decir: "¡Qué momento más oportuno para actuar si tuviéramos unas docenas de fusiles!"

Otro elevado personaje, en un mitin, hizo unas declaraciones más insensatas todavía, que tanto alarmaron a las autoridades francesas, que inmediatamente se creyeron en el caso de reforzar las posiciones fronterizas, medida justificada además por las noticias poco tranquilizadoras que sobre nuestra Zona les llegaban por conducto de su servicio de Información. Con este motivo, un oficial francés hizo a otro español el siguiente comentario: "Camarada: cada juicio sobre Marruecos de uno de vuestros nuevos hombres públicos le cuesta a Francia un buen puñado de millones."

Lo expuesto, unido a ciertas disposiciones para "enchufar" paniaguados y otras para europeizar a los indígenas dieron pésimo resultado. Entre éstas puedo citar la dictad obligando al comercio musulmán de las poblaciones del Protectorado a un régimen de trabajo análogo al establecido en España; entre aquéllas, el nombramiento de interventores civiles, desconocedores en absoluto de los asuntos marroquíes, alguno de los cuales creyó cumplir con su deber apareciendo por la cabila los días de zoco, y otros ni eso. Sé de uno que dejó la Intervención de que era jefe en manos de un hebreo que, sobre no ser persona recomendable, tenía nebulosos litigios de terrenos en la demarcación.

Mientras todo esto ocurría y los ciudadanos no simpáticos al Gobierno eran perseguidos sin tregua y castigados con refinada crueldad, en Ronda, la bella ciudad andaluza, conspiraba con todo descaro un comité musulmán presidido por un moro acicalado, de tez pálida, ojos saltones y conducta equívoca, muy conocido en Madrid por ser huésped nuestro cada vez que el horizonte político se preña de nubarrones o se produce una crisis.

Para mayor contrariedad, el nuevo sistema de funcionar el servicio de Información, compuesto de dos ramas, la Intervención Militar y la Intervención Civil, que ni se ven ni se entienden, hace no exista la acción conjunta con criterio único que es indispensable para el desarrollo de una política determinada. De no poner ambas Intervenciones en manos de una sola persona, que conozca a fondo los problemas del campo y de las ciudades, nada de particular tendrá que el día menos pensado ocurra algún desagradable contratiempo.

Pero no es asunto para este libro comentar los errores políticos, sino simplemente los disparates que se han hecho en el orden militar. Con ellos empiezo:

Las operaciones tan brillantemente dirigidas por el general. Sanjurjo en 1926 y 1927 terminaron con la guerra; la política seguida por éste después y continuada por el conde de Jordana consolidaron la paz con más rapidez de lo que era de esperar. Sin embargo, una elemental medida de prudencia parecía aconsejar no ir demasiado de prisa en debilitar la máquina guerrera. En no haber obrado así, aparte restar en todo lo posible prestigio al Ejército, está el principal error cometido por el señor Azaña, al punto de que hoy, caso de tener que organizar columnas para operar, el mando militar se vería en un gran aprieto, pues, sobre no infundir éste el debido respeto, faltar bastantes elementos y estar mal abastecidas las bases, se hallan casi en cuadro los servicios. Allí —ante las reiteradas exigencias para reducir gastos— se han sacrificado los servicios para conservar las tropas, partiendo del supuesto, a mi juicio equivocado, de que los abastecedores, en caso de guerra, como en la actualidad, se encargarían de poner los víveres donde fuera necesario, incluso empleando automóviles particulares requisados, los que, a su vez, servirían para hacer rápidos transportes de tropas; mas es el caso, que si la rebelión estallase, ni los abastecedores se atreverían a salir al campo, ni los automóviles allí existentes son tantos ni tan buenos que pudieran ser sometidos al servicio intenso que requieren las necesidades de las tropas en acción, ni resuelve nada poner víveres, municiones y el material sobre la carretera cuando las columnas, a lo mejor, están distanciadas de ella buen número de kilómetros, ni los Cuerpos andan tan sobrados de ganado como para atender a su servicio peculiar y al de abastecimiento. Por esta especial situación, las columnas distanciadas de las bases principales, sobre tener las líneas de comunicaciones a merced de cualquier golpe de mano, en los que los indígenas son maestros, tendrían un radio de acción muy limitado, es decir, que sólo podrían moverse en una faja relativamente estrecha de terreno a uno y otro lado de las carreteras y pistas, y únicamente de aquéllas en invierno o época de lluvias.

Creo que mis diez años y pico de estancia en África, con la práctica de haber mandado columna desde teniente coronel con efectivos que oscilaron entre tres y diez mil hombres (avance sobre la meseta de Tafrás el día 11 de mayo de 1926) y el haber sido jefe de una Circunscripción bastante tiempo, me dan suficiente autoridad para poder discurrir sobre estos asuntos.

Para que el lector se dé perfecta cuenta de la reducción allí operada desde el año 31 hasta el 33 —que juzgo demasiado atrevida— ahí van algunos datos sobre los que nadie, absolutamente nadie, me puede discutir ni una sola cifra:

Después de las disminuciones llevadas a cabo por los Gobiernos de los generales Primo de Rivera y Berenguer, o sea al advenimiento de la República, según las plantillas publicadas en 8 de enero de 1931 (C. L. núm. 10), el Ejército de África constaba de 51.165 hombres, que costaban a la nación (excluidas las obligaciones por ejercicios cerrados y las atenciones del Ministerio de la Gobernación) la cantidad de

174.304.433,03 pesetas, y de 12.076 hombres con cargo al presupuesto de Majzen, cuyo importe global ascendía a 59.019.375,41 pesetas, de las cuales 33.743.555,29 adelantaba el Tesoro español[76]. Estos efectivos fueron modificados por decreto de 3 de junio de 1931 (C. L. núm. 304) en la siguiente forma: De la Legión se suprimió una compañía por bandera y se disminuyó la plantilla de la llamada de depósito; de Regulares quitaron dos tabores, uno de Infantería al Grupo de Larache y el de Caballería del de Tetuán; las cuatro Comandancias de Artillería se refundieron en dos, desapareciendo dos baterías de 7,5 cm. (Larache y Ceuta); de Ingenieros se suprimieron dos compañías de Zapadores, dos de la Red y la de ferrocarriles; se suprimieron, asimismo, las compañías de especialidades de los batallones de Cazadores, reemplazándolas por unas secciones de treinta obreros filiados; el destacamento de Radiotelegrafía quedó

---

[76] El detalle de los efectivos es el siguiente:

Infantería: 5 regimientos a 2 batallones con sus PP. MM.	10.145
Secciones ciclistas	65
Tercio: 2 legiones a 4 banderas y bandera de depósito	7.375
Caballería: Escuadrón del Tercio, depósito, escoltas y Cría Caballar del Protectorado	698
Artillería: Jefatura, Comandancias, PP. MM., Parques móviles y baterías	5.380
Ingenieros: Comandancia principal, 2 batallones Zapadores, 2 compañías de red, telégrafos, sección indígena y otras Especialidades	6.718
Aviación: 2 grupos terrestres, uno de hidros y Cabo Juby	665
Intendencia: 2 Comandancias, 5 compañías de montaña, 3 automóviles y una sección de autos y servicio	2.277
Sanidad: 2 Comandancias, 2 compañías de plaza, 2 de montaña, 2 de higiene y desinfección y una automóvil	1.732
Regulares: 5 grupos con 16 tabores de Infantería y 5 de Caballería (compañía de nieve incluidos)	12.927
Otras tropas: Brigada Obrera y Topográfica	91
4 compañías de mar	450
Suman	51.165
Tropas jalifianas: 24 tabores de Infantería, 4 de Caballería, una mía de frontera (444 europeos, 11.632 indígenas, de los cuales 128 y 2.730, respectivamente, correspondían a Intervenciones)	12.076

convertido en agrupación independiente; de Intendencia se quitaron dos compañías de montaña, se redujo a dos secciones la de Larache y se aumentó una en las de Ceuta y Melilla; de Sanidad Militar se suprimieron dos compañías de las cuatro que había. Con motivo de esta formidable poda, el efectivo de fuerzas dependientes del Ministerio de la Guerra quedó reducido a 45.186 hombres, excluidas las Jalifianas que no sufrieron modificación alguna.

Posteriormente, por orden circular de 18 de septiembre de 1931 (C. L. núm. 704), se disolvió —repatriando su fuerza— el regimiento núm. 44 y se redujo la plantilla del escuadrón del Tercio. Ya entrados en 1932, por otra disposición fecha 10 de marzo (C. L. núm. 130), los regimientos quedaron convertidos en batallones independientes, con un efectivo en total de 7.822 hombres; con anterioridad se habían suprimido cuatro tabores de Infantería y dos de Caballería en las fuerzas Jalifianas.

Como consecuencia de las reducciones anteriores, se obtuvo una considerable economía: el presupuesto de la Guerra, partida "Acción en Marruecos", bajó a pesetas 132.807.003,70[77] y el presupuesto Majzen a 51.841.200, de las cuales 26.600.000 debía adelantar el Tesoro español[78].

Un poco temerarias parecían estas reducciones en momentos en que la propaganda panislámica adquiría extraordinaria actividad; pero el señor Azaña no se mostró aún satisfecho, por lo que dispuso para el año 1933 (circulares insertas en la Colección Legislativa, núms. 691 y 692) las siguientes modificaciones:

Supresión de un batallón, dos banderas y el escuadrón del Tercio, aumentando, en compensación, una compañía por bandera y tres de destinos afectas a los batallones; supresión de todas las baterías de posición, 7 cm. de montaña y 7,5 cm. de campaña, a cambio de aumentar tres baterías de 10,5 cm.; desdoblamiento de la compañía de Radiotelegrafía y aumento de una compañía de Zapadores indígenas en cada batallón de Ingenieros; supresión de dos compañías de mar y reorganización de los servicios de Hospital y Veterinaria[79].

---

[77] Los de Intendencia fueron dos servicios más afectados por la reducción, pues de subsistencias se rebajaron diez millones; de acuartelamiento, cuatro y medio; de transportes, seis, y tres de hospitales.

[78] En dicho presupuesto para Mehal-las se consignaban pesetas 16.896.437,39 y 5.205.205,15 para Intervenciones.

[79] El detalle de los efectivos que quedaron es el siguiente:

Con las nuevas plantillas, la partida del presupuesto de la Guerra, denominada "Acción en Marruecos", se redujo a 121.313.120,49 pesetas; en cambio, el presupuesto Majzen sufrió escasa rebaja, aun cuando se aumentaron un poco las partidas correspondientes a Mehal-las e Intervenciones (22.841.280,21 pesetas se consignaron en conjunto para ellas).

También parecieron excesivas al señor Azaña las plantillas de 1933, y trató de reducirlas más. Para ello, sabiendo de antemano que una nueva disminución de efectivos iba a encontrar grandes obstáculos en quienes tenían en Marruecos una responsabilidad directa, procedió a espaldas de ellos. Así nació en el seno del Ministerio una ponencia, que bien pronto se encontró con el difícil problema de tener que atender a una realidad —la

Infantería: 7 batallones y PP. MM.	6.891
Tercio: 2 legiones a 3 banderas, una de depósito, PP. MM., y sección de transmisiones	4.536
Caballería: Cría Caballar y destacamentos	294
Artillería: Comandancia principal, agrupaciones y servicios	4.008
Ingenieros: Comandancia principal, 2 batallones de Zapadores a dos compañías (europea e indígena), 2 compañías de red, una de telégrafos y grupo automovilista	3.190
Aviación: Dos escuadrillas terrestres y una de hidros	599
Intendencia: 2 Comandancias, 4 unidades de servicios, 3 de montaña y una sección automóvil	1.642
Sanidad: 2 compañías de Plaza, 2 secciones de montaña, 3 secciones automóviles y 2 compañías de Higiene y desinfección	1.163
Regulares: 5 grupos, con 15 tabores de Infantería, 5 de Caballería, 5 compañías de depósito y agregados de la disuelta compañía de nieve	11.156
Otras tropas: Brigada Obrera y Topográfica	76
Compañías de mar	278
Destacamento del Sahara	435
Suman	12.076
Tropas Jalifianas: 20 tabores de Infantería y 2 de Caballería	6.848
Intervenciones militares	1.652
Ídem civiles	578
Suman	9.078

NOTA.—De los 11.156 hombres de los grupos de Regulares, corresponden 2.619 a europeos y 8.537 a indígenas; de los primeros son 2.362 de Infantería y 257 de Caballería, y de los segundos son 7.207 de Infantería y 1.330 de Caballería.

vigilancia y seguridad del territorio— y una exigencia —la de reducir los efectivos militares y los servicios a su más mínima expresión—. Ya no cabía hallar fuente de enseñanza en los franceses —maestros en la guerra y colonización de Marruecos— y hubo que recurrir a los sistemas puestos en práctica por otras naciones en sus colonias o protectorados. Se halló una fórmula salvadora: hacer algo parecido a lo que los ingleses practican en el Irak. Claro es que ni la situación política ni el terreno, ni los indígenas ni las costumbres, ni el objetivo ni los medios, ni nada aconsejaba emplear en un sitio lo que en el otro parecía estar dando buen resultado; pero no había más remedio que complacer al ministro, hermético a toda clase de consideraciones y consejos. Y así se elaboró un plan, que consistía en retirar todas las fuerzas sobre las ciudades de soberanía y principales poblaciones del Protectorado y vigilar el territorio con aeroplanos; es decir, el único sistema capaz de provocar un alzamiento en un plazo de horas: rifeños y yebalas aún recuerdan la guerra, y no pocos la añoran. Afortunadamente, el ministro cayo de su burro y no se llevó a efecto el proyecto.

Volviendo a las plantillas de 1933, hay en ellas algo que preocupa más que la reducción de tropas y servicios: la desproporción que existe entre los efectivos europeos e indígenas y la calidad de unos y otros. Nos empeñamos en no leer la Historia, y sobre ello padecemos el defecto de olvidar demasiado pronto las duras lecciones de la adversidad.

No quiero insistir más sobre el asunto; pero sí, antes de dar fin al tema, ofrecer al lector algunos párrafos de un artículo, titulado *Ruad... Balek!...,* del que es autor el general Franco, que fue publicado no hace aún un año en la revista *África,* y sobre los cuales aconsejo se medite.

"Todo conspira en Marruecos para favorecerlas —dice refiriéndose a las insurrecciones—: la religión con sus principios xenófobos las fomenta y santifica, el fanatismo de santones y cofradías las encubre y cobija, los cambios de política y de criterio las incitan y despiertan; el desprestigio, el escaso valer de las fuerzas europeas les muestra las posibilidades del éxito; sólo las frenan y contienen la desesperanza en el triunfo, la certidumbre de una represión enérgica y eficaz, la buena calidad de las tropas europeas que las compensen en efectivos y eficacia, y la seguridad, también, de que la nación protectora está detrás y no ha de desamparar a sus soldados.

"Pocos son los rebeldes necesarios para encender una campaña, cuando se ha creado el ambiente favorable; basta un bandido afortunado, un centenar de guerreros que, amparados en una cabila, se hagan fuertes en una serranía rocosa o región abrupta del territorio; si entonces le sigue la vacilación en las autoridades, el titubeo o indecisión en los jefes llamados a reducir el foco, los golpes de mano audaces y afortunados hacen el resto, menudean las defecciones y el fuego de la guerra se pasa de una región a otra e invade el territorio.

"He aquí la génesis de toda insurrección. Examinemos ahora el número y calidad de nuestras tropas:

"Treinta y cuatro mil hombres, de ellos ocho mil indígenas, figuran en el presente año en el presupuesto de la Guerra, sin contar las Mehal-las que están incluidas en el del Protectorado, los que, por lo que a su número se refiere, pueden considerarse suficientes para asegurar el territorio; pero si de su número pasamos a su calidad, a la ponderación debida entre europeos e indígenas y a la relación entre combatientes y comparsas, muy distinta impresión se nos presenta.

"¿Qué fuerzas podrían, en un momento de peligro, frenar y cohibir la hipotética, pero posible, insurrección de los elementos indígenas?

"El Tercio de Extranjeros, por su historia y composición, sería el factor más importante, por no decir el único que pesase en tales momentos; aunque su plantilla, hoy de cuatro mil hombres (llegó a tener ocho mil), sus bajas naturales (no cubiertas al tener cerrados los banderines de enganche) y la reducción consiguiente de enfermos, destinos y sumariados, hacen que no alcancen a tres mil los efectivos disponibles en el campo.

"El servicio de un año convierte en escuela de instrucción constante a los siete batallones de Cazadores, acuartelados en las plazas, entretenidos en la constante y compleja instrucción de los reemplazos, que aún no han acabado su instrucción cuando ya son licenciados. Estos soldaditos, tiernos y bisoños, son los que tendremos que enfrentar con los guerreros indígenas para compensarlos y frenarlos.

"El resto de las unidades pertenecientes a otras Armas no constituyen factores principales en el campo de la guerra irregular: su número deberá reducirse los más posible en beneficio de los verdaderos combatientes, que son los que el día de la verdad habrán de pesar sobre el territorio. Los otros con su armamento y material, y la artillería con sus modernos e inadecuados materiales de 15 y 10,5 cm., habían de ser, en ese hipotético día, una preocupación y embarazo para los combatientes, que, entonces, añorarían aquellos modestos, pero en Marruecos eficientísimos, cañones de 7 cm., un día tan solicitados y hoy tan injustamente preteridos.

"Y, al tratar de la eficiencia de las tropas, hemos dejado para el final el hacer resaltar la capacidad de los mandos y de los cuadros de oficiales.

"Si tanta importancia tuvo en el Ejército la calidad de los distintos mandos, que permite por ellos medir la eficiencia de sus unidades, hay que imaginarse la gravedad que encierra en los momentos actuales; toda solicitud, consideración y afecto me parecerían pocas para conservar en los mandos a aquellos jefes y oficiales más preparados y acreditados, que la guerra tan bien seleccionó, que, siendo la confianza de sus inferiores, constituyen para todos la más sólida de las garantías.

"No nos dejemos deslumbrar con las cifras en hombres que nuestros presupuestos registran, no confundamos la unidad *hombre* con la unidad *soldado,* no volvamos la espalda a la Historia ni a sus sabias enseñanzas, no demos al olvido las tristes experiencias de un pasado, en el que las luchas políticas hicieron campo de sus maniobras las tierras marroquíes, convirtiendo en crónica lo que debió ser campaña de contados años.

"No destrocemos con la indiferencia o la pasión, la espiritualidad y pundonor de nuestros cuadros de mando y no tropecemos en las mismas piedras que en fecha no lejana hicieron tuviese proporciones de desastre lo que pudo haber sido sencillo revés. Entonces, también, confundimos los hombres con los soldados, y la envidia y la pasión, cristalizadas en las Juntas Militares, postergando todo valor y destruyendo espíritu e ideal, fueron labrando el surco que en 1921 floreció."

Vuelvo a repetir: medite el lector; medite...

CAPÍTULO IX

Algunos comentarios sobre lo que se llamó reorganización de la Marina de guerra

La Marina corrió suerte análoga a la del Ejército mientras Azaña tuvo la sartén por el mango, que fue en todo cuanto con los asuntos de orden militar se relaciona, desde el mismísimo momento que se encastilló en el palacio de Buenavista. La voluntad de ese hombre, vivero de odios y rencores, dejó sentir su influencia demoledora sobre los compañeros de Gobierno que desempeñaron la cartera de Marina, influencia que se tradujo bien pronto en una serie de medidas de carácter político, que no llevaron otro objeto que desprestigiar al Cuerpo general y sembrar la indisciplina entre el personal de los departamentos y escuadra, aun cuando dijera, con su natural desenfado, el señor Casares Quiroga, en el preámbulo del primer decreto de "reorganización" (?) que se dictó, no se pretendía otra cosa que establecer "como básicos principios de carácter militar" que tenían "ya categoría de postulados en las principales organizaciones navales del Mundo". Bueno. Menos mal que interesan tan poco en el extranjero nuestros asuntos marineros, que no es de presumir haya llegado ese decreto, ni la serie de disparatadas disposiciones que le sucedieron, a conocimiento de los Estados Mayores de otras Armadas, pues, de haber llegado, es lo más probable se hubieran dado a pensar si, a consecuencia de la intensa conmoción revolucionaria, habíamos perdido por completo el juicio.

Casares Quiroga, Giral y Companys fueron los tres hombres que rigieron nuestra Marina de guerra durante el tiempo que estuvo al frente del Ejército el señor Azaña. ¿Qué preparación tenían tales señores para desempeñar tan delicado cargo? Diré lo que sé respecto al particular. Casares Quiroga había vivido en un puerto de mar, sabía diferenciar un balandro de un trasatlántico, no ignoraba que los barcos de guerra suelen ir pintados de gris y hasta es posible supiera a lo que se llama estacha. Giral ignoraba todo esto; en cambio, tenía la práctica de haberse embarcado, tan pronto echado a la mar, en el navío de alto bordo que se llamó "Acción Republicana", y que hoy, debido a la inexperiencia, desaciertos y conducta reprobable de su comandante, no sólo está escorado, sino que hace agua por todas partes y se halla en inminente peligro de naufragar[80]. En cuanto a Companys, no he podido averiguarlo, ni lo ha podido averiguar nadie; sin embargo, es de presumir fuera el de mayores conocimientos náuticos de los tres, a juzgar por lo poco que desgastó el asiento del sillón de su despacho oficial, porque ha de saber el lector que, según cálculos que hicieron unos jefes de la Armada, hubo semana que permaneció en el Ministerio una hora y treinta y cinco minutos, o sea un promedio que no llega a los catorce minutos diarios.

Con hombres de tal preparación no es extraño ocurrieran cosas extraordinarias y los desatinos superaran a los realizados en el Ejército. Daré algunos detalles sobre el particular.

Al proclamarse la República, en los Cuerpos auxiliares —cuyo personal tanto apoyo moral había prestado a los revolucionarios— se desató el sarampión de las exageraciones y las apetencias de igualdad con el Cuerpo general, llegando, incluso, a pretender que en casos de sucesión de mandos, el de un buque pudiera recaer en el contador o en el médico, y el de un departamento, en el intendente o jefe de Sanidad. Estas exigencias, que no habían pasado de ser conversaciones de Puerta de Tierra, tomaron estado oficial en una famosa Junta, de la cual formaron parte comisiones de los distintos Cuerpos de la Armada. En esta Junta, la representación del Cuerpo general presentó un trabajo bastante detallado y bien orientado sobre reorganización; mas, en vista de las absurdas pretensiones de los Cuerpos auxiliares antes mencionados, se vio en el caso de elevar a la superioridad una moción, exponiendo respetuosamente que la honda perturbación espiritual existente, el desacuerdo entre todos, la carencia absoluta de unidad de doctrina, etcétera, ponían a la Marina en la imposibilidad de responder a la misión para que fue creada, y en ese trance se consideraba el Cuerpo general en el deber de hacer presente sería una medida en bien del país la disolución de la Marina militar. Esta actitud digna, apoyada por el resto de los generales, jefes y oficiales, hizo, por fin, que el buen sentido se impusiera, logrando el Cuerpo general, a cambio de algunas concesiones, que sus funciones privativas no sufrieran mermas. Tuvieron, eso sí, su ley de retiros análoga a la del Ejército; perdieron las "cocas", tan injustamente odiadas de algunos; vieron paralizadas las construcciones navales y desatendidos los servicios; padecieron la más disparatada reforma de las clases subalternas que pudo ocurrírsele a nadie... A pesar de todo, la acción trituradora no ha causado los estragos

---

[80] Después de las elecciones del 19 de noviembre puede darse por totalmente perdido.

que en el Ejército, debido al elevado concepto que de sí tienen los marinos y a su inquebrantable unión. El Cuerpo de oficiales de tierra no debe echar en olvido el ejemplo y aprender.

Como resultado de las deliberaciones de la Junta citada, en 10 de julio de 1931 se firmó el "Decreto de reorganización de la Armada", del que es interesante dar a conocer algunos párrafos del preámbulo, en los que se destaca claramente cuán distinta ha sido la obra efectuada por los señores Casares Quiroga, Giral y Companys del espíritu en que parece inspirado dicho decreto.

"La evidente desproporción que existe entre los elementos de defensa naval con que hoy puede contar España y el sacrificio económico que su sostenimiento impone al país —empieza diciendo—, sería por sí sola razón suficiente para que el Gobierno de la República se preocupase de dar a nuestra Marina militar una organización que, conservando los barcos de nuestra flota y a las Bases en que ellos apoyan toda su actual eficacia, permitiese reducir considerablemente los gastos que a la nación origina el mantenimiento de un tan costoso instrumento de guerra."

Parece natural que, después de este párrafo tan razonado, el presupuesto de Marina se redujese considerablemente; pero, ¡ca!, no fue así. Si analizamos los presupuestos de gastos de los años 1931 (último de la Monarquía) y 1933 vemos que ha ocurrido todo lo contrario: éste ha sido superior al de 1931 en 3.732.183,75 pesetas, cantidad que aumenta considerablemente si la incrementamos con el importe de lo devengado por los que en la actualidad perciben sus haberes por Clases Pasivas, por hallarse en situación de reserva o retirados, acogidos al decreto de retiros, haberes que en el año 1931 figuraban en el presupuesto de la Armada[81].

"Mas, la necesidad y urgencia de una organización de nuestras fuerzas navales —continúa diciendo el preámbulo—, se acentúa si se tiene en cuenta que en la actual estructura de aquéllas, barcos y bases, son, más que el instrumento eficaz a cuyo servicio se pone el elemento personal, pretexto para acrecentar el desarrollo de nutridos y múltiples Cuerpos a todas luces excesivos para la modestia de nuestro poderío naval y que por su propio desproporcionado crecimiento más entorpecen que facilitan el normal desarrollo del plan naval que las necesidades de la defensa de

---

[81] La demostración del aumento es la siguiente:

	Pesetas
Presupuesto general de la Armada en 1933	260.693.752,89
Ídem íd. íd. en 1931	256.961.569,14
Diferencia	3.732.183,75

nuestro territorio y el imperativo de las relaciones internacionales impongan.

"El exceso de personal en cada uno de los Cuerpos que hoy constituyen nuestra Marina militar y la multiplicidad de ellos, no sólo no han dado mayor eficacia a nuestras fuerzas navales, sino que se la han mermado, dando origen a confusión en el desempeño de las funciones privativas de cada Cuerpo y pudiendo fomentar rivalidades absolutamente incompatibles con el espíritu de abnegación y sacrificio que debía animar a toda Corporación militar."

Como consecuencia de todo esto se redujeron las plantillas de los Cuerpos patentados hasta un límite inconcebible e incluso algunos se declararon a extinguir. ¿El lector creerá que con ello se logró una economía en personal? Pues no, señor; nada de eso. El total de lo presupuesto para haberes en 1933 excede en 15.303.442 pesetas a lo consignado en 1931, sin contar lo de Clases Pasivas; en cambio, se redujeron las partidas de "Nuevas construcciones", "Cuerpos patentados", "Departamentos", etc., para lograr, no una disminución en el presupuesto de 1933 con relación al de 1931, sino que el aumento no rebasase la cantidad de 3.732.183,75 antes apuntado [82]. Es decir, que, después de tanto derroche de argumentación justificativa, el sacrificio económico a que se somete la nación ha aumentado en vez de haber disminuido, como también ha disminuido la eficacia de la flota, tanto por la paralización del plan de construcciones (los barcos se hacen viejos muy pronto) como por haberse reducido el número de buques en tercera situación. ¿Cuáles han sido —preguntará con razón el lector— las causas de tan extraño aumento en el presupuesto de 1933? Voy a complacer su lógica curiosidad:

En primer lugar se crearon la Marina e Intervención civiles. En la Marina civil se dio inmediata colocación a un gran número de personas con no escasa retribución; allí donde no hubo función que realizar, se inventó; la cuestión era colocar el mayor número de paniaguados y justificar los haberes y emolumentos. Esto no hubiera estado del todo mal si se pretendía que los jefes y oficiales del Cuerpo general no ocuparan determinados cargos burocráticos, máxime habiendo sido suprimida la Escala de Tierra por la Dictadura en 23 de agosto de 1924; pero lo notable

---

[82] La demostración del aumento es la siguiente:

		Pesetas
Gasto total de personal en 1933		78.300.639
Idem íd. íd. en 1931		62.997.197
	Diferencia	15.303.424

del caso es que esa escala, con el nuevo nombre de "Escala de Servicios de Tierra", la resucitó el decreto de 23 de junio de 1931 "para restablecer el imperio de las leyes de origen legítimo", decreto que fue revalidado por la ley del 27 de septiembre del mismo año, con la particularidad de que, al mismo tiempo, se declaraba a extinguir la antigua Escala de Tierra —artículo primero de la misma—, pues, por lo visto, de lo que se trataba era de que el personal de ésta no pudiera meterse en la de Servicios de Tierra y estropear con ello las rápidas carreras de quienes habían sugerido al señor Casares Quiroga la reforma, inspirada oficialmente, como la organizada por las leyes de 7 de enero de 1908 y 30 de diciembre de 1912, en el caritativo al par que patriótico deseo de utilizar en el servicio de tierra "el personal del Cuerpo General de la Armada que, por justificada carencia de aptitud física o por haber alcanzado determinadas edades, no se consideraba idóneo para el servicio de mar". Claro es que la finalidad que el ministro pensó alcanzar —sin duda por consejo del señor Azaña— fue destrozar por completo el espíritu y entusiasmo del Cuerpo general, para lo cual tuvo el buen cuidado de disponer las cosas en tal forma que los jefes y oficiales que por su poca afición a navegar pasaban a dicha escala se les ponía en condiciones de hacer carreras vertiginosas, adelantando a los que por su amor a la mar quedaban prestando servicio en los buques. Y que los hechos son como yo los pinto y no como se trataban de justificar en el preámbulo de marras está en que hubo casos de individuos que sin pisar la cubierta de un barco llegaron en pocos meses a capitanes de corbeta, empleo equivalente al de comandante en el Ejército. Todo esto dio lugar a respetuosas y hasta enérgicas protestas por parte del personal navegante del Cuerpo general, por entender —muy bien entendido— que tales disposiciones constituían un premio al demérito cuando no a la intriga. El desafuero —que no otro nombre merece la disposición que comento— tuvo su principal agente en quien, en aquellos tiempos, desempeñaba un cargo muy cerca del ministro de la Marina militar y que, en virtud de dicha ley, logró ascender y retirarse con el empleo honorífico y con el mayor sueldo íntegro percibido al servicio del Estado, que para eso tuvo buen cuidado se insertase un artículo en la ley —el segundo de los transitorios— que textualmente decía: "Con objeto de facilitar la rápida extinción de la Escala de Tierra se concede el derecho a obtener el retiro o reserva con el empleo honorífico superior y con el mayor sueldo íntegro que hayan cobrado al servicio del Estado, quinquenios y demás ventajas contenidas en los decretos de 23 de junio y 9 de julio, a los jefes que, estando en posesión de la placa de San Hermenegildo, lo soliciten en el plazo de un mes, a partir de la promulgación de esta ley." ¡Artículo a la medida! ¡¡Exactamente a la medida!!

El aumento que ha representado la creación de la Escala de Servicios de Tierra no he podido calcularlo; el de la Marina e Intervención civil, sí: la primera absorbe, solamente en personal, 8.890.000 pesetas y la segunda, con sus 36 jefes y 33 auxiliares, sus buenas 736.000. ¡Menudo medio de facilitar "el normal desarrollo del plan naval"!

Otra causa del aumento fue la reorganización que sufrió la segunda Sección del Cuerpo de maquinistas, pues de un golpe ascendieron todos, y lo que se servía antes con un núcleo de 47 jefes y oficiales hoy necesita 278, número de maquinistas de categoría de oficial que seguramente no tiene ninguna gran potencia naval. Para mayor ilustración del lector, hago presente que la primera Sección de maquinistas consta oficialmente de una plantilla de 75 generales, jefes y oficiales[83].

Ahora bien, el motivo principal del aumento reside en la reorganización de las clases subalternas y la militarización de los obreros de los arsenales. Para comprender mejor el proceso de estas reformas conviene hacer un poco de historia.

Sabido es que al proclamarse la República se produjo en la marinería y clases subalternas un grave estado de indisciplina, en gran parte originado porque la propaganda revolucionaria en la Armada se apoyó tanto en los Cuerpos auxiliares como en dichas clases y personal obrero. La violencia, aunque no lo desagradable, pudo evitarse con tacto y habilidad en unos casos, con energía en otros y al precio de claudicaciones no muy decorosas en alguno. La intervención ministerial logró, tras grandes esfuerzos, conjurar el peligro del escándalo, no como deben resolverse esas cuestiones en los organismos armados para mantener en todo su prestigio el principio de autoridad, sino derramando el favor a manos llenas, con quebranto del Erario y perjuicio del buen servicio. En virtud de este derramamiento de mercedes se concedió a todas las clases de Marina quinquenios por el número de años de servicio, y además un ascenso rápido, que convirtió a gran parte de las clases subalternas en jefes y oficiales vivos y efectivos. Cuanto ha ocurrido y sigue ocurriendo con este

---

[83] Aprobada por decreto de 22 de agosto de 1931.

General maquinista	1
Coroneles maquinistas	4
Tenientes coroneles maquinistas	5
Comandantes maquinistas	10
Capitanes maquinistas	34
Tenientes maquinistas	21
Total	75

motivo es original: se da el caso frecuente de individuos que tenían categoría de contramaestre y que, como es lógico, estaban a las órdenes de oficiales del Cuerpo general, ostentan en la actualidad empleos superiores a dichos oficiales y, consiguientemente, mayores sueldos; y se ha dado el caso también de que algunos han logrado, merced a esa acumulación de quinquenios, retirarse con un haber pasivo superior al de jefes de las escalas patentadas que tenían igual número de años de servicio. Todo ello alcanzado sin más esfuerzo que el de haber esperado tranquilamente la llegada al Ministerio de Marina del ministro redentor que implantara el original y democrático sistema de "todos iguales", dando a las demás Armadas del mundo una lección de lo que son capaces de hacer en un país que ha perdido el instinto de conservación, unos políticos trepadores, osados e incultos, dirigidos, para mayor desdicha, por la voluntad férrea de un oscuro covachuelista con pujos de literato y empacho revolucionario.

Con todas estas cosas la gravísima situación del mes de mayo de 1931 y siguientes se conjuró. En cambio resulta que hoy no existe escala intermedia entre el oficial y el marinero, los incidentes se suceden sin interrupción y todo anda manga por hombro[84].

Otra estupenda y original medida, que ha costado y seguirá costando lo suyo, fue la militarización de los obreros de los arsenales del Estado. Hoy, todos estos señores forman un Cuerpo con más de 4.000 funcionarios, en virtud de una ley promulgada el 8 de julio de 1932, ley que podemos calificar de hija legítima de los profundos conocimientos técnico-navales almacenados en el meollo del insigne químico y experto boticario, Giral. Los comentarios que podrían hacerse de esta famosísima ley darían materia a Wenceslao Fernández Flórez para escribir un grueso volumen en cuarto mayor, pues, aparte los casos curiosísimos que a diario se presentan de individuos que se consideran con derecho a formar parte de dicho Cuerpo, tales como mozos, lavanderas de buques, fregadoras de Ministerio, etcétera, etc., existen notables ejemplares de analfabetos que, por el solo hecho de haber sido ocupados eventualmente en algún Arsenal para rascar los fondos de los barcos, hoy se encuentran con un sueldo fijo y un uniforme flamante, como también hay quien teniendo categoría de oficial anda por los talleres arrastrando una carretilla, y no han sido pocos los que han reconocido entre los retratos expuestos en el escaparate de un

---

[84] Hace poco tiempo me dijeron se estaba estudiando la forma de crear de nuevo dicha escala intermedia.

fotógrafo madrileño, luciendo divisas de capitán de corbeta, a uno que fue portero del Ministerio.

Pero hay todavía más. La gestión de los tres ministros citados fue tan catastrófica que ha producido aumento de gastos aun en aquellos casos que trataron de reducirlos con medidas ultrarradicales. Así, vemos que mientras por un lado se suprime o se declara a extinguir la Sección de Farmacia del Cuerpo de Sanidad, por otro se dispone que cuando las necesidades del servicio lo exijan se contrate personal civil; mas como el servicio farmacéutico es indispensable y el personal que integraba el Cuerpo de farmacéuticos de la Armada se acogió casi todo a la ley de retiros, y las necesidades del servicio surgieron en el acto, puede muy bien haberse dado o darse el caso de que un mismo señor cobre el sueldo íntegro como retirado y al mismo tiempo duplique sus ingresos por haber sido contratado como farmacéutico civil, lo cual es equivalente en el orden económico a tres ascensos de un golpe, librándose al mismo tiempo de las pejigueras de la disciplina militar. Casos análogos han podido o podrán también ocurrir con la supresión de los Cuerpos de Artillería e Ingenieros de la Armada[85].

Si de lo económico pasamos a lo orgánico, la catástrofe aumenta. Vaya un ejemplo: el servicio obligatorio de la marinería ha pasado de tres años a ser de quince meses. El comentario que merece tamaño desatino es inútil hacerlo; salta a la vista. La más elemental instrucción de cualquier

---

[85] El decreto de reorganización de la Armada fecha 10 de julio de 1931, con las modificaciones introducidas al ser aprobado y ratificado con fuerza de ley por la de 24 de noviembre de dicho año, dice así:

Art. 49. (Caso 6°, párrafo 3.°). El actual Cuerpo de Ingenieros de la Armada se extinguirá con las plantillas que se fijen, y desempeñará los destinos de este servicio a que alcance su personal. Cuando éste no sea suficiente, el ministro convocará concurso entre los ingenieros navales civiles, que quedarán sujetos a las leyes militares mientras presten servicio en la Marina.

Art. 50. (Caso 6.*, párrafos 3.* y 5.*) El actual Cuerpo de Artillería de la Armada se extinguirá con las plantillas que se fijen, y desempeñará los destinos de este servicio a que alcance su personal.

Si las necesidades del servicio lo requiriesen para determinados cometidos industriales, se procederá a concursar entre el personal civil especializado el número de plazas necesarias, y este personal prestará servicio en la Marina en las condiciones que se señalen.

Art. 53. La Sección de Farmacia del Cuerpo de Sanidad de la Armada se declara a extinguir con la plantilla que se fije. Cuando sea necesario se contratará personal civil para cubrir este servicio.

marinero ocupa necesariamente más tiempo; si esta afirmación mía no bastase, puede recurrirse a la opinión de cualquier técnico o a dar un vistazo por las leyes o reglamentos de reclutamiento e instrucción de las fuerzas de mar extranjeras, donde hallarán que el tiempo de obligatoria permanencia excede siempre de los veinticuatro meses, a no ser que se fijen en Rusia (U. R. S. S.), que es de cuatro años.

La reducción a quince meses lleva consigo una enorme debilidad en el actual poder ofensivo de los buques, pues no hay duda que las armas son más eficaces cuanto más diestro sea el personal que ha de utilizarlas, y menos, por no decir completamente inútiles, cuando no tiene tiempo material de llegar a adiestrarse en ellas. Y quiero recalcar con esto que mientras el sacrificio económico a que se ha sometido a la nación ha aumentado, la eficacia ha disminuido enormemente.

No es preciso decir más, que ya con lo dicho hay bastante. El lector comprenderá ahora la razón que al Cuerpo general de la Armada asistía al proponer fuera disuelta la Marina de guerra española. Antes que el ridículo, la muerte.

TERCERA PARTE

CAPÍTULO PRIMERO

Peligros de guerra

Yo no sé si la guerra es una calamidad más de las muchas que pesan sobre la Humanidad. Lo que sí sé es que la guerra es un fenómeno natural que, como dijo Villamartín, "aparece con el hombre, germina con la familia, crece con la tribu y llega a su apogeo en la nación": constituye una necesidad biológica; en ciertos casos es, a más de eso, una obligación ética. Como necesidad biológica, la guerra es el efecto de una causa superior a la voluntad individual, incluso al dinamismo colectivo: es una ley fatal e inexorable del Universo; como obligación ética, un medio indispensable de civilización cultura. Así lo han reconocido filósofos y escritores eminentes[86]. La guerra es, sobre todo, una consecuencia de la vida misma; por eso subsistirá mientras el hombre aliente sobre la tierra. Esta afirmación no necesita ser demostrada, porque es evidente, axiomática.

---

[86] Proudhon decía: "Sin la guerra, la tierra carecería de la noción del cielo". Renan afirmaba que la guerra "es una de las condiciones del progreso, el golpe de látigo que impide a un país adormecerse, obligando a salir de su apatía a la mediocridad satisfecha de sí propia, pues el hombre sólo se sostiene por el esfuerzo y la lucha". Víctor Hugo escribió: "Desde hace miles de años todas las mieses se obtienen con el arado y todas las civilizaciones por medio de la guerra". Nuestro inolvidable Villamartín aseguraba que "la paz perpetua sería un viceversa absurdo, una antinomia viva en la ley creadora; sería el sol fijo en el cenit, el mismo grado de calor y de luz, ni la más diáfana nube, ni la brisa más suave: la paz perpetua sería la sociedad en estado fósil". En época reciente, el general Villalba ha escrito: "La espada tinta en sangre, coronada por el laurel de la victoria, es el emblema de los pueblos que marchan a la cabeza del progreso". Algo después, don Ricardo Burguete, en una de sus últimas obras—*La ciencia militar ante la guerra europea*—, terminaba el prólogo con estas palabras: "No sé si la guerra es necesaria al progreso, pero que el progreso marcha empujado, aun por las más estériles, es un hecho innegable".

Oponer a un axioma el artículo de una ley política, es sentar una premisa falsa. A la entidad o corporación que en cada pueblo tiene la facultad de legislar podrá atribuírsele poder de soberanía, pero jamás el de omnipotencia, que es atributo exclusivo de Dios; sin embargo, la vanidad humana pierde a veces la noción de lo racional y cae en el absurdo. Tal ocurrió, sin duda, al votar el artículo 6° de nuestra Constitución, que dice: "España renuncia a la guerra como instrumento de política nacional." Este artículo, o no quiere decir nada, y en tal caso está de más, o entraña esta afirmación: la voluntad de las Cortes constituyentes de la segunda República española está por encima de las leyes inmutables del Universo. Lo mismo pudo decirse que los españoles renunciamos a las borrascas o a la práctica del amor. He procurado que personas versadas en cuestiones de Derecho me ilustren sobre tan interesante extremo; mas únicamente he conseguido respuestas que me han parecido fundamentadas en sofismas.

El deseo de acabar con las guerras no es asunto nuevo; en todas las épocas se ha pensado en ello, especialmente a raíz de las grandes conmociones bélicas. A más estrago, mayor reacción pacifista: esto es lógico y también obedece a una ley natural: la misma ley que en el campo de la Física rige el movimiento del péndulo. La guerra mundial, con su cúmulo de horrores, no podía sustraerse a esa reacción. Creo firmemente que el hombre a quien se le ocurrió la idea de la Sociedad de las Naciones y los que le secundaron la pusieron en práctica animados de los mejores propósitos, casi convencidos de lograr convertirlos en realidad; pero olvidaron algo interesante: que la Humanidad no había cambiado. Ellos mismos, en el fondo, eran idénticos a como fueran antes de 1914; análogos recelos, Suspicacias y temores que habían presidido la política internacional antes del crimen de Sarajevo se hicieron patentes desde las primeras deliberaciones. No podía ocurrir de otra manera. Han pasado los años sin haberse conseguido nada práctico. Hoy la Sociedad de las Naciones es un centro burocrático, que sólo sirve para mantener un enjambre de empleados con espléndidos sueldos y una legión de diplomáticos que pesan demasiado sobre los presupuestos de los respectivos Estados. ¿Resultado práctico? Ninguno, que yo sepa; es decir, sí, para España un peligro más[87].

---

[87] El coronel Martín Llorente (Armando Guerra), en su interesante obra *La guerra futura*, dice: "Por el último párrafo del artículo XVI—del pacto de la Sociedad de las Naciones—se observará, como hice notar en una de mis crónicas, que en el caso de que Francia fuera agredida por Alemania o Italia, por ejemplo, y la Sociedad de las Naciones *recomendara* a sus miembros el ir contra una o contra

El fracaso de la Sociedad de las Naciones no tendría importancia alguna si los pueblos, ante el dolor de las pérdidas de sangre y el derrumbamiento económico, consecuencia inevitable de la lucha y de los gastos originados por ésta, hubieran podido realizar el milagro de sustraerse a la ley natural; pero los milagros son hechos sobrenaturales, cuyo agente es el poder divino y ajenos por completo a la volición de los hombres. No existe la facultad de desviarse del camino fatal. Y así hemos visto que, aún el ambiente impregnado del repugnante olor a cadaverina, ya amenazan nuevos peligros que ponen en grave aprieto la paz universal. Existe un deseo indiscutible, vehemente, de que la ruptura no se produzca, y para ello se trata de reducir los armamentos, como si éstos fueran la causa de las guerras y no la consecuencia del instinto de conservación de las naciones. Quienquiera que crea que suprimiendo los ejércitos quedarán de hecho desterradas las guerras se halla en el mismo caso del que supusiera que haciendo desaparecer pistolas y puñales terminarían los crímenes. Cambiar el modo de ser del género humano está por encima de los deseos de unos señores diplomáticos, de la sociedad misma.

Hay que rendirse a la realidad. En Europa la contienda puede estallar cuando menos se piense, aunque no es probable que esto ocurra en plazo breve; pero nadie es capaz de negar, sin cerrar los ojos a la evidencia, la posibilidad de que el conflicto se produzca antes de lo que la lógica parece indicar. Cabe que la próxima guerra surja inesperadamente como ocurrió con otras: "La Historia —ha dicho un ilustre político español— tiene la coquetería de repetirse."

Examinado el horizonte político internacional, se aprecian bien marcados dos peligros: uno que tiene su origen en el Tratado de Versalles; otro que nace de la especial situación que se está creando en Oriente. En el momento actual se aprecia como más inmediato el primero. El hecho determinante de la guerra no es preciso se produzca en territorio europeo. Algunas veces he meditado detenidamente sobre las consecuencias que pudiera tener una sublevación de las cabilas de nuestra Zona de

---

ambas de las citadas, aunque hiciéramos oídos de mercader a la recomendación, *estamos obligados, en tanto pertenezcamos a la Sociedad, a dejar pasar por nuestro territorio a las tropas que Francia llevara desde Marruecos a la metrópoli,* y ello se traduciría seguramente en ataques aéreos por parte de los alemanes o de los italianos, que intentarían impedir ese paso, y tal hecho nos llevaría en derechura a la guerra, aun queriendo ser neutrales.

"La permanencia, pues, en esa Sociedad, que para nada ha servido y que nos ha costado buenos millones, puede ser para España más perjudicial que beneficiosa."

Protectorado. Yo invito a todos los españoles —y especialmente a quienes nos gobiernan— a reflexionar sobre lo que acabo de decir, relacionándolo con estos tres factores: situación política; eficiencia de nuestra actual organización militar en Marruecos; actitud probable, en tal caso, de las potencias directamente interesadas en el Mediterráneo. La Fatalidad no pocas veces se presenta saturada de trágica ironía y extrañas paradojas: ¡España, el pueblo más pacifista del viejo continente, origen de la nueva conflagración europea!... No sería la primera vez que cosa análoga sucediera.

Dada la situación internacional presente, que, pese a los buenos deseos de todos, tiende a complicarse (el reciente fracaso de la Conferencia del Desarme es un síntoma), no cabe otro recurso que estar arma al brazo para hacer frente a lo que pueda ocurrir; pues, por desgracia, no es suficiente el firme propósito de observar la más rigurosa neutralidad para conjurar el peligro de verse envuelto en los horrores de la lucha. Téngase esto muy presente. Es más, dada la evolución operada desde hace algunos años en la Europa central, el sentido común dicta que, de estallar un conflicto puramente europeo, la acción marítima tendrá su centro de gravedad en el Mediterráneo, y, en tal caso, o renunciamos definitivamente a nuestra personalidad histórica, lo que sería entregarnos atados de pies y manos a la voracidad de las grandes potencias, o tendremos que sumarnos a cualquiera de los bandos beligerantes como mal menor. Una actitud análoga a la que mantuvimos durante la guerra mundial no será posible. Y no lo será tampoco en el caso de que la tempestad venga de Oriente —lo que está dentro de lo verosímil, dada la tesis bolchevique, que aspira a someter a la dictadura rusa los países occidentales, o, mejor dicho, a que sean absorbidos por la Unión Soviética, ya que, doctrinalmente, ésta no admite fronteras—, y no lo será, porque entonces todas las naciones europeas tendrán forzosamente que alistarse en la cruzada que se organice en defensa de su independencia y de su civilización; pero si, por desgracia, como puede suceder llegado ese momento, España se halla mediatizada por un marxismo que, como el que hemos padecido hasta hace poco, mire con ojos más cariñosos a Moscú que a Ámsterdam, entonces, por natural instinto de conservación, los pueblos de régimen capitalista operarían sobre ella de una manera fulminante. Es decir, que cualesquiera sean las hipótesis que se sienten, subsiste para nosotros el peligro de participación en la contienda; y como para tomar parte en ella no hay otro recurso que estar preparados, de aquí la necesidad de contar con la máquina apropiada para hacer la guerra, o sea con un Ejército todo lo eficiente que permitan las posibilidades económicas de la nación.

Cuanto acabo de decir me lo dictan el conocimiento de la Historia y el sentido común. Ya sé que, hoy como ayer, no falta el hombre de buena fe que cree que las luchas de los pueblos han acabado; tampoco ignoro existen quienes hacen de la utopía pacifista, pedestal de sus ambiciones: no es siempre un ideal el que guía a los que se nos presentan con túnica de apóstoles. Allá, cuando agonizaba el siglo XIX, un propagandista italiano, por encargo de la *Unione Lombarda per la Pace,* escribía: "Consolémonos, pues, de nuestra impaciencia, mirando al pasado, y entonces podremos embriagarnos ante el pensamiento de la grandeza de las cosas y de los acontecimientos, en medio de los cuales nos ha tocado en suerte vivir. Entretanto, la guerra muere; la guerra, la primera y más brutal forma del mal que nos muestra la Historia. Pensemos en aquellas soberbias aristocracias militares que llenaron las edades pasadas con sus violentas iniquidades, desde la de la Roma antigua hasta la que hace un siglo revivió en torno de Napoleón, y alegrémonos de que su poderío no sea más que polvo... El fin de las guerras cierra el primero y más terrible capítulo de la civilización blanca." Poco tiempo después, en el Transvaal, densas nubes de humo de pólvora protegían del sol los campos sembrados de cadáveres de ingleses y boers, y un año más tarde Europa casi íntegra invadía Pekín para imponer unos ferrocarriles a los chinos; en 1904 rusos y japoneses luchaban por la explotación de la Manchuria, haciendo célebres los nombres de Port-Arthur, Liao-Yang y Mukden. Surgen luego nuevos propagandistas que, tremolando la bandera del socialismo internacional —como si las ideas pudiesen dominar a los sentimientos—, tratan de convencer al mundo de que ellos impedirán en lo sucesivo las matanzas entre los hombres, y, en efecto, en 1912, es en los confines de Europa con la Turquía asiática, el lugar en el cual la tempestad se desencadena; dos años más tarde, es en el corazón de nuestro propio Continente donde estalla el conflicto armado más sangriento que registra la historia de la Humanidad: ¡Los muertos se cuentan por millones!

La nueva guerra dejará en mantillas a la de 1914-1918. Al tiempo...

CAPÍTULO II

España neutral y España beligerante

Los armamentos no son el elemento puesto al servicio exclusivo de la agresión, sino también un medio insustituible de defensa; son como la pistola que el ciudadano pacífico se echa al bolsillo cuando su seguridad personal puede correr peligro. El instinto de conservación no es sólo la propensión maquinal e indeliberada de orden aislado y egoísta de los seres del reino animal dirigida a la defensa de su existencia y a la reproducción de la especie; el instinto de conservación es también impulso colectivo de amparo de las familias y colonias que dichos seres pueden constituir por ley natural y, por lo tanto, de los pueblos.

Creo firmemente —vuelvo a repetirlo— que actitud análoga a la que mantuvimos durante la guerra mundial no será posible en el conflicto que parece cernirse amenazador sobre Europa; pero estimo que tal creencia no excluye un propósito sincero y firme de permanecer neutrales: debemos procurarlo por todos los medios, tanto para evitar nos alcancen los horrores de la lucha como por satisfacer el que ha sido y es el sentir general de la nación. Sin embargo, no ha de olvidarse que si para intervenir en la contienda hace falta un ejército preparado, para mantener la neutralidad, cuando el choque se ha de desarrollar a las mismas puertas de la casa y es solicitada la colaboración por los bandos beligerantes, es indispensable que la máquina guerrera de que se disponga infunda verdadero respeto y que los productos que proporcionen el suelo y la industria nacionales sean, por lo menos, los precisos para satisfacer las necesidades más apremiantes de la vida ciudadana y las exigencias del organismo armado.

Si poseer un ejército preparado, proporcional a la extensión del territorio y a la economía nacional no es difícil, aunque sí costoso, lograr en un país modesto crear un instrumento militar que infunda respeto a las grandes potencias entra en la esfera de lo imposible. Y si, además, la producción agrícola y mineral de una nación no proporcionan las primeras materias que son indispensables para el mantenimiento de su ejército, ni la industria está lo suficientemente desarrollada ni es susceptible de transformarse rápidamente para atender a las necesidades de él, dicho se está que las posibilidades de imponer una voluntad, por muy justa que sea, caen en los límites de lo absurdo. La escasa capacidad industrial y la carencia de primeras materias obligan forzosamente a depender del extranjero: éste es el caso de España. La hipótesis de una neutralidad a todo trance hay que desecharla si las naciones que nos rodean no están dispuestas a tolerarla. Es triste confesarlo, pero así es.

Mas como una afirmación de tal índole, por su gravedad, no debe lanzarse sin agotar los argumentos que la confirmen, voy a exponer algunas consideraciones sobre nuestra situación en orden a lo que se ha dado en llamar "nación integral", es decir: país que se basta a sí mismo para satisfacer sus necesidades. ¿Qué posibilidades existen en España de ello movilizando todas sus fuentes de riqueza y energía? Vamos a verlo:

Dejo a un lado estudio tan importante como es el relativo al "valor ecético" —relación entre el factor geográfico propiamente dicho y el factor humano— y voy a limitarme exclusivamente, aunque en el fondo tenga íntima relación con él, a exponer los problemas que se nos plantearían caso de tener que hacer frente con nuestros propios recursos a la vida de la población civil y a la del Ejército.

Medios de subsistencia de la población. —Aunque sé muchos no comparten mi opinión, entiendo que España es un país de suelo pobre. Existen, por desgracia, grandes extensiones de terreno improductivo y otras que, efecto del clima desfavorable y mala calidad de la tierra, rinden escasa producción. A pesar de ello, teniendo en cuenta la inmensa variedad de cultivos que pueden desarrollarse debido a la situación geográfica y relieve del terreno, creo poseemos suficientes recursos naturales en subsistencias para hacer frente a una situación de aislamiento; afortunadamente, cereales y legumbres, base sobre la que descansa nuestra alimentación, se producen en suficiente cantidad: él problema quedaría reducido a una buena organización del trabajo agrícola y a un racionamiento severo.

El problema de las subsistencias, no obstante la pobreza del suelo, podría mejorarse extraordinariamente, primero: con obras de ingeniería que convirtiesen en terrenos de regadío extensiones que serían cultivadas con provecho si recibieran algo más que las cuatro gotas que de misericordia caen al cabo del año; segundo: con una intensa repoblación forestal, para tratar de regularizar el régimen de lluvias y una enérgica legislación sobre explotación de bosques que se hiciera cumplir rigurosamente, a fin de evitar los abusos que se cometen en la actualidad; tercero: con el fomento de la ganadería, hoy en tan aguda crisis, que lleva camino de desaparecer. Todo esto es obra de gobierno; pero nada podrían los Gobiernos sin la disciplina y asistencia entusiasta de los ciudadanos.

Medios de vida del Ejército.— Un ejército moderno necesita, para actuar en la guerra, algo más que un mando selecto, una instrucción perfecta y un *stock* de armas y municiones: necesita movilizar la mayor parte de las industrias del país en provecho propio y que estas industrias cuenten con las materias primas indispensables para su funcionamiento.

Las materias primas que más se utilizan en la industria militar son las siguientes: madera, algodón, hulla, petróleo y metales.

A primera vista parece que el creciente empleo de materiales de construcción, tales como el hierro y el cemento, debía hacer posible prescindir de la madera o, por lo menos, reducir en gran escala su consumo; sin embargo, no es así, hasta tal punto, que si en un momento dado desaparecieran los bosques de las cinco partes del mundo, en el acto quedaría paralizada toda la industria moderna. En la guerra se consumen cantidades considerables de madera.

A un ejército le es necesaria la madera para las cajas de las armas portátiles[88], los envases y carruajes, entibados de minas y accesorios de fortificación, encofrados para hormigón y construcción de muebles, traviesas, etcétera, etc.; a un ejército le son, además, necesarios los productos directos de ella y los subproductos derivados, tales como la resina y los aceites, la celulosa y los alcoholes, la pasta de papel y un sinfín de alcaloides utilizados, tanto en la fabricación de pólvoras y explosivos como de aplicación sanitaria. ¿Hasta qué punto podría España bastarse a sí misma en cuanto a este importantísimo elemento? La respuesta es en extremo desconsoladora: ni tenemos producción suficiente ni industria en explotación capaz de atender las necesidades más apremiantes. Tan sólo la madera que se necesitaría para la utilización directa acabaría en poco tiempo con nuestras escasas plantaciones de árboles.

También para atajar este mal urge una repoblación intensa de los bosques, cuyos beneficios ya sé no habremos de recoger nosotros, pero sí nuestros hijos o nuestros nietos, y con ello algo tendrían que agradecernos. Como verá el lector, mi crítica no es negativa: apunto el mal y digo el remedio; aunque éste, a veces, por fuerza de las circunstancias, dé la sensación de una ironía.

Aparte de su empleo en la industria textil, el algodón es el principal elemento en la fabricación de pólvoras, por constituir la forma más pura de la celulosa. En toda guerra se hace un consumo fabuloso de él. No obstante disponer de terrenos muy a propósito para la siembra de la malvácea que lo produce, como son el valle del Guadalquivir y la zona occidental de nuestro Protectorado, las tentativas de cultivo que se han hecho puede decirse no han pasado de la categoría de simples ensayos, a

---

[88] Se designa con el nombre de "caja" el montaje de madera que tiene el fusil y algunas otras armas portátiles.

tal extremo, que puede afirmarse importamos casi la totalidad del que consumimos.

En caso de necesidad, podría sustituirse el algodón por otros productos, tales como el esparto y la paja de arroz, que se producen en gran cantidad en las provincias levantinas; mas ello exigiría una organización industrial distinta de la que hoy existe y un cambio completo de las instalaciones, por variar fundamentalmente los procedimientos de nitración y secado. Lo más práctico, desde luego, sería intensificar el cultivo del algodón en los lugares apuntados, aunque la lentitud en que esto habría de hacerse únicamente nos podría dar resuelto el problema a muy largo plazo.

He dicho antes que un ejército moderno necesita movilizar la mayor parte de las industrias en provecho propio. Ahora he de añadir que, para la existencia y desarrollo de las industrias, la hulla se considera todavía como un elemento indispensable, y lo será aunque se resuelva de una manera definitiva y satisfactoria el problema de los sustitutivos. "Los intentos para la sustitución —dice el culto teniente coronel Villanueva, en su interesante obra *Bases para el estudio de la Geografía Militar*— son ya positivos, sobre todo con respecto a la "hulla blanca"; pero la transformación es lenta y costosa y no deja de envolver difíciles problemas que, relacionándose con la utilización militar de los nuevos elementos, hay que tener muy en cuenta para disponer convenientemente la defensa nacional." No se puede decir hoy, ni se podrá decir en mucho tiempo, que la hora de la hulla ha pasado, porque, dejando a un lado la utilización de ésta como elemento productor de fuerza motriz y cok metalúrgico, el carbón rinde, sometido a modernos métodos de gasificación y destilación, numerosos productos derivados, entre los que se encuentra el alquitrán primario, del cual se obtienen subproductos de tan enorme importancia militar como la bencina, petróleo, aceite para motores, lubrificantes, anilinas, gases de combate, explosivos, desinfectantes, etc., etc. No es raro, por tanto, que, al constituirse no hace mucho una empresa en Inglaterra para la obtención de derivados de la hulla, exclamase un periódico británico: "¡S. M. Carbón I ha muerto; viva S. M. Carbón II!"

La situación nuestra, en cuanto a este producto, no es desfavorable en orden a las reservas, pero sí lo es atendiendo a la calidad, índice de explotación e indefensión de las cuencas carboníferas; tampoco la industria derivada de él está lo desarrollada que debiera, y en este punto bueno estaría se copiara algo de lo que se ha hecho en Alemania con la industrialización de los lignitos, pues sabido es que aquí no andamos escasos de ellos, y allí se han obtenido carburos de hidrógeno muy superiores a los de las hullas, doble cantidad de aceites ligeros y veinte veces más de parafina.

Es equivocado creer que la "hulla blanca" resuelve el problema; lo que hace, indiscutiblemente, es favorecer la solución. Así, pues, si queremos ponernos en buen camino, no tenemos más remedio que ir, poco a poco, intensificando la explotación de la energía hidráulica, reglamentar la de las cuencas carboníferas, poner éstas al abrigo de audaces golpes de mano, con un sistema racional de defensas, en las que han de jugar principal papel las antiaéreas, y, por último, fomentar las industrias derivadas.

El petróleo tiene, a mi entender, para una nación y un ejército, más importancia que la hulla. Sin hipérbole, puede afirmarse que el petróleo es, hoy por hoy, la sangre que da vida al organismo armado en la guerra: no es raro, por tanto, que el coronel Gémeau asegure que los ejércitos de mañana quedarán paralizados si les llega a faltar la esencia, y que la penuria del carburante será más terrible que otra cualquiera. Esto ha ocurrido ya: Francia, en 1917, pasó por los momentos más críticos de la guerra al no disponer de más reservas de este combustible que para tres días de lucha como la sostenida en las inmediaciones de Verdún, lo que determinó la enérgica intervención de Clemenceau, quien personalmente dirigió al presidente Wilson el célebre y angustioso telegrama del 15 de diciembre[89]. Las dificultades que tuvo Alemania para abastecerse de petróleo en Austria y Rumania no determinaron, pero sí contribuyeron a su derrota: esto lo reconoce el mismo Ludendorff en sus *Memorias*.

Desgraciadamente, España no obtiene de su subsuelo ni una sola gota de tan preciado líquido. Nuestra dependencia del extranjero es absoluta. Pero, si la Naturaleza no ha sido pródiga en petróleo con nuestro país, en cambio, la ciencia moderna y una sabia política podrían, no sólo atenuar, sino resolver problema que tan directamente afecta a la economía e independencia de la nación.

---

[89] El famoso telegrama dice así:

"En el momento decisivo de esta guerra, cuando en el año 1918 se han de desarrollar las operaciones capitales sobre el frente francés, los ejércitos de Francia no pueden estar expuestos a carecer de esencia indispensable para los camiones, aeroplanos y tractores de artillería; la falta de esencia llevará consigo la paralización brusca del ejército, y como resultado una paz inaceptable para los aliados. El presidente Clemenceau solicita personalmente del presidente Wilson un acto de autoridad gubernamental, necesario para el envío inmediato de 100.000 toneladas de esencia a los puertos franceses. Si los aliados no quieren perder la guerra, es preciso que la Francia combatiente posea la esencia necesaria, tan indispensable como la sangre, para las batallas de mañana."

Al *trust* americano del petróleo se le obligó por el presidente Wilson a satisfacer las necesidades de los ejércitos aliados.

Francia, Alemania e Italia han trabajado y siguen trabajando con ahínco para hallar un carburante, y los esfuerzos van camino de ser coronados por el éxito: el *alcohol-benzol* y el compuesto *tetrahidronaftalina-benzol-alcohol* parece marchan en cabeza. En cambio, aquí todo está por hacer en ese sentido, a pesar de la abundancia de recursos para llegar a un resultado satisfactorio. "Un eminente geólogo catalán, el P. Faura, ha dicho que sólo la destilación de pizarras bituminosas de la Península podría producir unos 170.000 litros diarios de benzol, durante más de un siglo, al precio de 0,30 ó 0,35 pesetas, satisfechos todos los gastos; y la destilación de los residuos de carbón de las minas (menudos), hoy sin valor apreciable, podía asegurar con exceso el consumo nacional de hidrocarburos, obteniendo, a la vez que el benzol, otros productos riquísimos, como el gas para alumbrado o fuerza motriz, sulfato de amoníaco para la agricultura o industria de explosivos; ácido fénico, naftalina y antraceno, para la fabricación de colorantes; cok metalúrgico y aceites de engrases"[90]. Y si a esto añadimos que nuestra viticultura es capaz de producir enormes cantidades de alcohol, ya verá el lector que es imperdonable la situación en que nos hallamos y más imperdonable todavía que por tal causa pague la nación al extranjero buen número de millones de pesetas anuales.

De las materias primas enumeradas como más necesarias para la vida de un ejército en campaña, los minerales metálicos son los que el suelo español produce con mayor abundancia: tenemos para nosotros y para facilitarle al vecino. El hierro, el plomo, el cobre y el mercurio se dan con verdadera prodigalidad.

Ahora bien, si la materia prima se presenta abundante en la Península ibérica, la industria que ha de transformarla es raquítica y está desorganizada, lo cual, unido al empleo de procedimientos rudimentarios y a la falta de medios de transporte económicos, reducen enormemente nuestra privilegiada situación. Es, por tanto, de imprescindible necesidad organizar la industria y perfeccionar los sistemas de producción: esto no es difícil ni requiere mucho tiempo.

Después de lo dicho, el lector comprenderá perfectamente que España, en mucho tiempo, no podrá estar en condiciones de vivir y mantener un ejército que infunda respeto a las grandes potencias sin recibir los auxilios de más allá de las fronteras. En las condiciones actuales, la neutralidad sólo podría sostenerse soportando pacientemente los zarpazos que las necesidades militares de los beligerantes, cuando no su codicia, quisieran

---

[90] Villanueva, obra antes citada.

darnos, y a ese precio la neutralidad, sobre ser cara, resultaría bochornosa. No creo que el pueblo español pueda llegar jamás a un grado de depravación tal que compre la paz al precio de la pérdida de su soberanía, siquiera sea momentánea, en lugares que sus antepasados le legaron como precioso tesoro y de cuya custodia tiene que responder ante la Historia.

Forzosamente, pues, España habrá de ser beligerante en la próxima contienda, y eso nos pone ante un problema en extremo difícil: la elección del amigo. En esto no ha de ser el Ejército el que ha de hacer oír su voz, ni siquiera tiene el pueblo derecho a dejarse llevar de sus simpatías; porque no es la guerra fiesta a la que se concurre con elementos gratos, sino serio y complicado negocio en el que la conveniencia lo es todo. La elección del amigo es asunto de la exclusiva competencia y responsabilidad de los Gobiernos, como lo ha de ser la política internacional; y el amigo ha de elegirse, además, en el momento oportuno: ni un minuto antes ni un instante después.

Si yo poseyera el don sobrenatural de ser profeta y se me pidiera la opinión sobre hacia qué lado habríamos de inclinarnos, diría sin titubear: del lado del vencedor, aunque el vencedor sea el diablo. Ya sé que mi respuesta no sería de un recto sentido moral, pero es que en política internacional el sentido moral es lo de menos: la diplomacia tiene bastante, siempre que le es posible, con guardar las formas.

La inclinación hacia un bando beligerante —lo que he llamado la "elección del amigo"— no lleva consigo la inmediata entrada en la contienda; no: es simplemente un paso nada más. La oportunidad en la declaración de guerra también la han de decidir los hombres de Estado, con los previos y debidos asesoramientos. Tampoco en este punto ha de tener intervención directa el elemento castrense, considerado como tal, pues "éste sólo debe limitarse —como dice muy atinadamente el teniente coronel Moreno Calderón, en su obra *El Mando y el Servicio de Estado Mayor*— a la obediencia y disciplina características, a aumentar su instrucción, mientras los Estados Mayores preparan la lucha y estudian la utilización guerrera de todos los elementos y medios que la nación puede poner a su alcance".

Notará el lector que he hablado de Gobiernos y no de Gobierno, de hombres de Estado y no de gobernante. Esto obedece a que la política internacional no debe estar, como sucede con la interior, a merced de las representaciones de un partido político o de unos partidos que accidentalmente ocupen el Poder, sino que ha de obedecer a un acuerdo de todos los directores de la cosa pública en deliberaciones que, dejando a un lado diferencias ideológicas de doctrina particularista, pongan por encima de todo el supremo interés del país. Nada hay más perjudicial en la vida de relación exterior de un Estado como la falta de una orientación concreta y bien definida, ya que el respeto de los de fuera no es caprichosa baratija que pueda adquirirse a poco precio en la plaza pública, sino valor moral que hay que merecer y conquistar.

Algo pudiera decir aquí de la conducta poco reflexiva del Gobierno Azaña, debida, sin duda, al desconocimiento que tanto él como sus colaboradores —todos ellos ministros improvisados— tenían de los problemas políticos planteados en el continente europeo, que tanta preparación y meditado estudio necesitan; pero lo delicado de la cuestión me induce a guardar silencio, limitándome a reproducir un párrafo de la obra hace un momento citada, que estimo viene como anillo al dedo: "Los fines a que tiende la política —dice— no sirven siempre a los verdaderos intereses del Estado. Siendo concebidos por hombres que, como tales, sufren las consecuencias del propio destino, se encuentran bajo la influencia de intereses egoístas, de sentimientos patrióticos insuficientes, o de la vanidad personal que se pondría aún más de manifiesto con la utilización de la Prensa como medio. Las naciones así engañadas en sus apreciaciones, deseando falsos beneficios, y los ciudadanos desconociendo sus verdaderos deberes."

Bien quisiera que mis temores para un porvenir próximo o, cuando más, no muy lejano, no tuvieran jamás confirmación; pero es el caso que, cuanto más leo y más veo, mayor es mi pesimismo. Yo invito a todos a que no dejen un solo día de echar la vista por la Prensa extranjera, en la cual los repetidos cantos a la paz no se compaginan con determinados recelos, con la aparición de nuevas máquinas de guerra, con la actividad de ciertos laboratorios y con el misterio que rodea a tal o cual invento; yo invito a todos a que, después de recrear su espíritu admirando películas de propaganda pacifista, tan en boga hoy, en que todo es estudio, farsa y convencionalismo, se pasen por uno de esos salones en que se proyectan cintas de actualidades mundiales, donde podrán observar masas de juventud enardecidas por discursos patrióticos, saludos romanos con apariencia de juramento, glorificación de los héroes que perdieron su vida en las guerras, paradas, desfiles de tropas y aviones, exhibición de largos y gruesos cañones, monstruos de acero deslizándose a velocidades increíbles sobre el mar, etcétera, etc., en lo que no hay estudio, ni farsa, ni convencionalismos, sino realidad; y luego, aquellos que en fuerza de años ya declinan hacia el ocaso de la vida, recuerden si todo ello no es lo mismo que nos servían, sin la animación del movimiento, los periódicos ilustrados de primeros de siglo y que poco a poco fue cargando el ambiente que estalló en 1914 por el nimio pretexto del crimen de Sarajevo...

¿Quién puede afirmar que el peligro es vana quimera? Nadie; absolutamente nadie. Y si existe el peligro, ¿no es antipatriótico y suicida no prevenirse? Dejemos a un lado diferencias internas, que no conducen más que al aniquilamiento de nuestra potencialidad económica y política, y preparémonos a recibir la guerra, que aun es tiempo; no tengamos mañana que arrepentirnos y, como Boabdil, llorar como mujeres por no haber sabido defender nuestra Patria como hombres.

CAPÍTULO III

Sobre una posible reorganización racional de nuestro Ejército

Que la guerra puede estallar en Europa, es innegable; que, aun contra nuestra voluntad, nos podemos ver arrastrados a la lucha, está dentro de lo posible. Urge, pues, aprestarnos a la defensa, y para ello no existe otro recurso que disponer de una máquina de guerra adecuada, dentro de los límites que imponga la política nacional y la capacidad económica del país. Ser fuertes con el menor sacrificio: éste es el problema. Veamos si estamos en condiciones de resolverlo.

De momento, España no tiene ambiciones imperialistas. Las tendría forzosamente si el exceso de población superase al índice de lo que una producción agrícola e industrial, llevada a su límite máximo de intensificación, pudiera sostener, porque se da el caso que los hombres necesitan comer para vivir. El imperialismo —doctrina que propugna la necesidad de extender la dominación de un Estado sobre otro u otros por la fuerza— es, por lo tanto, una necesidad de los pueblos que se encuentran en determinadas condiciones. España está muy lejos de sentir esa necesidad de expansión, y, por tal motivo, no precisa de un ejército para ponerlo al servicio de la agresión; sino simplemente del indispensable para atender a su seguridad. El problema militar, planteado en estos términos, se simplifica extraordinariamente.

He dicho que España necesita el ejército indispensable para atender a su seguridad: concepto defensivo. Pero el concepto defensivo no excluye el ataque: éste es un principio que no ignoran cuantos han saludado, siquiera sea de paso, nociones de arte militar; es más, la defensiva absoluta —"pasiva", que se dice técnicamente— no es admisible, porque no puede conducir más que a la derrota. Esto no quiere decir que, ante el peligro de una agresión, hay que anticiparse atacando; sino que, en el caso de ser atacados, hay que reaccionar enérgicamente contra el agresor.

¿Puede España mantener un ejército de esas condiciones, sin que ello suponga un sacrificio que rebase sus posibilidades, tanto en hombres como en recursos económicos? Factor humano sobra si la moral se cultiva y fomenta; recursos económicos existen los suficientes, administrando como es debido. Lo que hace falta es estudiar la forma por la cual, manteniendo en la paz unos efectivos modestos, muy modestos, se pueda, en caso de guerra, incrementarlos hasta el máximum sin gran quebranto de la eficiencia militar. Para ello lo primero es implantar una organización militar adecuada: factor técnico; lo segundo, hacer Patria: factor moral; lo tercero, que al despilfarro actual sustituya la austeridad: factor económico.

Factor técnico:

Desde hace bastantes años, los Gobiernos, por razones de índole política, se han visto obligados a reducir el tiempo de permanencia en filas a límites que no permiten, a pesar del esfuerzo que realiza el Cuerpo de oficiales, dar a los hombres ni aun siquiera un ligero barniz de soldados: hoy, prácticamente, el servicio es de un año y ya se habla de reducirlo a seis meses. Si a esto se añade que el armamento y material modernos son cada día más complejos y de más difícil utilización, al punto de que el empleo de cada elemento constituye por sí una especialidad, que exige en el que ha de aprenderla un grado de relativa cultura para poder dominar su técnica, nos encontramos con que la enseñanza militar es una pura ficción, que, sin proporcionar beneficio alguno, en cambio, produce en los instructores un desgaste de energías desmoralizador; pues no hay nada que tanto desaliente como llegar al convencimiento de que el trabajo desarrollado es completamente estéril.

Como no es posible volver al servicio de tres años —tiempo mínimo que en la actualidad se necesita para hacer de un hombre un soldado útil—, porque ello provocaría la protesta airada de todo el país, hay que buscar una solución que permita compaginar la obligada reducción del tiempo de servicio de los reemplazos con una perfecta enseñanza militar. A mi entender, no existe más que la siguiente: el ejército profesional.

Este ejército constituiría, por otra parte, la más sólida garantía de seguridad del Estado en sus convulsiones internas, pues, integrado por hombres de vocación militar, que sobre tener en su mayor parte asegurado un porvenir pasable y hallarse, además, alejados de las luchas políticas, a causa del régimen especial a que forzosamente habría de sometérseles, serían impermeables a toda clase de propagandas extremistas. Sin necesidad de recurrir a buscar ejemplos en el extranjero, la confirmación de lo expuesto nos la da la tropa de nuestra Guardia Civil; la tropa de ese Cuerpo benemérito, que no obstante los desaguisados con ella cometidos y de cuanto se ha hecho por labrar su desprestigio, conserva íntegras su solidez moral y su disciplina, y ni por un momento ha vacilado nunca, por difíciles que hayan sido las circunstancias, en sacrificarlo todo al cumplimiento del deber.

El ejército profesional, organizado en un número reducido de divisiones nutridas —creo que seis serían suficientes—, perfectamente equipadas y dotadas de armamento y material, podría estar integrado por voluntarios solteros, divorciados o viudos sin hijos, cuya edad de enganche no fuera inferior a los veintitrés años ni superior a los treinta, que supieran leer y escribir, y hasta poseer cierta cultura elemental. El compromiso de enganche —cuatro años— sería susceptible de ser prorrogado, concurriendo en los individuos determinadas circunstancias. Los que, dentro del segundo año de servicio, por su salud, conducta y demás condiciones, demostrasen tener aptitudes para la profesión, pasarían a formar el cuadro de clases subalternas, las que, a su vez, tendrían fácil acceso a las escalas activas del Cuerpo de oficiales o a las de reserva, en el caso de que los interesados prefiriesen orientar sus actividades en la vida civil, en la cual, mediante disposiciones especiales, hallarían amplios cauces para desempeñar funciones en la Administración Pública o Empresas subvencionadas por el Estado; mas siempre con la obligación de acudir a filas en caso de movilización.

Puesto en práctica el sistema que acabo de bosquejar, en un plazo de tiempo relativamente corto, contaríamos con un considerable número de clases y oficiales disponibles que, sin pesar sobre el presupuesto de la Guerra, serían los suficientes para completar los cuadros de las unidades resultantes del desdoblamiento de las divisiones permanentes, las de reserva y aun servir de base para la organización del ejército territorial, indispensable en caso de guerra.

No se me oculta que con tal sistema, por muchas que fueran las ventajas que se concedieran, el número de hombres movilizables sería siempre reducido. Para compensar este inconveniente habría que mantener, a su vez, el sistema de recluta obligatoria por reemplazos anuales. Los individuos de esta procedencia, a su llegada a los depósitos —establecimientos donde con absoluta separación de las unidades del ejército profesional habrían de recibir instrucción—, serían clasificados en tres categorías, con arreglo a la instrucción premilitar que acreditasen, permaneciendo en filas cinco, diez o quince meses, según el grupo en que fueran incluidos. Una parte de este tiempo, que bien pudiera ser la quinta, lo servirían en las unidades del ejército profesional para efectos de completar la instrucción y practicar el servicio, pero sin que ello implicase tuvieran que vivir mezclados unos con otros, salvo casos de asambleas, maniobras, guerra o preparación para ella. Los soldados procedentes de los reemplazos ordinarios constituirían, por lo tanto, el "relleno" en caso de movilización; proporcionarían, además, personal para nutrir las escalas de complemento.

Para lograr, sin perjuicio de la eficiencia militar y con el menor gasto, la reducción del servicio activo a los plazos señalados, sería indispensable establecer la educación premilitar en forma que fuera compatible con los estudios o actividades de la juventud; instrucción premilitar que, para ser sólida, debería iniciarse en la escuela, seguir durante la segunda enseñanza y terminar en la universidad. Ya sé que esto sería difícil de conseguir, dado el ambiente que hoy reina en los centros de enseñanza oficial, aunque es muy posible que una acción de gobierno bien orientada, de labor sutil más que de imposición, llevaría el ánimo del profesorado al convencimiento de que, para asegurar la vida y prosperidad de la Patria, es necesario poseer Ejército.

Tanto por si el sistema anteriormente propuesto fracasaba —que no lo creo— como para instruir a quienes no concurrieran a dichos centros de enseñanza, se podían establecer otros de carácter particular; pero sin que los certificados de aptitud por ellos expedidos tuvieran otro valor que el de proporcionar una orientación en los depósitos de instrucción al disponer los exámenes para la clasificación en categorías.

Según mis cálculos, con el sistema mixto de reclutamiento propuesto, en un plazo inferior a diez años, sin grandes sacrificios, estaríamos en condiciones de poner sobre las armas, en muy pocos días, perfectamente instruidos y encuadrados, 288.000 hombres, agrupados en doce divisiones de primera línea y seis de segunda, con un efectivo de 16.000 cada una, más un núcleo de 12 a 15 mil hombres para atender a los servicios de cuerpo de ejército y ejército[91]. Claro que trescientos mil soldados es un número demasiado modesto, comparado con los efectivos que las diversas naciones han movilizado durante la guerra mundial; pero, desde luego, son los suficientes para hacer frente a una agresión e imponer respeto al adversario en los primeros momentos de una guerra.

El Cuerpo de oficiales podría estar constituido por tres agrupaciones: técnica, de reserva y de complemento. La primera, integrada por personal procedente de los Colegios militares y de las clases subalternas del ejército profesional; la segunda, por el perteneciente a éstas que hubiera optado por orientar su vida en las actividades civiles y por el de la técnica que voluntariamente se hubiese separado del servicio activo antes de cumplir la edad de retiro forzoso; la tercera, por el de reemplazo ordinario que poseyera cierta cultura y se hubiese sometido a determinadas pruebas con resultado satisfactorio. Sólo podrían aspirar a ingresar en el generalato los de la agrupación técnica diplomados de Estado Mayor; los de complemento tendrían la limitación de su carrera en el empleo de capitán.

Como creo es un error, dado nuestro particularismo característico, el sistema de las Academias especiales para la recluta directa de la oficialidad, abogo por el que implantó el general Primo de Rivera, aunque

---

[91] No soy partidario de las divisiones superiores a 16.000 hombres, pues, aparte de que nuestros generales no están acostumbrados a manejar grandes efectivos, resultan demasiado pesadas y poco aptas para operar en un territorio tan accidentado como el nuestro.

con algunas modificaciones. La primera de ellas, que las especialidades, salvo las de Estado Mayor, Industrias y Aviación, se siguieran en el mismo Colegio general militar y que los oficiales no pudieran ser declarados aptos para prestar servicio en las unidades del ejército profesional sin haber practicado en unidades de las Armas hermanas; la segunda, que la recluta del personal de Aviación y Aeronáutica se efectuase entre la oficialidad técnica y la del Cuerpo general de la Armada, pero sin perder el derecho a reingresar en las escalas de procedencia en los casos que, por pérdida de facultades físicas u otras circunstancias, no resultasen sus elementos aptos para el servicio del aire.

Las funciones de Estado Mayor sólo podrían estar desempeñadas por los oficiales y jefes que hubiesen cursado con aprovechamiento estudios en la Escuela de Guerra.

En buena doctrina militar, el mando del Ejército, no la administración, debe recaer en el general jefe del Gran Estado Mayor o del Estado Mayor Central —el nombre es lo de menos—, en quien, a su vez, procede esté vinculada la función de generalísimo en caso de guerra; el mando de los ejércitos, en otros generales, que bien pudieran ser los que en la paz desempeñaran el cometido de inspectores regionales. Una Junta Superior, integrada por elevadas personalidades políticas, de la que habrían de formar parte aquél y el jefe de las fuerzas navales, exclusivamente en calidad de técnicos, debería ser la llamada a dirigir la política militar del Estado, tanto en paz como en guerra. Es éste un asunto en el que conviene deslindar bien los campos, para que el país sepa en su día a quiénes ha de exigir las responsabilidades que se deriven de una campaña, que al mando militar sólo deben afectar en el acierto o desacierto de la ejecución de las operaciones.

Constituido el Ejército nacional con arreglo a las normas anteriormente expuestas, al decretarse una movilización, automáticamente las divisiones permanentes se desdoblarían, constituyendo las fuerzas de primera línea. Con cuadros extraídos de ellas y el personal en situación de reserva y complemento que inmediatamente siguiera en antigüedad al de las activas, se organizarían las terceras divisiones (de reserva), dotándolas en el primer momento del material que, por ser anticuado o haber sido ya usado, no conservase íntegras sus cualidades técnicas. Simultáneamente se nutrirían las unidades afectas a cuerpos de ejército y ejércitos.

De todo esto no hay en la actualidad nada previsto, ni lo hubo durante la Monarquía, constituyendo un verdadero fracaso cada vez que se intentó ensayar teóricamente —en el papel— la movilización de algunas unidades, lo que demuestra la catástrofe que hubiese sido haber pretendido hacerlo de veras. El señor Azaña, en el preámbulo del proyecto de ley referente al reclutamiento de la oficialidad, dijo que ya se habían dictado algunas normas para la movilización general, dando, sin duda, por hecho lo que estuvo en su ánimo hacer; pero no hay tal. La redacción de una Memoria sobre un *Viaje de Estado Mayor al Priorato*, es el estudio de una hipótesis, tan distante de la realidad como el día de la noche; la publicación de un *Reglamento de Movilización* sin preparar los cuadros y adoptar otra serie de medidas indispensables, es menos todavía: literatura.

Tratar de reorganizar el Ejército sin sentar los principios de una movilización, es tiempo perdido. Hacer un plan y traducirlo en órdenes, es cuestión de trabajo y apenas cuesta dinero.

Factor moral:

Es inútil cuanto la técnica pueda hacer para organizar un ejército, si previamente no se prepara la opinión pública y, lo que es más interesante, si a la juventud no se le inculca, desde su más tierna infancia, el sentimiento de amor a la Patria y el del ineludible deber de defenderla con las armas cuando se halle en peligro. Esta es misión de los padres en el hogar, del maestro en la escuela, del sacerdote en el púlpito, del profesor en la cátedra y, sobre todo, de los poderes públicos, contrarrestando así, con perseverancia y sin desmayo, la obra demoledora de los derrotistas —no pocas veces agentes a sueldo de organizaciones extranjeras— y de quienes estiman que las obligaciones del ciudadano no son otras que lograr un máximo salario con un mínimo esfuerzo, hablar mal del rico si se es pobre o del pobre si se es rico o de ambos a un tiempo si no se es ni lo uno ni lo otro, acudir a las urnas de vez en cuando armado de la papeleta electoral formidable, con más rencor hacia el adversario político que cariño hacia el simpatizante, y envenenarse el espíritu con la lectura de doctrinas redentoras, no siempre digeridas, y en la mayor parte de los casos no sentidas por los que las escriben.

La labor de creación de un sano sentido moral en España está olvidada por completo, y lo más lamentable es que hoy no puede hacerse en los cuarteles como antes, debido a la reducción del tiempo de permanencia en filas. A esta labor le dan en otros países una importancia extraordinaria, procurando por todos los medios cultivar el espíritu del niño y del adolescente, al mismo tiempo que se trabaja sin descanso en fortalecer físicamente la juventud, fomentando la afición a la gimnasia y al deporte, con lo cual se consigue, además, retrasar en la pubertad el ansia por satisfacer ciertos deseos que, si bien son naturales, no es prudente saciarlos en edades en que ni el hombre ni la mujer han alcanzado la plenitud de su desarrollo. La gimnasia y el deporte constituyen, además de lo dicho, un método de que la voluntad se acostumbre a la disciplina, sin que el individuo se dé cuenta de ello.

El recluta de reemplazo debe llegar a filas con la preparación espiritual necesaria para saber el papel que va a desempeñar y los sacrificios que se le pueden exigir; también con la más perfecta instrucción militar: una y otra han de constituir la mayor garantía de éxito si llega el momento de la prueba.

En cuanto al ejército profesional, debe vivir en absoluto al margen de las contiendas políticas; dedicado exclusivamente a su misión. Para ello es preciso que a sus componentes se les someta a un régimen de vida activa, a una disciplina rígida y a una ética severa. Al soldado habrá de dársele una consideración social de que hoy carece, vestirle bien, alojarle decorosamente, proporcionarle comida abundante y un sueldo que cubra sus necesidades: hay que procurar por todos los medios encuentre más agradable y cómodo el cuartel que la calle. En cuanto al Cuerpo de oficiales, no soy partidario constituya una casta —coto cerrado en medio de la sociedad que le rodea—, sino una corporación que, por su laboriosidad, conducta y virtudes cívicas, atraiga las simpatías del elemento civil, pues, en fin de cuentas, éste es el que ha de proporcionarle los medios para labrar su sólido prestigio.

Mi querido amigo y compañero de promoción, el comandante Rodríguez Urbano, en su última obra, expone algunas ideas que yo suscribo en su totalidad[92]. Dice así:

"Los cuadros de mando de este ejército —del ejército que él preconiza— han de tener, antes de nada, el espíritu aristocrático de la profesión."

Y luego añade:

"Si como dice Ortega y Gasset —en *La rebelión de las masas*— la sociedad humana es aristocrática siempre, quiera o no, por su esencia misma, hasta el punto que es sociedad en la medida que sea aristocrática y deja de serlo en la medida que se desaristocratice", la sociedad "ejército" ha de serlo doblemente porque son los selectos —en el orden técnico— los que mandan y porque la superioridad, que en la vida civil pasa tantas veces inadvertida, está en aquél acompañada de los signos exteriores —honores y jerarquías— que al hacerse visibles obligan al acatamiento.

"Pero hay además otra razón. Como dice Von del Goltz en su obra *La nación en armas*, "el que esté acostumbrado a considerarse de ordinario como algo superior, se considerará también en la guerra obligado a hacer algo extraordinario. En cambio, el que se encuentre en posición subalterna, insignificante, muy rara vez se sentirá inclinado a señalarse por acciones brillantes. Los esclavos son siempre cobardes. Y la esclavitud de

---

[92] *Polémica sobre el combate*, notable trabajo, al que ha puesto un admirable prólogo el ilustre escritor don José M.ª Salaverría.

una triste posición no oprime menos que otra cualquiera. Priva al hombre del sentimiento de su dignidad, tan necesario para ejercer su autoridad en momentos difíciles, como lo es para la vida el pan de cada día".

"Es necesario que, en bien de la misión que ha de desempeñar, en bien de su propio país, esos cuadros de mando que no pueden disfrutar de grandes ventajas económicas ni de un porvenir brillante se sientan rodeados de honores y distinciones, de un ambiente de consideración que les haga vestir con orgullo el uniforme y esforzarse por hacerse dignos de las pequeñas preeminencias que les fueron otorgadas.

"Agrega el mismo tratadista militar: "Las ventajas que a la clase se concedan, vienen a representar un capital que rendirá grandes intereses. Hasta las ilusiones que el oficial se forja en su juventud, viéndose objeto de más honores y distinciones que las otras gentes de su edad, redundan sobre el campo de batalla en beneficio para la Patria. Su destino es mandar y conducir, y para llenarlo cumplidamente, debe sentirse orgulloso de lo que vale; nada importa que se halle penetrado de su dignidad y de su importancia algo más de lo que en otras circunstancias sería justo."

"Yo bien sé que criterio semejante está en abierta pugna con las corrientes democráticas al uso, con esa fiebre igualitaria que ha invadido todas las capas sociales; pero por encima de ciertos postulados que sólo sirven para satisfacer el ansia de ilusión de las muchedumbres, debe estar la eficiencia de un organismo cuya misión es fundamental para la existencia del país.

"Solamente el espíritu aristocrático de la profesión militar llevado al límite y sostenido en tensión constante, el ambiente de consideración, de preeminencia honorífica en el exterior, y de rígida jerarquización en el interior, puede convertir a los cuadros de mando en minoría selecta dispuesta siempre a concentrar sobre sí deberes y sacrificios con afán de superación, de perfeccionamiento."

Factor económico:

Los armamentos son, desde luego, cosa cara; pero productiva. ¿Cuántos cientos de millones de pesetas y miles de vidas y hasta vergüenzas no se habrían ahorrado si el 9 de julio de 1909 hubiésemos dispuesto de un Ejército instruido, bien mandado y perfectamente dotado de material? Los armamentos resultan sobre caros insoportables si los presupuestos no se elaboran con escrupulosidad y se administran severamente.

En España, por lo que se refiere al presupuesto de la Guerra, los que estamos en el secreto de muchos detalles, no ignoramos que hay en él bastante de impropio, mucho de superfluo y más todavía de mal acoplamiento de cantidades; existen partidas que pudieran suprimirse y otras que cabría reducir en beneficio de necesidades ineludibles, hoy por hoy pésimamente atendidas. Sobran, pongo por caso, gratificaciones, dietas, viáticos y comisiones, y, en cambio, faltan caretas contra gases, fusiles ametralladores, cañones y hasta ropa.

Con lo que actualmente importa el presupuesto de la Guerra y sus apéndices de Clases Pasivas y Cría Caballar, podría mantenerse un ejército numeroso en hombres y espléndidamente dotado de material. Con sólo el presupuesto, sin aditamentos, según cálculos hechos *grosso modo*, tengo la evidencia de que podría atenderse con holgura al ejército profesional, hacer frente a los gastos originados por los contingentes de recluta obligatoria y hasta sería posible ir a la renovación paulatina del armamento y proceder a la adquisición del material que nos falta.

Señalar males sin apuntar remedios, es hacer crítica negativa. No es ése mi objeto. Por tal motivo me creo en el caso de dar unas orientaciones generales.

La implantación del ejército profesional permitiría en el acto la reducción de la Guardia Civil, hoy demasiado voluminosa por justificadas necesidades de todos conocidas. Esta reducción llevaría consigo una gran economía. El ejército profesional, sobre ser apto para la guerra (la Guardia Civil no lo es), constituiría una reserva utilizable en todo momento para el mantenimiento de la paz interior; con él nada tendrían que temer los Gobiernos de las violencias de extremismos histéricos.

Claro es que la primera medida para poder atender al aumento de haberes de la tropa —pues la reducción de unidades no bastaría— habría de ser la supresión a rajatabla de sinecuras y bicocas que, esparcidas a boleo y ocultas las más de las veces en el concepto general de los artículos del presupuesto, suman una respetable cantidad. Voy a citar, a título de muestra, tal cual caso concreto:

Figura en primer término la partida "Acción social", que, según me informan, asciende nada menos que a medio millón de pesetas; sobre esta partida nadie ha podido penetrar en el secreto justificativo de su existencia: creo que nada sucedería si se suprimiera. Siguen luego las comisiones con pingües emolumentos que jamás terminan ni terminarán sus cometidos; pues, aunque la serie de números primos es ilimitada, los pícaros hombres han dado en la manía de no pertenecer a ella y está todavía por venir al mundo el cándido que retuerza el pescuezo a la gallina de los huevos de oro. Tampoco estimo indispensable mantener agregados en países donde, por su insignificancia militar, ninguna razón práctica abona su existencia, y aún podrían quitarse otros que, a pesar de residir en naciones que directamente nos interesan, por falta de preparación y desconocimiento del idioma están incapacitados para desempeñar con brillantez su cometido[93]. También se me ocurre que nada se perdería con repatriar a los que estudian en centros de enseñanza extranjeros, ya que está demostrado sirve de muy poco la ciencia que nos importan; tal vez sería más fructífero y hasta más económico traer misiones integradas por personal selecto, como se ha hecho en otros ejércitos. Otro gran ahorro se lograría concentrando en el menor número de localidades y edificios dependencias desparramadas, con lo cual, además de aminorar los gastos de material, la inspección del mando resultaría más efectiva y menos fácil que los destinados en ellas se limitasen a pasar por la oficina —no pocas veces a cientos de kilómetros de su residencia habitual— el día y hora precisos para firmar la nómina, dando un ejemplo poco edificante a la masa ciudadana y pernicioso a sus propios subordinados.

Las medidas apuntadas y otras que podrían indicarse, entre ellas la de limitar los establecimientos de industria militar a las funciones que realmente deben tener —ya expuestas en un capítulo anterior—, proporcionarían un ahorro tan grande, que casi puede afirmarse con el importe de él habría para atender al personal y hasta sobraría para incrementar las partidas de adquisición de material y armamento.

El problema del material y armamento, dado el lastimoso estado en que nos encontramos, sería el más difícil que se presentara a quien acometiera en serio la empresa de arreglar nuestro Ejército. Quiero salir al paso de opiniones atrevidas y decir algo de lo que entiendo podría hacerse para ponernos en camino de una solución viable, dentro de las posibilidades de la nación.

De un tiempo a esta parte he oído hablar con insistencia sospechosa —quiero recordar algo dijo también de ello el señor Azaña— de la motorización o mecanización del Ejército. Es este asunto delicado e íntimamente unido al problema del carburante, que ni hemos resuelto ni llevamos camino de resolver. Pero aunque así no fuera, la conformación topográfica de nuestro territorio y la falta de vías de comunicación apropiadas constituyen serio obstáculo para la motorización o mecanización que pudiéramos llamar absoluta, aparte de que ésta, sobre

---

[93] Sé de un oficial que, no obstante haber tenido siempre fama de ser muy arrimadito a la cola, fue obsequiado por el señor Azaña con un destino de esa índole en nación de la que desconocía el idioma. Menos mal que el chico marchó con tantas ganas de aprender ciencia militar, que, la primera vez que tuvo que asistir a unas maniobras, se quedó durmiendo la mañana, ante el asombro de los demás agregados militares.

ser cuestión más compleja de lo que algunos creen, no resuelve en la guerra el problema de los transportes; buena prueba de ello es que ningún ejército del mundo se ha pronunciado todavía por transformación tan radical. Inglaterra —que es la nación que marcha a la cabeza de tales estudios— si ha constituido alguna unidad completamente mecanizada, lo ha hecho exclusivamente con carácter de ensayo, y hace sospechar que la experiencia no ha sido muy satisfactoria el hecho de que ninguna otra potencia militar se haya decidido a imitarla, ni siquiera en forma inicial, lo cual hubiera ocurrido si los primeros resultados de la experiencia hubiesen sido lo suficientemente concluyentes.

Lo expuesto me induce a afirmar que tanto el sistema hipomóvil como el mecánico han de ser necesarios en la guerra futura, y que en el empleo adecuado de cada uno está el acierto. Por ello, siempre que se resuelva el problema del carburante, ya sea por empleo de sustitutivo o garantía de abastecimiento, la lógica parece aconsejar lo siguiente:

a) Mecanización de los trenes regimentales de las unidades de Infantería y Caballería, conservando la tracción animal y el transporte a lomo en los de combate, salvo en los batallones ciclistas y regimientos de carros, que deben estar completamente mecanizados. Las tropas de montaña forzosa y exclusivamente han de utilizar ganado para sus atenciones.

b) Tracción hipomóvil en Artillería ligera de campaña, incluso en los segundos escalones. Los trenes regimentales, parques divisionarios, de cuerpo de ejército y ejército, Artillería de gran potencia y antiaérea, totalmente mecanizados.

c) Mecanización parcial, análoga a la de la Infantería, en las unidades de Ingenieros. Los parques divisionarios y superiores, totalmente mecanizados.

d) Los servicios de Intendencia y Sanidad, mecanizados, hipomóviles mixtos, según su cometido.

Por lo que se refiere al armamento, habría que acometer el problema en toda su extensión, facilitando a las divisiones de primera línea y luego a las de reserva, el necesario. Un fusil semiautomático para la Infantería es indispensable[94].

---

[94] Por razones de orden técnico y moral, que no entra en este libro exponer, la fisonomía del combate, tal como se concibe en la actualidad, ha de sufrir una completa transformación. Ello me induce a recomendar, anticipándome a un hecho que habrá de producirse, la adopción de un fusil semiautomático, no

Abarcados en su aspecto económico los problemas del armamento y material, desde luego habría que ir —porque ambos son apremiantes— a una operación de crédito de relativa importancia, sin perjuicio de consignar en los presupuestos ordinarios unos cincuenta millones anuales (no mucho más de lo que hasta hoy se ha invertido en tales atenciones, teniendo en cuenta los suplementos extraordinarios que constantemente, antes del establecimiento del Consorcio, se han otorgado para que las fábricas militares pudiesen funcionar). Esta operación podría hacerse a largo plazo, sin perjuicio de que la totalidad de los encargos se entregasen por las fábricas al Estado lo antes posible.

Cuanto llevo dicho se refiere exclusivamente al ejército peninsular, es decir, sin contar nuestra Zona de Protectorado y los archipiélagos de Baleares y Canarias. En Marruecos sería lo más práctico un sistema de voluntariado —europeos e indígenas—, y análogo al de la Península en los otros puntos.

Es de mi deber advertir no admite demora poner en estado de defensa el archipiélago balear: artillar sus costas sin regateos y con toda urgencia; establecer una o dos bases aéreas y fuertes depósitos de municiones; disponer un completo plan de transportes, etc., y aparte todo esto, organizar las unidades que lo guarnecen en forma de que en un plazo de horas pudieran movilizarse y acudir a los puntos que el mando militar tuviera previstos; pues cualquiera acción sobre dichas islas habría de producirse por sorpresa. Una intensa preparación militar, una constante vigilancia marítima y un régimen severo de investigación sobre las actividades de cierta gente y de admisión de extranjeros son indispensables, desde hoy mejor que desde mañana, y así creo lo juzgará el Gobierno actual, que cuenta con más medios de información que yo [95].

---

aconsejando el automático, porque veo aún lejana la solución satisfactoria del problema del municionamiento en la batalla; pero no dudo que todo se andará.

[95] A título de curiosidad y para que el lector no juzgue infundados mis temores, a continuación le sirvo un telegrama, publicado en el número de *ABC* correspondiente al 7 de noviembre de 1933. Dice así:

"Bajo el título "¿España puede permanecer neutral?", publica *Le Journal* el siguiente texto:

"Se discute mucho en Alemania, en estos momentos, la suerte que correría el litoral catalán y el archipiélago balear, en caso de un conflicto armado europeo. Las recientes manifestaciones francófilas, en las exequias de Blasco Ibáñez, han dado a cuidar este problema, el cual ha alcanzado, por otra parte, su punto culminante, gracias a la publicación de un libro del historiador barcelonés Nicolau Rubio. Examina éste largamente la cuestión, y, al declarar que, como las naciones

De este asunto, aunque sé más, no estimo oportuno decirlo. Doy la voz de alerta. A otros corresponde contestar, para tranquilidad de todos: "¡Alerta está...!"

* * *

Algo podría decir sobre la reorganización de la Marina de guerra, hoy en situación más deplorable que nunca; mas como no soy hombre de mar, dejo el tema para que lo desarrolle con más conocimiento e infinitamente mayor acierto alguno de los brillantes jefes con que cuenta todavía el Cuerpo general de la Armada, no obstante cuanto se ha hecho para acabar con ellos.

---

que entraban en guerra no dejarían de hacer entrar el litoral y las islas en sus combinaciones estratégicas, la solución que se impone es la neutralización de aquellos lugares. Esta conclusión está siendo ásperamente discutida a un lado y a otro de los Pirineos. El diario *El Independiente,* de Perpignan, después de subrayar que las simpatías republicanas de Cataluña se dirigen a las naciones amenazadas más o menos visiblemente por los regímenes dictatoriales, expone que el señor Maciá, cuando estuvo proscrito, y redactaba en su Cuartel general de Bois-Colombes el Estatuto de Cataluña, escribió también una circular, en la cual había previsto el caso e indicaba particularmente que, si cualquier potencia enemiga de Francia se instalara en las Baleares, todas las comunicaciones entre la metrópoli y las colonias serían irremisiblemente cortadas. Maciá preveía una alianza entre Cataluña y Francia, y, descubriendo el fondo de su pensamiento, proponía que se ofreciera a los franceses la base de Mahón. Estas declaraciones inéditas están siendo muy comentadas".

Le Journal termina diciendo: "Es muy bonito reclamar la neutralización de las Baleares y de las costas catalanas; pero, ¿quién haría respetar esta neutralidad?"

CAPÍTULO IV

Conclusión

Voy a dar fin a mi trabajo. En él he procurado exponer con toda lealtad —que es patrimonio de los que rendimos culto al honor— mi opinión sobre lo lejano y lo reciente en cuanto a las instituciones militares afecta, y también algo de lo que vislumbro del porvenir. Apunto remedios para algunos males, no tan difíciles de curar como muchos creen cuando al mezquino egoísmo particularista anteponen los individuos el bien general. La labor ha sido ingrata; pues, ¡ay!, produce dolor intenso en toda alma de patriota hilvanar retazos de la Historia del pueblo querido cuando ya, en franca decadencia, los hechos desagradables se suceden sin interrupción, y lo que es aún peor, cuando se adquiere el convencimiento de que éstos, más que a la fatalidad, es preciso atribuirlos a la persistencia en el error; que error es, a mi entender, poner la voluntad y el esfuerzo antes que al servicio de la Patria, que es lo primero, al servicio de la pasión política y de la conveniencia personal, que debe ser lo último.

Ya sé son muchos los que estiman que tanto en la decadencia como en la prosperidad de las naciones influyen de modo decisivo factores ajenos a la volición de sus componentes; pero tal creencia es falsa, por cuanto todos esos factores, aun los de orden físico, que son en los que más parecen fundamentarse quienes sostienen tal teoría, no pueden considerarse aisladamente, sino en función del elemento geográfico más importante: el hombre. Este tiene un valor decisivo en la vida de los pueblos, que avanzan por la senda de la prosperidad o quedan rezagados en el concierto mundial, según que la población de cada uno siga el ritmo del progreso o, dominada por la abulia, permanezca indiferente a él.

Por lo que a España se refiere, no se puede afirmar permanezca indiferente al progreso, pero sí que, efecto de una serie de circunstancias conocidas —y no siempre expuestas con imparcialidad por quienes las han estudiado—, se encuentra en un período de decadencia que poco a poco va venciendo y del que, al fin, saldrá. Hay que tener fe en el porvenir, porque sin ello la voluntad no es firme, y es la voluntad la que ha de vencer.

Una de las características de los pueblos decadentes, como de los individuos débiles, es el odio a la fuerza; en cambio, tanto los pueblos como los individuos pletóricos de vida la admiran y la aman. He aquí una de las causas por las cuales existe en España ese desvío, esa antipatía, esa animosidad hacia lo que es la genuina representación de la fuerza: el

Ejército. Por la razón expuesta se concibe pueda existir "antimilitarismo" sin "militarismo".

Pero la característica anteriormente señalada no es la única causa, sino una de las principales que influyen en el desvío, en la antipatía y en la animosidad de la sociedad hacia las instituciones castrenses. Otra de ellas es que los pueblos decadentes son víctimas predilectas de la vida parasitaria de organizaciones internacionales, y éstas, a su vez, elementos utilizados por las grandes potencias en beneficio propio, aprovechándose de la circunstancia de que es precisamente en las naciones débiles donde la acción de tales organizaciones adquiere un desarrollo más intenso, como son las naturalezas enfermizas el campo más abonado para que crezcan y se multipliquen con la máxima virulencia los gérmenes patológicos.

Las referidas organizaciones internacionales, hábilmente explotadas durante la guerra europea, constituyeron uno de los elementos más eficaces del espionaje. Por espacio de muchos años el servicio de información de una potencia, que no hace al caso citar, tuvo su mejor agente en nuestra Zona de Protectorado en una de ellas. Es significativo, además, que todas suelen estar mediatizadas cuando no dirigidas por los judíos. La moral de éstos es especial: yo he conocido el caso de uno, gran especulador, que se servía de la belleza de su cónyuge para lograr concesiones que favoreciesen sus negocios.

Las organizaciones a que vengo aludiendo constituyen el más temible enemigo que tiene el sentimiento nacionalista de los pueblos, pues, tan pronto se instalan en el seno de una sociedad cualquiera inician su propaganda sin temer al fracaso, ya que unas explotan el espíritu egoísta de los elementos privilegiados, siempre prestos a admitir defensores de sus prerrogativas, y otras actúan sobre las masas proletarias, en todo momento dispuestas a convertirse en paladines de las doctrinas que propugnen la igualdad, la protección mutua y demás tópicos conocidos. Y como todas estas propagandas se apoyan en principios filosóficos, que, aunque en apariencia parezca rinden culto a la fraternidad humana, no son en el fondo más que groseros postulados de un materialismo reprobable, la finalidad inmediata es arrancar de la conciencia colectiva el sano y sublime concepto de la Patria, indispensable para la exaltación del sentimiento nacionalista.

Conocido el verdadero objeto de las organizaciones de que vengo hablando, no ha de extrañar que su acción más intensa la ejerzan contra las instituciones militares, pues consideran a éstas como constitutivas del sector social donde más arraigado puede encontrarse el ideal nacionalista. No importa a los judíos —tenaces propulsores de estas campañas— hundir un pueblo, ni diez, ni el mundo entero, porque ellos, sobre tener la excepcional habilidad de sacar provecho de las mayores catástrofes, cumplen su programa. El caso de lo ocurrido en Rusia es un ejemplo de gran actualidad, que ha tenido muy presente Hitler: el canciller alemán —nacionalista fanático— está convencido de que su pueblo no puede resurgir en tanto subsistan enquistados en la nación los judíos y las organizaciones internacionales parasitarias por ellos alentadas o dirigidas; por eso persigue a unos y otras sin darles tregua ni cuartel.

En España, el antimilitarismo endémico, unido al gran desarrollo que de varios años a esta parte han tomado las organizaciones parasíticas, unido también al egoísmo de unos, a la desvergüenza de otros y, por último, a la cobardía de los más, nos han sumido en un estado tal de oprobio, que en múltiples ocasiones me he dado a pensar si en vez de un alto en la marcha no habremos dado un salto atrás, tan grande, que hemos ido a caer de bruces a las mismas puertas de la barbarie. Anima, empero, y abre el pecho a la esperanza, observar cómo el espíritu público reacciona y quiere sacudirse, cual si despertase de una horrible pesadilla, de toda la triste realidad presente; sin embargo, el observador imparcial aprecia en todo este movimiento de repulsa que la sociedad española no acierta con el camino de su felicidad, y es que los pueblos, como dijo Rousseau, no obstante querer el bien, muchas veces ignoran dónde se halla.

A mi entender, el problema de España no es tan grave que carezca de solución, ni aun siquiera reviste los caracteres agudos que han tenido los de otros países a partir de 1918, es decir, durante la postguerra; pero, eso no obstante, el remedio ha de ser el mismo: desprendernos de lastres enojosos. Ello llevará a la paz interior y a la exaltación del ideal nacionalista; una y otro han de ser las piedras angulares sobre las que hemos de cimentar el edificio del Estado. Hay que llevar el alma colectiva al convencimiento de que nada constructivo podrá realizarse mientras los ciudadanos, atomizados en partidos políticos, se devoren como fieras; es preciso persuadirla de que nadie más que nosotros mismos estamos interesados en la grandeza y prosperidad de nuestra Patria. Tengamos voluntad, que es la facultad de los fuertes.

La revolución de 1931 hizo lo que han hecho todas las revoluciones: destruir. Esto es consecuencia de que las revoluciones las engendra un estado pasional de la conciencia pública, y al amparo de la conmoción trepan al Poder quienes no saben encauzarlas: la audacia se impone a la sensatez. El momento revolucionario es, por tanto, el momento de los audaces, jamás el de los sensatos; si alguno de éstos logra situarse en las alturas, es arrollado inmediatamente por aquéllos. No hay que llamarse a engaño cuando, serenos los ánimos, al hacer el balance de la revolución, se observe que sólo fue capaz de producir "sangre, fango y lágrimas": es lo lógico. También es lógico que cuando la conciencia pública se da cuenta del mal producido —como los energúmenos son siempre los menos—

trate de rectificar: éste es el instante en que la destrucción puede terminar e iniciarse el proceso constructivo; también es el instante crítico en que una personalidad histórica, por seguir un rumbo equivocado, puede desaparecer. Todo hace sospechar que en España, con la disolución de las Cortes constituyentes, terminó el período revolucionario; hay que creerlo así. Construyamos.

Yo quisiera que en estos momentos, que juzgo decisivos para la vida nacional, olvidásemos lo pasado para mirar serenamente al porvenir, poniendo sobre nuestras conveniencias personales y también sobre nuestras pasiones enconadas el supremo interés de España: los egoísmos, los odios y los rencores son el lastre de que debemos desprendernos.

Es difícil lograr en un pueblo que no cree en una amenaza exterior que todas las voluntades se unan en un santo ideal de defensa; por eso hay que persuadirlo de que el peligro existe, que está latente siempre, y que la más elemental prudencia aconseja no esperar a que el trallazo bochornoso de la realidad se sienta en pleno rostro. Antes, prudentes medidas de gobierno deberán ir encaminadas a pacificar los espíritus, atrayéndose a los dolidos por las injusticias y a los rebeldes, no pocas veces situados al margen de la ley por la arbitrariedad y el despotismo, ya que no todos los hombres tienen la virtud de mostrarse humildes y resignados ante el atropello. Dados estos primeros pasos, fácil será ya lograr que el alma colectiva lata al unísono, fundida en el más fervoroso culto a la Patria... Cuando esto se consiga, sólo restará dejar hacer: las organizaciones que reciben sus inspiraciones de las Internacionales y las de orden político que tengan su sede en el extranjero serán desterradas. Un pueblo digno y patriota no puede admitir ciertas intromisiones.

Lo expuesto es un primer paso. A continuación hay que emprender la magna obra de rehacerlo todo, iniciando la tarea por lo que más haya sufrido los efectos devastadores de la ola revolucionaria, que más trabajo cueste reconstruir y que más urja tener dispuesto para utilizarlo. El Ejército ocupa el primer lugar en este orden de cosas: fue la víctima predilecta de la revolución; necesita un plazo de algunos años para adiestrar su personal y proporcionarse el armamento y material necesarios; ha de estar en condiciones de actuar decorosamente sin pérdida de tiempo. La obra de reconstrucción militar no admite demora, por la sencilla razón de que de nada sirven nuestras buenas disposiciones pacifistas si hay otros pueblos empeñados en opinar lo contrario. Ya son varios los escritores y periodistas que se muestran inquietos: un día es el ecuánime Salaverría quien dice: "Es tanto lo que se habla de guerra, que uno termina por alarmarse de verdad"; otro es *Luz,* el diario de la República, el que comenta: "Ahora más que nunca, la nación que no se haga fuerte será avasallada."

Que un militar señale peligros de guerra y se muestre receloso, puede justificarse por un natural egoísmo de clase; mas que sean hombres del elemento civil los que apunten temores, es harina de otro costal y no es prudente echar los avisos en saco roto. Algo habrá...

Varios capítulos de este libro van encaminados a conseguir una rectificación total del concepto que a la opinión pública han merecido hasta ahora las instituciones militares. No he omitido hacer resaltar los errores por éstas cometidos y también sus vicios, que juzgo con severidad; pero entiendo que si en esta hora crítica el perdón ha de alcanzar incluso a quienes, equivocados o perversos, a punto estuvieron de hundir a España en la ruina y desolación, con mayor motivo han de ser objeto de él los organismos castrenses, que soportaron resignados y sin la más leve protesta los excesos demagógicos de un sectarismo cruel, dando una prueba inequívoca de su disciplina a los Poderes constituidos y de acatamiento a la voluntad nacional, franca e injustamente antimilitarista.

Amor, amor y amor, debe ser el lema de los españoles de hoy, que así es únicamente como podrá hacerse de España un gran pueblo. Y dediquemos todos parte de ese amor al Ejército, que es siempre representación de la Patria, y, en todo caso, el que ha de defenderla con nuestra sangre y la de nuestros hijos, que al fin también es nuestra.

FIN

Agosto-diciembre de 1933.

EL CRÍTICO y EDITOR - JUAN BAUTISTA BERGUA

Juan Bautista Bergua nació en España en 1892. Ya desde joven sobresalió por su capacidad para el estudio y su determinación para el trabajo. A los 16 años empezó la universidad y obtuvo el título de abogado en tan sólo dos años. Fascinado por los idiomas, en especial los clásicos, latín y griego, llegó a convertirse en un célebre crítico literario, traductor de una gran colección de obras de la literatura clásica y en un especialista en filosofía y religiones del mundo. A lo largo de su extraordinaria vida tradujo por primera vez al español las más importantes obras de la antigüedad, además de ser autor de numerosos títulos propios.

Su librería, la editorial y la "Generación del 27"

Juan B. Bergua fundó la Librería-Editorial Bergua en 1927, luego Ediciones Ibéricas y Clásicos Bergua. Quiso que la lectura de España dejara de ser una afición elitista. Publicó títulos importantes a precios asequibles a todos, entre otros, los diálogos de Platón, las obras de Darwin, Sócrates, Pitágoras, Séneca, Descartes, Voltaire, Erasmo de Rotterdam, Nietzsche, Kant y los poemas épicos de La Ilíada, La Odisea y La Eneida. Se atrevió con colecciones de las grandes obras eróticas, filosóficas, políticas, y la literatura y poesía castellana. Su librería fue un epicentro cultural para los aficionados a literatura, y sus compañeros fueron conocidos autores y poetas como Valle-Inclán, Machado y los de la Generación del 27.

El Partido Comunista Libre Español y las amenazas de la izquierda

Poco antes de la Guerra Civil Española, en los años 30, Juan B. Bergua publicó varios títulos sobre el comunismo. El éxito, mucho mayor de lo esperado, le llevó a fundar el Partido Comunista Libre Español que llegaría a tener mas de 12.000 afiliados, superando en número al Partido Comunista prosoviético oficial existente. Su carrera política no duró mucho después que estos últimos le amenazaran de muerte viéndose obligado a esconderse en Getafe.

La Censura, quema de libros y sentencia de muerte de la derecha

Juan B. Bergua ofreció a la sociedad española la oportunidad de conocer otras culturas, la literatura universal y las religiones del mundo, algo peligrosamente progresivo durante esta época en España.

En el 1936 el ejército nacionalista de General Franco llegó hasta Getafe, donde Bergua tenía los almacenes de la editorial. Fue capturado, encarcelado y sentenciado a muerte por los Falangistas, la extrema derecha.

Mientras estuvo en la cárcel temiendo su fusilamiento, los falangistas quemaron miles de libros de sus almacenes por encontrarlos contradictorios a la Censura, todas las existencias de las colecciones de la Historia de Las Religiones y la Mitología Universal, los libros sagrados de los muertos de los Egipcios y Tibetanos, las traducciones de El Corán, El Avesta de Zoroastrismo, Los Vedas (hinduismo), las enseñanzas de Confucio y El Mito de Jesús de Georg Brandes, entre otros.

Aparte de los libros religiosos y políticos, los falangistas quemaron otras colecciones como Los Grandes Hitos Del Pensamiento. Ardieron 40.000 ejemplares de La Crítica de la Razón Pura de Kant, y miles de libros más de la filosofía y la literatura clásica universal. La pérdida de su negocio fue un golpe tremendo, el fin de tantos esfuerzos y el sustento para él y su familia…fue una gran pérdida también para el pueblo español.

Protegido por General Mola y exiliado a Francia

Cuando General Emilio Mola, jefe del Ejército del Norte nacionalista y gran amigo de Bergua, recibe el telegrama de su detención en Getafe intercede inmediatamente para evitar su fusilamiento. Le fue alternando en cárceles según el peligro en cada momento. No hay que olvidar que durante la guerra civil, los falangistas iban a buscar a los "rojos peligrosos" a las cárceles, o a sus casas, y los llevaban en camiones a las afueras de las ciudades para fusilarlos.

–El General y "El Rojo"–Su amistad venia de cuando Mola había sido Director General de Seguridad antes de la guerra civil. En 1931, tras la proclamación de la Segunda República, Mola se refugió durante casi tres meses en casa de Bergua y para solventar sus dificultades económicas Bergua publicó sus memorias. Mola fue encarcelado, pero en 1934 regresó al ejército nacionalista y en 1936 encabezó el golpe de estado contra la República que dio origen a la Guerra Civil Española. Mola fue nombrado jefe del Ejército del Norte de España, mientras Franco controlaba el Sur.

Tras la muerte de Mola en 1937, su coronel ayudante dio a Bergua un salvoconducto con el que pudo escapar a Francia. Allí siguió traduciendo y escribiendo sus libros y comentarios. En 1959, después de 22 años de exilio, el escritor regresó a España y a sus 65 años comenzó a publicar de nuevo hasta su fallecimiento en 1991. Juan Bautista Bergua llegó a su fin casi centenario.

Escritor, traductor y maestro de la literatura clásica, todas sus traducciones están acompañadas de extensas y exhaustivas anotaciones referentes a la obra original. Gracias a su dedicado esfuerzo y su cuidado en los detalles, nos sumerge con su prosa clara y su perspicaz sentido del humor en las grandes obras de la literatura universal con prólogos y notas fundamentales para su entendimiento y disfrute.

Cultura unde abiit, libertas nunquam redit.
Donde no hay cultura, la libertad no existe.

LA CRÍTICA LITERARIA
www.LaCriticaLiteraria.com

TODO SOBRE LITERATURA CLÁSICA, RELIGIÓN, MITOLOGÍA, POESÍA, FILOSOFÍA...

La Crítica Literaria es la librería y distribuidor oficial de Ediciones Ibéricas, Clásicos Bergua y la Librería-Editorial Bergua fundada en 1927 por Juan Bautista Bergua, crítico literario y célebre autor de una gran colección de obras de la literatura clásica.

Nuestra página web, LaCriticaLiteraria.com, es el portal al mundo de la literatura clásica, la religión, la mitología, la poesía y la filosofía. Ofrecemos al lector libros de calidad de las editoriales más competentes.

LEER LOS LIBROS GRATIS ONLINE
www.LaCriticaLiteraria.com

La Crítica Literaria no sólo está dedicada a la venta de libros nacional e internacional, también permite al lector la oportunidad de leer la colección de Ediciones Ibéricas gratis online, acceso gratuito a más que 100.000 páginas de estas obras literarias.

LaCriticaLiteraria.com ofrece al lector un importante fondo cultural y un mayor conocimiento de la literatura clásica universal con experto análisis y crítica. También permite leer y conocer nuestros libros antes de la adquisición, y tener la facilidad de compra online en forma de libros tradicionales y libros digitales (ebooks).

COLECCIÓN LA CRÍTICA LITERARIA

Nuestra nueva **"Colección La Crítica Literaria"** ofrece lo mejor de los clásicos y análisis de la literatura universal con traducciones, prólogos, resúmenes y anotaciones originales, fundamentales para el entendimiento de las obras más importantes de la antigüedad.

Disfrute de su experiencia con nosotros.

www.LaCriticaLiteraria.com

www.ingramcontent.com/pod-product-compliance
Lightning Source LLC
Chambersburg PA
CBHW031639040426
42453CB00006B/151